思索
사색은 나라를 생각하고(思) 나를 찾자(索)라는 뜻이다

신의 아들 예수
사람의 아들 그리스도

김흥호 사상 전집 · 예수 평전

신의 아들 예수
사람의 아들 그리스도

김흥호

사색

나는
지금 이분이
하나님의 아드님이시라고
증언하는 것이다.
요한 1:34

이제
사람의 아들이
영광을 받게 되었고
또 사람의 아들로 말미암아
하나님께서도 영광을
받으시게 되었다.
요한 13:31

서 문

요한복음은 동양 사람을 위해 써졌다고 한다. 요한복음의 "태초에 말씀이 있었다. 말씀이 하나님과 같이 있었다. 말씀이 곧 하나님이다"라는 첫 장 일 절은 양명陽明의 심즉리心卽理나 같은 말이다. 14절에 말씀이 육신이 됐다는 말은 양명의 지행합일知行合一이다. 기독교의 비밀은 이 한 절에 있다고 한다. 이것을 임마누엘이라고 하는데 기독교의 모든 신비와 기적은 이 한 절에 들어 있다고 한다. 하나님이 사람이 되고, 사람이 하나님이 되었으니까 바다여 잔잔하라고 할 수도 있고, 눈먼 사람을 눈뜨라고 할 수도 있고, 죽은 사람을 일어나라 할 수도 있다. 그래서 기독교인들은 말씀이 육신이 되었다는 말을 모든 기적의 뿌리라고 한다. 그러나 동양식으로 말하면 양명의 지행합일이다. 지와 행이 하나가 된 것뿐이다. 지를 꿰뚫으면 행이 되고, 행이 넘치면 지가 된다.

지행일치를 쉽게 말하면 진리의 체득體得이다. 동양 사람은 진리의 체득을 도道라고 한다. 체득하기 전에 진리를 깨달아야 한다. 그것이 심즉리다. 낮에는 영어를 하고 밤에는 한국말을 하면 그것은 영어를 깨달은 것이 아니다. 깨서도 영어를 하고 꿈속에도 영어를 하여야 그것이 깨달은 것이다. 깨닫고 나면 그 다음에는 실천해야 한다. 그것이 지행합일이다. 많은 사람들 앞에 나가서 설교를 해도 막히는 데가 없다. 몸으로 말하기 때문이다. 이것을 체득이라고 한다. 영어를, 생각해서 하는 것이 아니다. 몸으로 한다. 아무 생각 없이 그대로 한다. 그것이 체득이요 지행일치다. 말씀이 육신이 된 것이다. 하나님이 사람이 된 것이다. 그것이 예수 그리스도다. 예수가 아무 생각 없이 바다여 잔잔하라 하면 잔잔해진다. 하나님이 우주가 나타나라 하면 나타나는 것이나 마찬가지다.

체득이 되면 그다음에는 창작이다. 새로운 세계를 그려보는 것이다. 그것이 양명의 치양지致良知다. 그것은 아름다운 세계요, 산 세계다. 사람은 여기서 생명을 느낀다. 요한 1장 18절에 하나님을 본 사람은 없다. 그리스도만이 하나님을 보여 주었다.

그것이 치양지다. 양지(그리스도)만이 치致 그것을 할 수 있다. 우리는 여기서 새로운 세계, 희망을 본다.

유영모 선생은 인생은 죽음으로부터라고 한다. 예수는 의인은 하늘나라에서 그 얼굴이 해와 같이 빛난다고 한다. 치양지다. 양명은 죽으면서 유언이 없느냐 하는 말에 차심광명역부하언此心光明亦復何言이란 말을 했다. 내 마음이 빛인데 무슨 말을 하랴. 치양지다. 양지의 빛이 비치는데 무슨 말을 하랴 하는 것이다. 이 희망 없이는 인생은 절망에 빠지고 만다. 키르케고르는 내가 인생에게 하고 싶은 말은 인생은 절망에 빠져있지 않은가 하는 것이다. 실존에게는 절망이 없다. 의인에게는 절망이 없다. 절망은 죽음에 이르는 병이다.

바울은 죽음아, 네 쏘는 것이 어디 있느냐. 나는 어떻게 해서든지 부활에 이르고야 말겠다고 몸부림을 친다. 진리의 체득은 하나의 부활이다. 그리고 진리의 깨어남(심즉리心卽理)은 그것이 십자가다. 십자가에서 사람은 깨어나고, 부활에서 사람은 체득하고, 승천에서 사람은 새롭게 창조된다. 십자가는 심즉리요, 부활은 지행합일이요, 승천은 치양지다.

요한복음이 동양 사람을 위해서 써졌다는 말은 우리에게는 가장 알기 쉬운 복음이기 때문이다. 복음은 요새말로는 사차원의 세계다. 삼차원에서는 꿈도 꿀 수 없는 세계다. 우리가 하나님을 만난다(본질직관本質直觀)는 것은 우리 상식으로는 생각할 수가 없다. 우리가 거듭난다는 근본경험을 가져야 하나님을 만난다는 말이 실감이 나게 된다. 바울은 다메섹 도상에서 그리스도를 만난 후에야 새사람이 된다(고후 5:17). 시간제단時間際斷이다. 흘러가는 시간이 아니다. 흘러가지 않는 시간이다. 일일호일日日好日, 하루를 사는 것이 영원을 사는 시간이다(시간제단時間際斷).

바울은 그리스도를 만난 후에 그리스도의 종이 되고, 사도가 되고, 전도자가 된다. 공간충만空間充滿이다. 요는 인간을 구원하기 위해서다. 바울은 인간구원을 위해서는 목이 잘려도 아무렇지도 않다고 한다. 그것이 십자가다. 십자가는 사랑이요, 부활은 믿음이요(하나님의 힘으로 산다), 승천은 희망이다. 그것이 생명이다.

인생은 죽음이 끝이다. 그것이 삼차원이다(제행무상諸行無常 시생멸도是生滅道). 그러나 인생은 죽음이 끝이 아니다. 인생에게 사차원의 세계가 있다. 그것이 부활이다(생멸멸이生滅滅而). 그리고 승천의인은 하늘나라에서 그 얼굴이 해와 같이 빛난다는 치양지의 세계(적멸위락寂滅爲樂)가 있다. 십자가는 생멸법生滅法이요, 부활은 생멸멸이生滅滅而요, 승천은 적멸위락寂滅爲樂이다. 양명으로 말하면 십자가는 심즉리요, 부활은 지행합일이요, 승천은 치양지다. 모두 사차원의 세계다.

사차원 그러면 무언지 어렵게 생각된다. 그것은 이성을 넘어선 영성의 세계이기 때문이다. 그러나 사람은 이성이기 전에 본래 영성이다. 이성은, 나는 생각한다, 고로 있다는 데카르트로 시작된다. 그러나 영성은 소크라테스 이전의 모든 철인이 느낀 세계다.

삼차원과 사차원의 세계는 환자와 의사의 세계다. 학생과 선생의 세계다. 그리스도는 선생이다. 선생은 심즉리요, 지행합일이요, 치양지다. 사랑과 믿음과 희망이다. 이것은 삼위일체다. 십자가는 믿지만 부활은 못 믿겠다, 그것은 사차원이 아니다. 그것은 삼차원이다. 사차원은 언제나 십자가 속에 부활과 승천이 있고, 사랑 속에 믿음과 희망이 있다. 사랑 없는 믿음, 그것은 사랑도 아니고, 믿음도 아니다. 사차원의 세계, 영의 세계는 언제나 삼위부활영일체三位復活靈一體의 세계다.

의사는 의학박사이고, 의사이고 동시에 병을 고칠 수 있다.

의사인데 병을 못 고친다, 그것은 의사가 아니다. 의사인데 의학을 모른다, 그것은 의사가 아니다. 의사는 알아야 하고, 되어야 하고, 고쳐야 한다. 그것이 심즉리요, 지행합일이요, 치양지다. 십자가와 부활과 승천(영생永生)은 언제나 하나다. 사랑과 믿음과 희망은 언제나 하나다. 인생은 죽음으로부터다. 죽음 없이는, 십자가 없이는 부활도 승천도 있을 수 없다. 죽음은 사랑이요, 부활은 믿음이요, 승천은 희망이다. 의사는 언제나 알아야 되고, 되어야 되고 고쳐야 된다. 삼위일체다.

종교는 사차원의 세계다. 종교는 의사의 세계다. 예수는 의사지 환자가 아니다. 우리에게 필요한 것은 선생님이다. 그리스도는 선생님이다. 의사다. 우리는 그리스도를 통해서 사랑과 믿음과 희망을 얻으면 된다. 심즉리와 지행일치와 치양지다. 이것을 근본경험이라고 한다. 우리는 깨닫고 체득하고 새로워지면 된다. 인생은 죽음으로부터란 말은 십자가 부활 승천, 사랑 믿음 희망이란 말이다. 이것은 죽음이 있고, 부활이 있고, 승천이 있는 것이 아니다. 동시성同時性이다. 다 한꺼번에 있다. 의사는 알기도 하고, 되기도 하고, 고치기도 하지 따로 따로 있는 것이 아니다. 동시성이다.

사랑과 믿음과 희망 그 중의 제일은 사랑이라는 사랑이 제일 중요하다는 말이 아니다. 사랑이 1번이고, 믿음이 2번이고, 희망이 3번이란 말이다. 선생님이 1번이고, 내가 2번이고, 내 제자가 3번이다. 선생님은 사랑이고, 나는 믿음(실력實力)이고, 제자는 희망이다. 언제나 하나님을 알고 그리스도를 아는 것이 영원한 생명이라 한다. 선생님을 알고, 나를 알고, 제자를 아는 것이 영원한 생명이요, 희망이다. 세상에 제일 소중한 것이 선생님이다. 선생님 없으면 나는 없다. 선생님은 십자가요, 나는 부활이요, 제자는 승천이다. 선생님, 나, 제자는 삼위일체다.

2010년 6월 1일

김홍호

차 례

서문 6

프롤로그: 말씀 19

제1장 신의 아들 예수

    예수 25
    세례 요한 31
    포도주 39
    성전 49
    니고데모 57
    신랑 65

제2장 예수의 사명

    사마리아 여인 75
    추수 83

안식일	91
병아리	99
떡	107
살과 피	117

제3장 나를 보라, 진리를 보라, 얼을 보라

강물	127
양심	135
빛	143
자유	153
아브라함	163

제4장 예수의 피로써

소경	173
문	183
양	193

제5장 나는 부활이요 생명이다

신 203
나사로 213
가야바 221
향유 229

제6장 나는 죽으러 온 것이다

밀알 239
전도 247
가롯 유다 257

제7장 사람의 아들 그리스도

새 계명 267
걱정하지 말라 277
길 287

제8장 예수의 유훈遺訓

계戒 297
평화 307
포도나무 317
박해 327

제9장 하나님의 뜻

뜻 337
빌라도 347
십자가 357

에필로그 362

일러두기

1. 이 책은 원래 『영원을 사는 사람』(이화여자대학교 출판부, 1984)의 제2부였다.
2. 이 책은 저자가 요한복음을 통해서 본 '예수의 생애'를 그린 것으로, 이번 〈전집〉 기획에서 '예수 평전'으로 편집되었다.
3. 저자의 원본 내용에 맞게 책의 제목과 각 장의 제목을 새로 정하고, 첫 글과 마지막 글은 프롤로그와 에필로그로 구성했다.
4.. 저자가 선택한 성경구절에는 제목을 붙여서 각 글의 앞 페이지에 두었다. 소제목들은 초판 당시 저자가 정했던 것으로 그대로 두었다.
5. 맞춤법, 띄어쓰기, 외래어 표기는 현재 상용되는 〈한글 맞춤법 규정〉과 국립국어원의 『표준국어대사전』에 준하여 새로 교정 보았다.

프롤로그: 말씀

괴테의 『파우스트』의 첫 시작은 "태초의 말씀을 무엇으로 고칠까" 하는 것으로 시작된다. 그것을 '행동'이라고 하자, 그때 악마가 나타난다.

근세는 중세의 봉건사회가 무너지고, 시민의 자본사회가 시작되는 때이다. 신본神本사상이 녹이 슬고, 인본人本사상이 밀려들고, 군주정체가 깨지고, 민주정체가 대신하여 새로운 세계를 건설하는 때이다. 이때에는 관념철학은 아무 쓸데가 없고 실천철학만이 그들에게 매력이 있었다. 그래서 괴테는 말씀을 행동으로 고쳤고, 그때 악마가 달라붙기 시작했다.

하나님 대신 인간이 세상을 지배하려고 하였으나 인간에게 왕위는 전해지지 않았고, 도리어 악마가 왕권을 차지하고 만 것이다. 그리하여 인간은 도리어 악마에게 조롱을 당하는 시대가 되고 말았다. 이것이 자본주의요, 공산주의 시대이다.

역시 말씀은 행동 즉 인간적 지배人間的 支配로 고쳐질 말씀이 아니다. 말씀은 그대로 그리스도 즉 인간적 순종人間的 順從이어야 한다. 이것이 "말씀이 육신이 된다"는 요한의 말이다. 말씀은 하나님의 진리이며, 예수는 진리의 화신이다. 한마디로 말씀의 체득을 요한은 우리에게 가르치고 싶었던 것이다.

사람들은 요한복음을 특히 우리 동양인을 위한 복음이라고 한다. 동양인의 특색은 체득이다. 진리의 체득, 하나님 형상의 자각, 이것이 동양인의 특징이다.

태초에 말씀이 있었다.
말씀이 하나님과 같이 있었다.
말씀이 곧 하나님이다.

태초에 나무가 있었다.
나무가 불과 같이 있었다.
나무가 곧 불이다.

태초에 진리가 있었다.
진리가 생명과 같이 있었다.

진리가 곧 생명이다.

태초에 그리스도가 있었다.
그리스도가 하나님과 같이 있었다.
그리스도가 곧 하나님이다.

태초에 학생이 있었다.
학생이 선생님과 같이 있었다.
학생이 곧 선생님이다.

　동양 사람들은 선생님과 오래 같이 있다가 선생님이 체득한 것을 학생도 체득하기를 좋아한다. 이것을 도道라고 생각한다.
　요한복음은 체득하는 복음이다. 하나님의 복음을 체득하는 것이다. 체본體本은 하나님이요, 체득體得은 그리스도다. 믿음은 바라는 것의 실상이요, 보지 못하는 것의 증거다. 바라는 것의 실상은 체본이요, 보지 못하는 것의 증거는 체득이다. 선생님이 쓴 글씨 체본은 바라는 것의 실상이요, 도저히 학생이 쓸 수 없는 작품이다. 그러나 그것을 보고 또 쓰고, 또 쓰면 학생도 어느새 그 필법을 체득하게 된다. 이것이 보지 못하는 것의 증거이다. 보이지 않는 것을 체득하여 증거를 잡게 되는 것이 도道이다. 이 도가 동양인의 신앙이다. 동양인의 기독교는 예수 그리스도를 체 받아, 하나님의 도를 체득하는 것이다. 체득이 없으면 그리스도교는 동양 땅에 뿌리를 내리지 못한다.
　복음이 전파 된 지 백 년, 기독교는 과연 한국에 뿌리를 내

렸는가. 아니다. 교회의 수나 교인의 수는 뿌리가 아니다. 설교나 신학은 뿌리가 아니다. 뿌리는 진리를 사는 것이다. 진리의 체득이 뿌리이다. 예수와 같이 십자가에 못 박혀 이제는 내가 사는 것이 아니요, 그리스도가 살 때 그것이 체득이다.

바울이다. 바울은 그리스도를 체득한 사람이다. 이것이 동양의 종교이다. 바울은 동양 사람으로서 서양에 전도한 사람이다. 서양 종교의 뿌리는 동양이다. 예수 그리스도의 복음은 체득의 종교이다. 율법을 체득하는 것이다. 율법을 밖으로 지키는 것이 아니라 율법을 안으로 체득하는 것이 그리스도이다. 예언의 성취, 예언의 체득, 곧 복음은 체득이지, 체득이 아니면 복음은 지식에 불과하다.

제1장 신의 아들 예수

말씀이 사람이 되어

한 처음
천지가 창조되기 전부터
말씀이 계셨다.
말씀은 하나님과 함께 계셨고
하나님과 똑같은 분이셨다.
말씀이 사람이 되어
우리와 함께 계셨는데
우리는 그분의 영광을 보았다.
그것은 외아들이
아버지에게서 받은 영광이었다.
그분에게는
은총과 진리가 충만하였다.

요한 1:1~18

예 수

하나님을 체득한 사람이
하나님의 아들이다.

"말씀이 육신이 되었다." 이것이 요한복음 1장 14절의 말씀이다. 하나님을 체득한 사람이 하나님의 아들이다. 하나님의 아들이 예수 그리스도요, 그에게서 빛나는 것이 하나님의 영광이요, 그에게서 나오는 것이 은혜와 진리이다. 체득에는 은혜와 진리가 충만하다. 계속 받는 것이 은혜요, 계속 나오는 것이 진리이다. 계속 비가 내리고 계속 샘이 솟는 높은 산처럼 예수님은 계속 은혜가 내리고 계속 진리의 샘이 솟는다. 그것이 요한복음 1장 14절 예수의 모습이다. 믿는 사람은 누구나 그렇다. 믿음은 체득이기 때문이다.

세례 요한은 예수를 보고 존경하여 마지않았다. "이 사람이다. 체득한 사람은 이 사람이다. 이 사람이야말로 태초부터 있은 사람이다. 이 사람이야말로 진리를 체득한 사람이다. 진리는 영원한 것이다. 태초에도 있고, 지금도 있고, 종말에도 있다. 예수가 체득한 진리는 영원하다. 모세는 율법을 우리에게 전해주었지만 예수는 율법을 체득한 사람이다. 체득한 사람의 특징은 은혜와 진리다. 하나님을 본 사람은 없다. 그러나 하나님을 체득한 그리스도는 우리에게 하나님을 보여줄 수 있다." 그것이 요한복음 1장 18절이다.

"진리를 체득한 사람은 모든 사람을 비칠 수 있는 빛이다."(9절) 그러나 진리의 체득자를 누구나 다 알아볼 수 있는 것이 아니다. 진리를 찾는 자에게만 그것은 보이는 법이다.(10절) "그가 세상에 왔지만 세상 사람은 모른다." 마치 주인이 자기 집에 왔는데도 잠들은 가족들이 주인이 온 줄도 모르는 것이나 마찬가지이다.

그러나 세상에는 자는 사람만 있는 것이 아니다. 깬 사람도 있다. 예수를 정말 진리의 체득자라고 발견한 사람은 그 사람도 또한 진리의 체득자가 될 것이다.(12절) "예수를 받아들인 사람, 곧 그 이름을 믿는 사람은 한 사람도 빠짐없이 하나님의 아들이 되는 자격을 받게 되었다." "이것은 사람의 욕심으로 되는 것이 아니다. 하나님의 힘으로 되는 것이다."(13절)

"하나님의 힘으로 된다." 진리의 체득은 내 힘으로 되는 것이 아니다. 선생님의 힘으로, 하나님의 힘으로 된다. 진리의 체득은 내가 없어져야 한다. 내가 없는 것이 진리다. 내가 없는데 내 힘이 있을 리 없다. 언제 내가 없어지나. 내가 최선을 다하여 노력할 때 내가 없어지고, 내가 없어질 때 진리는 체득된다. 백척간두百尺竿頭에 진일보進一步라고 한다. 높은 장대 끝까지 밀고 올라가서 다시 한걸음 내디딜 때 내가 없어지고 진리를 체득하게 된다.

진리를 체득하는 것은 노력뿐이다. 노력이라기보다 사랑이라고 할까. 그리스도에 대한 사랑, 환난이나 고통이나 핍박이나 기근이나 적신이나 위험이나 칼도 그리스도의 사랑에서 나를 분리시킬 수가 없다. 한없이 올라가고 또 올라가서 산꼭대기까지 올라가서도, 더 올라가는 것이다. 산꼭대기까지 올라가서도 왜 더 올라가느냐. 나를 없애기 위해서다. 내가 있는 동안까지는 진리는 없다. 내가 없어질 때 진리는 찬연히 빛난다. 그것이 하나님의 영광이다.

5절, 이 빛은 어둠 속에 비치고 있다. 그러나 자는 사람에게는 보이지 않는다.

6절, 여기 깬 사람이 나타났다. 하나님이 보내신 사람이다. 그 이름은 요한, 이 사람은 예수를 증거하기 위해서 왔다. 빛에 대해서 증거하고, 모든 사람들로 하여금 그를 믿게 하기 위해서다. 물론 그는 빛은 아니다. 빛에 대하여 증거하러 온 것이다. 요한은 해뜨기 전에 나타나는 샛별과 같은 존재다. 그도 빛은 빛이다. 그는 구시대에 속하는 작은 빛이다. 그러나 그에게는 태양을 증거하는 사명이 있다. 이 사명 때문에 그는 빛을 발하고 있다. 요한도 하나님이 보내신 사람으로 진리의 체득자이다. 그러나 그는 태양은 아니다. 작은 별이다. 그는 새로운 하늘나라에서 예수를 믿는 새로운 별보다도 더 작은 별이다. 그러나 빛은 빛이다. 하나님의 사람은 다 빛이다.

태초에 태양이 있었다. 이 태양은 하늘과 같이 있었다. 이 태양이 곧 하늘이었다. 모든 것은 태양에서 왔다. 태양에서 오지 않은 만물은 없다. 이 태양은 특별한 사명을 가지고 있다. 이 사명은 지구를 비치는 것이다. 이것이 요한복음 1장 1절부터 4절까지다. 지구의 주인 태양은 사람들의 구세주 예수 그리스도다. 요한은 예수가 인류의 구세주라는 것을 말하고 싶었을 것이다.

예수는 의義의 태양이다. 정신의 태양이다. 태양이 빛나서 만물이 깨어나듯이 모든 사람은 예수님의 말씀으로 깨어날 수 있다. 그것은 사람의 정신이 본래 하나님의 말씀으로 지음을 받았기 때문이다. 사람의 정신은 하나님의 영으로 지음을 받은 영이다. 마치 나무가 태양의 빛으로 지음을 받은 것처럼 만물은 하나님의 말씀으로 지음을 받은 것이다.

예수 그리스도는 진리의 화신이요, 사람들에 대해서는 진리 자체다. 예수에게는 사람들을 구원하기 위한 특별한 사명이 있었다. 인류의 구원, 그것이 예수의 사명이다. 이 사명은 하나님에게서 받은 것이다. 이 사명을 다하기 위해서 그는 생명을 바쳤다.

태초에 사명이 있었다. 사명이 하나님과 같이 있었다. 사명이 곧 하나님이다. 예수의 사명은 하나님의 사명이며, 이 사명을 위하여 그는 살고, 그는 죽었다. 이 사명을 위하여 하나님은 그를 죽이고, 또다시 그를 살렸다. 이 사명은 인류의 구원이요, 이 사명이 하나님의 사랑이다.

태초에 사랑이 있었다. 이 사랑은 하나님과 같이 있었다. 이 사랑이 하나님이다. 요한이 말하고 싶은 것은 하나님의 사랑뿐이다. 이 사랑이 그리스도가 되었고, 이 사랑이 만물이 되었고, 이 사랑이 하나님이 되었다. 이 사랑을 선포하는 것이 요한복음이다.

어린 양

이 세상의 죄를 없애시는
하나님의 어린 양이
저기 오신다.

나는 성령이 하늘에서
비둘기같이 내려와
이분 위에 머무르는 것을 보았다.

그래서 나는 지금 이분이
하나님의 아드님이시라고
증언하는 것이다.

요한 1:19~51

세례 요한

나는 그를 가리키는
손가락이다.

예수의 선구자로 세례 요한이 나타났다. 그는 태양 앞에 나타나는 샛별이었다. 그때 예루살렘에 있는 바리새 사람들이 제사장과 레위 사람을 뽑아서 세례 요한에게 보냈다. 요새 말로 하면 교단에서 목사와 장로를 뽑아서 요한에게 보낸 것이다. 당신이 교회 밖에서 세례를 주는데 무슨 권리로 그런 짓을 하며, 그것은 교권 침해가 아니냐고 따지고 들었다. 그때 요한은 아무 대답도 하지 않고 한 사람을 추천하였다.

그분이 예수다. 이 사람은 세상에 전혀 알려지지 않은 사람이다. 이분의 위대함은 사람의 힘으로는 도저히 짐작할 수가 없다. 산은 아무리 높아도 올라가 보면 알지만 이 사람은 산이 아니라 하늘이기 때문에 아무도 이 사람의 높이는 알 수가 없다. 나도 이 사람이 어떤 사람인지 전혀 몰랐다. 다만 내가 세례를 주고 있을 때 하늘이 열리고 비둘기 같은 성령이 내려와서 그 머리 위에 앉으셨다. 이분이야말로 평화의 왕이시다.

그때 하나님께서 "성령이 하늘에서 내려와서 그 머리 위에 임하거든 그분이 성령으로 세례를 주실 분이라" 하고 가르쳐 주셨다. 그래서 나도 이분이 하나님의 아들임을 알게 되었다. 나는 물로 세례를 주지만 그분은 성령으로 세례를 주신다. 나는 고작 육체를 깨끗하게 하는 사람이지만 그분은 정신을 깨끗하게 하는 분이다. 그분은 우리의 마음에 한없는 기쁨을 부어 주시는 분이다. 그분은 우리의 모든 문제를 풀어 주실 분이다. 인간의 모든 문제는 인간의 영이 깨끗해질 때 풀리게 마련이다.

몸의 뿌리는 마음이요, 마음의 뿌리는 정신이요, 정신의 뿌리는 영이다. 영이 깨끗해지면 일체가 깨끗하고, 영이 풀리면 일체가 풀린다. 영은 얼과 같은 것이다. 얼이 풀리면 일체가 풀린다. 나는 그 사람의 신발끈도 풀 수 없는 비천한 사람이다. 나와 그분과는 하늘과 땅처럼 도저히 비교할 수도 없다. 나는 그를 가리키는 손가락이다.

렘브란트가 「세례 요한」이라는 그림을 그렸는데 그 그림의 핵심은 그의 손가락에 있다. 이 손가락이야말로 세계의 운명을 결정하는 손가락이다. 이 손가락이 바로 지시하는 분, 그분이 구세주 예수 그리스도다. 그분이야말로 우리의 모든 문제를 해결해 줄 수 있는 분이다. 그분이야말로 우리의 얼을 깨끗하게 해 줄 수 있는 분이다. 그분이야말로 얼 자체다.

불이 일체의 나무를 태울 수 있는 것같이 예수는 모든 사람의 마음에 불을 지를 수 있는 사람이다. 그분이야말로 불이기 때문이다. 썩은 나무도, 마른 나무도, 젖은 나무도, 무슨 나무든지 이 불 속에 들어가면 모두 불이 된다. 오순절 성령이 강림할 때 모든 사람 위에 불 같은 성령이 임했다. 모든 사람이 불이 된 것이다. 깨끗한 불이 된 것이다. 예수는 깨끗한 불이다. 거룩한 영이다. 깨끗한 하나님의 아들이다. 이 불덩어리에 타지 않는 나무는 없다.

옛날 조로아스터가 십 년이나 산에서 기도를 하고 내려올 때 손바닥 위에 불덩어리를 하나 올려놓고 내려와서 지금의 배화교拜火敎 교주가 되었다. 불은 일체를 태우는 깨끗한 불이다.

예수는 일체를 불사를 수 있는 강한 불이다. 이 세상 사람들은 다 나무다. 젖은 나무요, 썩은 나무다. 그러나 그리스도의 불 속에서 타지 않을 나무는 없다. 이 불은 기쁨의 불이요, 사랑의 불이요, 무아의 불이요, 평화의 불이다. 성령의 열매는 사랑과 기쁨과 평화다.

예수의 얼은 사랑의 얼이요, 기쁨의 얼이요, 평화의 얼이다.

그것은 예수 그리스도가 생명이요 진리요 길이기 때문이다. 생명의 불은 사랑의 불꽃을 일으키고, 진리의 빛은 법열의 불꽃을 일으키고, 길의 빛은 평화의 불꽃을 일으킨다. 예수처럼 높은 인격은 아직도 이 세상에 나타난 일이 없다. 그 인격은 산보다도 높은 하늘이기에 세례 요한이 자기는 그의 신발끈조차 풀 수 없다고 말하였다.

유태 나라는 작은 나라다. 이 작은 나라에서 어떻게, 이렇게 큰 인물이 날 수 있을까. 바벨론에서도 못 나고, 이집트에서도 못 나고, 그리스에서도 못 나고, 로마에서도 나지 못한, 이런 인물이 어떻게 손바닥만한 유태에서 나올 수 있었을까.

사람은 나라의 크기와는 상관이 없다. 사람은 역시 하늘의 크기와 같은 것이다. 하늘은 어떤 곳에서도 하늘이다. 하늘에는 제한이 없다. 어디나 무한하다. 하늘을 쳐다보는 사람, 하늘을 쳐다보는 마음, 하늘처럼 큰 마음, 하늘처럼 밝은 정신, 하늘처럼 높은 인격, 이것은 국경을 초월해서 가능하다.

요한은 자기가 좁은 땅에 국한된 하나의 흙덩이임을 느꼈다. 자기는 예언자도 아니다. 자기는 엘리야의 재생도 아니다. 자기는 세상 끝날에 나타날 예언자도 아니다. 자기는 아무것도 아니다. 다만 유태 사람들의 가증한 마음을 미워하는 노기怒氣뿐이다. 나는 불의를 보고 화를 내는 것뿐이다. 그래서 사람들을 물에 집어넣는 것뿐이다. 그러나 그것으로 인간의 문제가 해결되는 것이 아니다. 회개는 금시고 일시지, 영원이 아니다.

　인간의 문제는 영원히 해결되어야 한다. 그것은 사람의 힘으로는 할 수가 없다. 그것은 하나님만이 가능하다. 사람의 문제는 사람이 해결할 수가 없다. 사람의 문제는 하나님만이 가능하다. 어린아이의 문제는 어린아이가 해결할 수는 없다. 어린아이의 문제는 어머니만이 해결이 가능하다.

　하나님만이 사람의 문제를 해결할 수 있다. 이제 하나님께서 친히 사람의 문제를 해결하려고 하신다. 그리하여 자기의 아들을 세상에 보내셨다. 우리는 이제 그 힘을 받으면 된다. 이것이 믿음이다. 우리의 힘으로 어떻게 하자는 것이 아니다. 내 힘이 아니다. 하나님의 힘이다. 하나님의 힘을 받아서 그 힘으로 사는 것뿐이다. 코로 공기를 들이마시듯이 하나님의 힘을 들이마시면 된다. 하나님의 힘은 우주에 가득 차 있다. 이 힘을 받으면 된다.

　마음이 가난한 자는 복이 있다. 천국이 저희 것이다. 배우려고 애쓰는 학생들처럼 배우면 된다. 마음을 비게 하여 배우면 된다. 예수의 지혜와 인격과 사랑을 무릎을 꿇고 배우면 된다. 이제 참 빛이 나타났다. 이제 참 선생님이 나타났다. 그분이 산대로 우리도 살면 된다. 그분이 하는 대로 우리도 하면 된다. 겸손하게 그분을 따르는 일, 그것이 우리의 갈 길이다.

　요한은 이 길을 예비하러 온 것뿐이다. 그는 예수에게, 나는 당신의 신발끈을 풀 자격도 없습니다, 하고 무릎을 꿇었다. 그것뿐이다. 요한이 할 수 있는 일은 그것뿐이다. 그것이 주의 길을 곧게 하는 것이다. 그것은 하나의 태도요 소리다. 그것은 사람들에게 보여주는 것뿐이지 가르칠 성질의 것이 못 된다. 보여주는 것뿐이다. 가르치는 것이 아니다. 예수의 뒤를 따르는 것뿐이다.

요한은 자기의 제자를 예수에게로 보냈다. 베드로와 안드레와 요한과 빌립보와 나다나엘이다. 예수의 수제자인 베드로, 요한, 안드레는 본래는 요한의 제자였다. 이 사람들이 예수의 수제자가 되었다. 그러나 예수에게로 가기를 거부하는 제자들도 있었다. 요한은 할 수 없이 그들의 스승이 되었다. 요한의 교단은 그 후에도 2백 년가량 계속되었다고 한다. 그것이 요한의 운명이다.

요한의 제자들은 곧 예수의 위대함에 놀라지 않을 수 없었다. 그들은 메시아를 발견한 기쁨을 감출 수가 없었다. 안드레는 자기 형 베드로를 곧 예수께로 데리고 간다. 이리하여 예수의 가르침이 시작된다.

이 가르침은 베드로나 안드레나 요한을 향한 가르침이 아니다. 인류를 향한 가르침이다. 갈릴리로 가는 길에서 빌립보를 만났다. 빌립보는 베드로의 친구였다. 빌립보는 자기의 친구, 나다나엘을 만나 "모세의 이상이요, 예언자의 이상이 나타났다.

그가 바로 예수다. 예수야말로 율법과 예언의 화신이다"라고 말했다.

이렇게 구약은 변하여 신약이 된다. 나다나엘은 예수를 만나서 당신은 하나님의 아들이요, 이스라엘의 왕이라고 고백한다. 나다나엘은 한없이 순수한 유태 사람이다.

예수는 "너희들도, 이제 하늘 문이 열리고 하나님의 사자들이 나에게 임하는 것을 보게 될 것이다"라고 말했다. 예수에게는 언제나 하늘의 천사들이 임하는 것이었다. 예수는 하늘의 말을 듣는 사람이었다.

예수는 깊이 생각하는 사람이다. 생각 속에서 그는 하나님의 나라에까지 도달하는 사람이다. 깊이 생각하는 그의 의식은 무의식을 넘어서 초의식의 세계로 도달한다. 그것은 영의 세계요, 그것은 근원의 세계다. 이 근원의 세계에서 그는 하나님의 뜻을 능히 헤아릴 수 있다. 그는 하나님의 아들이다.

하나님과 그는 언제나 하나다. 하나님이 그를 사랑하고, 그가 하나님을 사랑한다. 하나님과 그리스도의 사이에는 물샐 틈이 없다. 이는 내 사랑하는 아들이요, 기뻐하는 자다. 그에게는 언제나 기쁨이 넘치고 있었다. 그것은 아버지의 기쁨 때문이다. 하나님의 기쁨은 언제나 그리스도의 기쁨이요, 그리스도의 기쁨은 하나님의 기쁨이다. 기쁨의 공동체, 그것은 생명의 공동체이기도 하다. 이리하여 제자들이 하나씩, 둘씩 불어간다.

모두 물을 가득히 부어라

그 항아리마다
모두 물을
가득히 부어라.

이제는 퍼서
잔치 맡은 이에게
갖다 주어라.

물은 어느새
포도주로
변해 있었다.

요한 2:1~13

포도주

인간 생명은 신적인 생명이기에
사랑을 하지 않을 수가 없다.

예수는 처음에 물로 포도주를 만들었다. 예수께서 어머니와 같이 잔치집에 갔는데 잔치 도중에 포도주가 떨어졌다. 그래서 마리아가 예수에게 걱정을 했다. 예수께서는 독에 물을 채우게 하셨고, 그리고는 그 물을 퍼다 손님에게 갖다 주도록 했다. 일꾼들이 그 물을 퍼보니 그 물은 벌써 포도주로 변해 있었다. 손님들은 끝까지 좋은 술을 갖다 주어서 고맙다고 인사를 하였다. 이것이 예수님의 첫 기적이다.

예수는 한없이 많은 기적을 행했다. 그것은 하나님의 아들임을 보여주기 위해서였다. 하나님의 아들에게는 사람들이 가지지 못한 힘이 있다는 것을 보여준 것이다. 마치 문명인이 원시인들에게, 그들이 문명인임을 과시하기 위해서 총을 쏘아 그들의 힘을 과시하는 것이나 마찬가지다. 총은 자연의 힘을 이용한 것이다. 그러나 예수님은 하나님의 힘을 이용하는 것이다.

자연의 세계와 인간의 세계와 하나님의 세계가 있다는 것을 알려주기 위해서다. 자연의 세계는 과거의 세계요, 경험의 세계다. 인간의 세계는 현재의 세계요, 실존의 세계다. 하나님의 세계는 미래의 세계요, 신비의 세계다. 이 신비의 세계는 지금 계속 줄어들기 시작했다. 그리하여 지금은 무신론이 세상을 뒤덮고 있다. 그 결과 나타나는 것이 인간의 기계화. 인간의 상품화, 인간의 물질화, 인간의 소외 현상이 더욱 심하게 나타나고 있다. 인간의 신비가 무시될 때 인간의 존엄은 계속 떨어지고 있다. 인간이 하나님의 아들이라는 주체적 의식이 사라질 때 인간은 대상화가 되어 하나의 흙덩이로 굴러 떨어져 생명은 무시되고 죽음만이 세상을 덮게 된다.

인간의 생명이란 무엇일까. 그것은 코로 바람이 들락날락하는 것인가. 물론 육체적 생명이 있는 것도 사실이지만 인간은 그것보다도 말씀이 들락날락하는 정신적 생명이 있어야 한다. 또 한 걸음 더 올라가서 성령이 들락날락하는 영적 생명이 있어야 한다. 인간이 영적 생명이라는 주체성과 존엄성이 인정되지 않는 한, 개인의 생명은 집단에 희생되고, 인간의 질서는 동물적인 질서와 다름없이 될 것이다.

인간에게는 인간의 고유한 질서가 있어야 한다. 인간은 언제나 영원을 그리워하고 무한을 꿈꾸며 자유롭게 날아다니고 싶어 하는 본성을 가지고 있다. 인간은 누구나 이 본성을 인정받아야 한다. 이것을 인정해주는 것이 하늘나라다. 예수님께서 오신 것은 이러한 인간의 근본 욕구를 충족해주시기 위해서 오신 것이다. 한마디로 주체성의 회복이요, 하나님 아들의 회복이요, 인간 근원성의 회복이다. 이러한 근원성이 회복되면 인간은 언제나 사랑과 기쁨과 평화를 가지고 살 수가 있다. 서로 존경하고, 서로 화평하며, 서로 사랑하며 살 수 있는 것이다.

예수께서는 이런 세계를 만들기 위해서 세상에 오신 것이다. 그리고 자기가 사랑과 기쁨과 평화의 화신인 것을 보여준 것이다. 예수는 지금 잔치집에 와 있다. 술이 부족해서 온 집안이 하나가 되지 못한 것을 보고 술을 더 주어서 하나 되게 하는 장면을 돕고 있는 것이다.

술이란 불이다. 불이 펄펄 붙는 것이 술이다. 사람이 술을 마시는 것은 물리적으로 한번 신이 되어 보겠다는 것이다. 사람이 한번 신이 되어 보는 것이다. 취한 사람에게는 온 천하가 자기의 것이다. 나무가 불이 되듯이 사람이 신이 된 것이다. 이것은 하나의 표상에 불과하다.

사람이 정말 신이 되기 위해서는 성령의 새 술을 마셔야 한다. 사람이 성령의 술을 마실 때 사람은 거듭나 신이 되는 것이다. 술은 성령의 술의 일시적인 상징이다. 나무가 불이 되듯이 사람은 신이 될 수 있다. 그것을 가르치고 알려 주기 위해서 예수가 오신 것이다. 포도주가 아니라 성령의 술을 부어 주기 위해서 오신 것이다. 내가 이제 가서 보혜사 성령을 너희에게 보내줄 것이다. 그리고 그것이 시작된 것이 오순절이다.

가나에서 행한 첫 기적은 오순절의 첫 기적과 일치하는 것이다. 포도가 포도주가 되고, 물이 술이 되듯이, 사람이 신이 된다는 것을 보여주기 위한 하나의 계시라고 할 수도 있다.

예수는 부활의 첫 열매요, 썩을 것이 변하여 썩지 않을 것으로 바뀌어진 영원한 존재. 40일 금식기도를 통해서 예수는 사람의 아들에서 변하여 하나님의 아들이 된다. 인생은 그대로는 안 된다. 변해야 한다. 물이 아니라 술이다. 자연인이 아니라 자유인이다. 고린도후서 5장 17절에 "너희들이 그리스도 안에서 썩어질 것이 변하여 썩지 않을 것이 된다"고 하였다. 물이 포도주로 변한 것은 그리스도 안에서 변한 것이다. 그것은 하나님의 나라를 보여주기 위한 기적이며, 동시에 그리스도 안에 있으면 누구나 물 같은 인생이 변하여 술 같은 인생이 될 수 있다는 것을 증거한 것이다.

이 믿음은 단순한 희망이 아니다. 사실이다. 수많은 성도가 이것을 경험하고, 기쁨과 사랑과 평화에 충만하여 살아가고 있다. 술의 특징은 기쁨과 사랑과 평화요, 신의 특징도 기쁨과 사랑과 평화이며, 그리스도인의 특징도 기쁨과 사랑과 평화이다. 그것이 하나님의 아들인 증거이기 때문이다.

믿음은 공상이 아니라 현실이며, 믿음은 관념이 아니라 증거이다. 기쁨이 솟아나오는 것이 믿음의 증거다. 기쁨이 어디에서 나올까. 신에게서 나온다. 불이 펄펄 붙는 것이 신이다.

신은 곧 힘이다. 신은 곧 기쁨이다. 술 먹은 사람들은 기분이 좋다고 한다. 그것은 기가 상승하기 때문이다. 기가 상승하는 것이 기쁨이다. 기가 뿜어 나오는 것이다. 불이 펄펄 붙는 것이다.

예수는 불이다. 나무가 변하여 불이 되듯이 예수는 사람이 변하여 신이 된 것이다. 나무가 변하여 불이 되는 방법은 하나밖에 없다. 그것은 인간이 순수해지는 것이다. 아무 욕심이 없는 사람, 자기 자신이 없는 사람, 남을 위해서 사는 사람, 그런 사람이 순수한 사람이다. 그런 사람에게는 곧 성령이 임하고, 나무가 불이 되고, 물이 술이 된다.

예수가 물을 술로 만들었다고 하지만 그것보다도 더 큰 기적은 예수라는 물이 그리스도라는 술이 된 것이다. 그보다 더 큰 기적은 수많은 죄인이 성인이 되었다는 사실이다.

물이 포도주로 변한 것은 가나의 어떤 집에서 이루어졌지만 지금 세계 곳곳에서 물이 술로 변하고 있다. 성령의 역사로 거듭나는 사람들이 얼마나 많은가. 그것을 경험하는 사람이 얼마나 많은가. 성령에 부딪친 사람, 성령에 충만한 사람, 그런 사람이 얼마나 많은가.

옛날 가나에서는 물이 포도주가 되었지만 오늘은 말씀이 육신이 되고 있다. "하나님의 말씀은 살았고 힘이 있어 좌우에 날선 어떤 칼보다도 예리하여 혼과 영과 관절과 골수를 찔러 쪼개기까지 하며 마음의 생각과 뜻을 감찰하시느니라."(히 4장) 하나님의 말씀이 물을 술로 만들어, 말씀이 육신이 되는 것을 경험하게 한다.

옛날 사람들은 죽어서 신이 될 생각을 했지만 하나님의 말씀을 받은 사람은 그대로 신이 되는 것이다.(요 10:35) 누구나 하나님의 말씀을 체득한 사람은 신이 되는 것이다. 말씀이 육신이 되기 때문이다. 예수님의 말씀으로 물이 포도주가 된 것처럼 예수님의 말씀으로 사람이 신이 된다.

이러한 큰 비밀이 없으면 인생이란 허무하기 짝이 없다. 인생에 맛이 있다면 물맛이 아니라 술맛이다. 일생 동안 물맛밖에 모르는 인생은 술맛을 아는 인생과는 그 차원이 다르다. 성령을 받은 사람과 성령을 못 받은 사람은 그 차원이 다르다. 자연인으로 사는 사람과 자유인으로 사는 사람은 그 차원이 다르다.

이 세상은 물로 살기 위해서 온 것이 아니다. 술이 되기 위해서 왔다. 술이란 불이다. 물로 사는 것이 아니라 불로 사는 것이다. 육체로 사는 것이 아니라 정신으로 사는 것이다. 육체의 즐거움에서 헤어나지 못하는 사람들도 있는데 육체의 즐거움으로 만족하는 사람들은 동물적인 인간들이다. 사람에게는 정신적인 기쁨이 있는데, 그것은 진리를 깨닫는 기쁨이다. 진리를 모르고 사는 사람은 동물적인 즐거움에 빠져서 살고 있다. 그런 사람들은 사람으로 사는 것이 아니라 짐승으로 살고 있다. 사람의 특색이 있다면 정신으로 사는 것이다.

정신적 기쁨, 성령의 충만, 이것을 가지고 사는 것이 인생의 본질이다. 예수님이 오신 것은 사람이 사람으로 살자는 것이다. 물이, 술이 되어 살자는 것이다. 그것은 기적도 아니고 아무것도 아니다. 당연하고도 당연한 것이다.

예수가 하나님의 아들이 되었다는 것은 사람이, 사람 되었다는 것이다. 사랑과 기쁨과 화평, 이것이 사람의 특징이다. 인간 생명은 신적인 생명이기에 사랑을 하지 않을 수가 없다. 인간의 정신은 진리를 깨달을 수 있기 때문에 기쁨이 넘치지 않을 수 없다. 인간 생활은 질서가 있기 때문에 평화롭지 않을 수가 없다. 당연한 일이다. 사람이 정신만 깨면 사랑과 기쁨과 평화는 당연한 일이다.

잔치집에 와서 기뻐하고 사랑하고 화평하듯이 이 세상은 진리의 잔치집이다. 잔치 집에 기쁨이 넘치고, 사랑이 넘치고, 화평이 넘치는 것은 당연한 일이다. 이 일을 돕는 것이 술이요,

이 일을 실현하는 것이 성령의 역사다. 세상의 모든 죄는 다 용서함을 받아도 성령을 무시하는 죄는 용서함을 못 받는다. 성령은 진리의 영이기 때문이다.

내 아버지의 집

밧줄로 채찍을 만들어
양과 소를 모두 쫓아내시고
환전상들의 돈을 쏟아 버리며
그 상을 둘러 엎으셨다.

다시는 내 아버지의 집을
장사하는 집으로 만들지 말라.

당신이 이런 일을 하는데
당신에게 이럴 권한이
있음을 증명해 보시오.

이 성전을 허물어라.
내가 사흘 안에 다시 세우겠다.

        요한 2:13~22

성 전

너의 몸은 산 성전이다.
영으로 지은 성전이다.

다음에 예수께서 성전을 깨끗하게 하였다. 유월절이 가까워 오자 예수께서는 제자들과 같이 예루살렘으로 올라갔다. 마치 루터가 거룩한 도시, 로마로 가는 것을 연상케 한다. 로마는 루터가 생각했던 로마는 아니었다. 가장 음란하고 타락한 도시였다. 마찬가지로 예루살렘은 가장 잔인하고 포악한 도시였다.

성전은 가난한 사람들의 제물을 농간하는 장사꾼들의 소굴이 되었다. 예루살렘은 이제 이리의 소굴이 되었다. 제사장을 비롯하여 모든 족속들이 성전을 배경으로 돈벌이를 하는 데 바쁘다. 하나님을 향한 믿음은 간데없고, 형식적인 의식과 탐욕에

젖은 무리들의 구멍가게가 되고 만 것이다. 소, 양, 비둘기와 돈 바꾸는 곳으로 성전은 변하고 말았다. 이럴 수가 있나.

예수의 가슴에는 분노의 불길이 타기 시작했다. 그는 채찍을 휘두르며 거기 있는 상인들을 닥치는 대로 내몰았다. 물론 그렇게 한다고 문제가 해결되는 것은 아니다. 상인들 배후에는 제사장들이 있고, 제사장 배후에는 헤롯왕이 있고, 헤롯의 배후에는 빌라도와 로마의 황제가 있고, 로마의 배후에는 하늘의 권세를 잡은 악마가 있다. 어린애들 장난 같은, 이 모습을 보고 악마는 소리 높여 웃었을 것이다.

그러나 제자들은 선생님의 마음을 알 듯하였다. 구약 시편에 "하나님이여, 당신의 집에 대한 사랑이 내 마음에 불을 지릅니다" 하는 말씀이 생각났다. 예수님께서 머리끝까지 화를 내는 것을 보니 그들은 예수님이 얼마나 하나님을 사랑하고 있는지를 알 수가 있었다. 언제나 진실에는 진실이 응해주는 법이다. 아무도 알아주는 이가 없어도 제자들만은 알아주는 듯했다.

그러나 유태 사람들은 예수의 태도에 놀라지 않을 수가 없었다. 이 사람이 무슨 권세로 이와 같은 짓을 할 수 있을까. 빌라도의 배경인가. 아니면 정말 신의 예언자인가. 신의 예언자라면 옛날 바알의 선지자와 싸운 엘리야처럼 하늘에서 불이라도 끌어내려 모두 태워버리는 기적이라도 행해야 우리가 믿을 수 있지 않은가.

이 사람들은 예수의 마음을 느끼는 사람들이 아니었다. 어디까지나 형식적이요, 어디까지나 호기심이요, 어디까지나 구경꾼이다. 이 사람들의 마음은 다 말라버렸다. 이 사람들에게는 이해 관계와 세력 관계와 기적 관계 외에는 아무 관심이 없었다. 금력과 권력과 마력을 믿는 것 이외는 아무것도 믿는 것이 없었다. 돈이라면 사족을 못 쓰고, 권세라면 오금을 못 펴고, 기적이라면 정신을 못 차린다. 이것이 이 세상의 특징이다. 예수는 화가 난 김에 "이 성전을 헐어 버려라. 내가 사흘 안에 이 성전을 지어 줄 테니까" 하고 큰소리로 야단을 쳤다.

물론 예수님의 심정으로는 우상이 되어버린 이런 종교는 아무 쓸데가 없었다. 없애 버리고, 정말 필요한, 새 종교를 만드는 것뿐이다. 새 종교란 진실의 종교, 물질적인 종교가 아닌, 정신적인 종교, 육적인 종교가 아닌 영적인 종교였다.

그런데 새 종교는 거저 되는 것은 아니었다. 그것은 고귀한 값을 치러야 했다. 예수님의 육체적 생명을 희생하고, 예수님의 영적 생명을 살려내는 끔찍한 사건이 있어야 했다. 그것은 앞으로 닥쳐올 십자가의 죽음과 사흘 만에 살아나는 부활의 사건이다. 예수의 십자가와 동시에 성전의 휘장이 찢어졌다. 형식적인 종교가 깨어진 것이다. 형식적인 세력이 무너졌다. 악마가 하늘에서 떨어지는 것을 본 것이다. 그리고 하나님의 영광이 또 드러나게 되었다. 그것이 예수의 부활이다.

새로운 시대가 열리게 되었다. 마음을 다하고, 뜻을 다하고, 정성을 다하는 사람들이 나타나기 시작했다. 진실한 사람들이 모이기 시작했다. 하늘나라가 가까워지기 시작했다. 46년이나 걸려서 지은 집이 맥을 못 추게 되었다. 모세 이후에 형식화된 유태교가 맥을 못 추게 되었다. 새로운 기독교가 싹트기 시작했다. 그것은 멀지 않았다.

성전을 헐어 버려라. 새로운 교회가 나타나고 있다. 그러나 그것은 십자가와 부활의 사건을 거쳐서 이루어졌다. 구체적인 증거 없이 역사는 변하지 않는다. "이 집을 헐어라. 내가 사흘 안에 다시 지을 것이다" 하는 예수님의 말씀은 그저 홧김에 내뱉은 큰소리가 아니었다. 그것은 실현되고야 말았다. 믿음은 바라는 것의 실상이라고 하듯이 이 믿음은 예수의 희생으로 보이지 않는 증거가 되었다.

예수의 십자가와 동시에 유태교는 무너지고, 예수의 부활과 동시에 기독교는 시작되었다. 어떤 사람의 신앙에도 육적인 것이 무너지고 영적인 것이 시작되는 새로운 계기가 있다. 그것을 우리는 진리를 깨닫고 생명을 얻었다고 한다. 그것은 진리의 체득이며 영적 생명의 자각이다. 이런 경험은 모든 믿는 자들의 산 경험이다.

자기 자신을 숙청하는 대작업이 진행되기 전에는 거듭날 수가 없다. 물과 성령으로 거듭나지 않으면 결단코 천국에 들어갈 수 없다고 한다. 예수의 십자가와 부활은 우리에게 언제나 새로운 경험을 안겨준다. 누구나 십자가를 져야 하며, 누구나 부활을 해야 한다. 내가 십자가를 진다는 말은 나의 육이 죽는다는 말이다. 내가 이제 그리스도와 함께 십자가에 못 박혔다 하는 말은 자기의 육이 죽었다는 말이다. 형식적인 생활 태도가 죽는다는 말이다. 이기적인 생활 태도, 아부적인 생활 태도, 미신적인 생활 태도가 죽고 말았다는 것이다. 형식적인 인생, 가짜 인생은 죽고, 진짜 인생, 진실한 인생, 이해를 초월한 인생, 권세를 초월한 인생, 신비를 초월한 인생으로 다시 산다는 말이다. 그것이 자기 정화이다. 물과 성령으로 자기를 깨끗하게 하는 것이다.

 예수는 성전을 헐라고 큰소리를 쳤다. 그리고 사흘 만에 다시 짓겠다고 큰소리를 쳤다. 이 큰소리는 온 예루살렘에 메아리쳤다. 온 이스라엘에 메아리쳤다. 온 세상에 메아리쳤다. 무서운 결과가 나타나게 되었다. 예수를 미워하고 죽이지 못해 애쓰는 예루살렘과 유태의 지도자들은 좋은 구실을 발견하게 되었다. 당시 세계의 지배자인 로마도 그리고 악마도 쾌재의 미소를 지었다. 온 국민을 납득시킬 만한 구실을 발견했기 때문이다. 예수를 죽일 만한 증거가 없느냐고 가야바 법정에서 증거를 찾고 있을 때에 성전을 모독한 이 사건은 좋은 증거가 되었다. 그들은 이 말을 구실로 예수를 죽이게 된다.

언제나 간사한 지도자들은 양의 머리를 매달고, 개고기를 파는 것이다. 자기들의 구멍가게를 유지하기 위하여 성전을 모독했다는 죄로 예수를 죽이게 되는 것이다. 예수의 큰소리는 예수의 목숨을 앗아가는 계기가 되고 말았다. 꺾어져 가는 갈대도 꺾지 않고, 꺼져가는 심지도 끄지 않던 예수가 어쩌자고 이렇게 화를 내고 큰소리를 쳤는가. 예수는 자기 말에 걸려서 죽게 되는 것이다.

선한 목자 예수는 이리에게 먹히는 양을 보고 가만히 있을 수는 없었다. 그가 채찍을 든 것은 어쩔 수 없는 일이었다. 그의 분노가 하늘에까지 도달했다. 하나님도 그것을 보고는 화내지 않을 수 없었다. 예수는 이리를 잡기 위하여 스스로 양이 되어 독약을 먹는다. 이리를 죽이는 방법은 그 길밖에 없기 때문이다. 이것이 무저항 저항이다. 유태는 독약 먹은 양을 잡아먹고 주후 70년에 망한다. 성전은 무너져 돌 위에 돌도 겹 놓인 것이 없었다. 의인의 피는 헛되지 않는다. 이번에는 하나님의 진노가 그들을 쓸어버리고 만 것이다. 예수의 진노가 하나님의 진노가 되어 이스라엘 성전은 무너지고 만다.

그 후 새로운 이스라엘, 새로운 성전이 단장한 신부처럼 하늘에서 내려온다. 새 하늘과 새 땅이 시작된다. 그것이 하늘나라다. 물론 보이는 교회는 그 후에도 계속 썩어갔다. 예수교도 몇 번이고 이리의 소굴로 변하였다. 루터의 혁명, 칼뱅의 혁명,

웨슬리의 혁명, 그밖에 수많은 혁명이 계속되고 있다.

  새 하늘과 새 땅은 아직도 오고 있다. 우리도 썩어가는 성전을 헐어버리고 썩지 않는 성전을 세워야 한다. 그것은 돌로 지은 성전이 아니라 영으로 지은 성전이다. 너의 몸은 산 성전이다. 영으로 지은 성전이다. 이 성전은 영원히 무너지지 않을 성전이다. 그것이 사흘 만에 지은 성전이다.

빛을 따라간 사람

물과 성령으로
새로 나지 아니하면
아무도 하나님의 나라에
들어갈 수 없다.

진리를 따라
사는 사람은
빛이 있는 데로
나아간다.

그리하여 그가 한 일은
모두 하나님의 뜻을 따라
한 일이라는 것이
드러나게 된다.

요한 2:23~3:21

니고데모

하나님의 뱃속에 들어갔다 나오지 않으면
하나님의 아들이 될 수 없는 것이다.

어느 날 니고데모가 예수를 찾아왔다. 니고데모와의 이야기는 우리가 보통 거듭난다고 하는 신생新生의 이야기다. 기독교에서 가장 중요한 것이 있다면 신생의 경험이다. 이것을 철학에서는 근본경험이라고 한다. 이 경험 없이는 정말 기독교인의 맛을 알 수가 없다. 그림을 그리는 사람이 어떤 경지에 도달하듯이 기독교인은 하늘나라에 도달하는 것이다. 쉽게 말하면 진리를 체득한 세계다.

사람이 사람 되는 것은 역시 진리를 체득했다는 경지에 들어가야 능히 사람이라고 할 수가 있다. 신생이라는 것도 사람이 된다는 것이다. 사람이라는 것은 참 이상해서 거듭나야 사람이 된다. 거듭난다는 말은 음악을 하는 사람이라면 음악가가 된다는 말이다. 음악을 하는 것과 음악가가 된다는 것은 차원이 다르다. 기타나 친다고 음악가라고 할 수는 없다. 그래도 음악을 전공해야 음악가라고 할 수 있다. 교회나 다닌다고 그리스도인이라고 할 수는 없다. 성경을 깨달아야 그리스도인이라고 할 수가 있다. 사람은 사람의 몸만 가졌다고 해서 사람이 아니다. 사람의 마음을 가져야 사람이다. 거듭났다는 것은 사람의 마음을 가지게 되었다는 것이다.

사람의 마음이란 무엇일까. 사랑이다. 하나님을 사랑할 수 있고, 이웃을 사랑할 수 있는 것이 거듭나는 것이다. 어떻게 하면 하나님을 사랑할 수 있을까. 진리를 깨달아야 하나님을 사랑할 수 있다. 어떻게 하면 이웃을 사랑할 수 있을까. 생명을 얻어야 이웃을 사랑할 수 있다. 진리를 깨달았다는 말은 무슨 말인가. 건강한 정신을 가졌다는 말이다. 생명을 얻었다는 말은 무슨 말인가. 건강한 육체를 가졌다는 것이다.

그런데 순서는 언제나 건강한 정신에 건강한 육체이다. 그것이 하나님을 사랑하고, 이웃을 사랑하는 것이다. 건강한 육체에 건강한 정신을 못가지면 다른 사람을 해치는 사람이 될 수도 있다. 건강한 육체도 중요하지만 건강한 정신이 더 중요하다. 그래서 하나님을 사랑하는 것이 먼저다.

요한복음 2장 23절에는 예수가 많은 이적을 행하는 것을 보고 많은 사람들이 예수를 쫓아다녔다는 기사가 있다. 호기심 때문일 것이다. 그러나 그렇게 따라다니는 것은 아무런 효과도 없다. 구경꾼이기 때문이다. 그래서 예수는 그런 구경꾼에게는 아무 관심이 없었다. 그런 사람은 보기만 해도 알 수 있었다. 사람들이 무슨 소리를 해도 예수는 믿지 않았다. 예수는 사람의 마음을 꿰뚫어보는 힘이 있었기 때문이다. 꿰뚫어보지 않아도 구경꾼인지, 정말 무엇을 찾는 사람인지는 구별할 수가 있다.

그런데 여기 정말 무엇을 찾는 사람이 나타났다. 그가 니고데모라는 사람이다. 그는 그 당시 상류계급에 속하는 똑똑한 사람이었다. 바리새인이요, 최고의회 의원이었다. 그는 예수가 보통 사람이 아니라는 것을 알았다. 병을 고친다든지 이적을 행하는 모습이 보통 사람으로서는 도저히 할 수 없는 일을 예수는 하고 있었다. 그도 특권계급에 속하는 사람이라 자기의 힘이 곧 국가의 힘이지만 예수는 국가보다 더 큰 힘을 가지고 있었다. 그 힘이 니고데모에게는 부러웠다. 어쩌면 저런 힘을 가질 수 있을까. 니고데모는 밤에 은밀히 예수의 힘의 비밀을 알아보고자 찾아갔다. 그러나 예수는 곧 그의 마음을 알아차렸다. 예수에게는 힘이 문제가 아니었다. 사람이 문제였다. 소유가 아니라 존재다. 이것이 니고데모에 대한 예수의 말씀이다.

돈이니 권력이니 하는 것도 중요하지만 그것보다 더 중요한 것이 있다. 그것은 사람 되는 것이다. 사람 되는 것은 거저 되는 것이 아니라 진리를 깨달아야 하는 것이다. 바리새인이라고 사람이 아니다. 최고의회 의원이라고 사람이 아니다. 재벌이라고 사람이 아니다. 대통령이라고 사람이 아니다. 사람은 진리를 깨달아야 사람이 된다. 진리를 깨닫는 것이 거듭나는 것이며, 진리를 깨닫는 것이 새로 나는 것이다. 사람은 새로 나지 않으면 하나님의 백성이 될 수가 없다.

바리새인이 하나님의 백성이 아니다. 아브라함의 자손이 하나님의 백성이 아니다. 새로 난 사람, 거듭난 사람, 그가 하나님의 백성이다. 니고데모는 말귀를 알아듣지 못했다. 거듭난다는 말은 무슨 말인가. 어머니 뱃속에 다시 들어갔다 나온다는 말일까. 그래서 그는 얼굴을 붉히면서 다시 물었다. 제가 나이 많은 사람으로서 어머니 뱃속에 들어갔다가 다시 나올 수가 있습니까. 이때 예수는 이렇게 말했다. 어머니 배에 들어가는 것이 아니라 하나님의 뱃속에 들어갔다 나오는 것이다. 하나님의 뱃속에 들어갔다 나오지 않으면 하나님의 아들이 될 수 없는 것이다. 하나님의 아들이 아니면 하나님의 나라에는 들어갈 자격이 없다. 사람의 아들은 사람이고, 하나님의 아들은 하나님이다. 그래서 새로 나야 한다는 것이다. 그것이 당연한 것 아니냐.

바람은, 소리는 들려도 보이지는 않는다. 하나님도 소리는 들려도 보이지는 않는다. 정신의 세계는 보이지는 않는다. 그러나 소리는 들린다. 내 말을 들어 보아라. 내가 겉으로는 나사렛 예수요 시골뜨기지만 그러나 내 말은 시골 사람의 말이 아니다. 내 속에는 보이지 않는 하나님이 계신다. 내가 말하는 것이 아니라 하나님이 말씀하신다. 내 말은 내 말이 아니라 하나님의 말씀이다. 거듭난 사람은 하나님의 말을 한다. 보기는 일반 사람과 다를 것이 없지만 나오는 소리는 다르다.

음악가라고 해서 모양이 다른 것은 아니다. 그러나 나오는 목소리는 다르지 않더냐. 거듭난다는 것이 바로 그런 것이다. 전문가가 되는 것이다. 너도 율법을 전공했으니까 최고의회 의원이 된 것이 아니냐. 그러나 율법의 세계보다 더 높은 세계가 있다. 그것이 바로 진리의 세계다. 그것이 하나님의 나라다. 그러므로 진리를 전공해야 하나님의 백성이 되는 것이다.(10절)

너는 이스라엘의 지도자인데 그것쯤 못 알아듣겠느냐. 나는 하나님의 나라가 어떤 것인지 알 수가 있을 뿐만 아니라 그것을 보았다. 지금 나는 내가 본 것을 말하는 것이다. 너는 내 말을 알아들을 수 있느냐.(12절) 내가 이렇게 쉽게 말해도 잘 알아들을 수 없다면, 내가 어렵게 말하면 어떻게 알아들을 수 있겠느냐. 하나님 나라에 속한 자 이외에는 누구도 하나님의 나라를 이해할 수가 없다. 하나님의 나라에서 오지 않으면 하나님의 나라를 알 수가 없다.

사람은 본래 하나님 나라에서 왔다가 하나님 나라로 가는 것이다. 사람의 육체는 땅에서 나서 땅으로 들어가는 것이지만 사람의 영은 하늘에서 왔다가 하늘로 가는 것이다. 그것은 마치 나무가 햇빛과 물이 합쳐서 되듯이 사람은 물과 영이 합쳐서 된 것이다. 물은 땅에서 나와 땅으로 들어가지만 영은 하늘에서 와서 하늘로 가는 것이다.

  나는 불이다. 나는 영이다. 나무가 불이 붙어 하늘로 올라가듯 나도 이제 나무에 걸렸다가 하늘로 올라가는 것이다.(14절) 옛날 모세가 지팡이에 뱀을 걸어서 높이 들고 사람들에게 보여주었다고 하는데 나도 이제 십자가에 높이 달려서 사람들에게 보여 주게 될 것이다. 죽음이란 별 것이 아니다. 불과 물이 갈라지는 것이다. 물은 땅속으로, 불은 하늘로 올라가는 것이다. 나는 불이다. 나는 십자가에서 죽음을 당하고, 내 영은 하늘로 올라갈 것이다. 모든 사람이 그렇게 생각해야 된다.

  옛날 모세의 말을 듣고 뱀을 쳐다본 사람은 병이 나았다고 한다. 이제 내 말을 듣고 나의 죽음을 바로 이해한 사람은 다 구원을 얻게 될 것이다. 그래서 그들도 영이 되어 하늘에 오를 수 있을 것이다.(16절)

  하나님은 세상을 사랑한다. 자기의 외아들까지 이 세상에 보낼 정도로 세상을 사랑하는 것이다. 태양이 빛을 비치듯이 세상을 사랑하는 것이다.

  모든 사람들은 본래 하나님의 아들이다. 나무가 본래 빛인 것처럼 사람은 다 하나님의 아들인 것이다. 한 사람 한 사람이다 하나님의 아들이다. 그만큼 하나님은 사람을 사랑한다. 내 말을 믿어야 한다. 당연한 말을 하고 있지 않은가. 그것이 진리다. 진리를 깨닫는 것이다. 그러면 영원히 사는 것이다.

진리는 죽지 않는다. 영은 죽지 않는다. 태양은 죽지 않는다. 내가 태양이다. 내가 독생자다. 나를 믿어라. 내 말을 믿어라.(17절) 너희를 망치게 하자는 것이 아니고 너희를 구하려고 하는 것이다. 내 말을 안 믿으면 너희는 망한다. 사람들은 내 말을 안 듣는데, 그것은 어둠을 더 사랑하기 때문이다. 진리보다도 정욕을 더 사랑하기 때문이다. 그래서 빛을 미워하는 것이다. 진리를 거역하는 것이다. 그러나 진리를 사랑하는 사람은 내 말을 들을 테고, 그런 사람의 행실은 하나님의 칭찬을 받을 것이다.

니고데모는 조용히 그 말을 듣고 있었다. 알아들었는지 못 알아들었는지는 알 수 없지만, 예수가 십자가에 달려 세상을 떠나자 그 시체를 거두어 자기 집 무덤에 갖다 묻었다. 그런데 사흘 만에 부활하셨다. 니고데모도 그 후 많은 고민을 거듭하다가 종당은 거듭나서 새 사람이 되지 않았을까. 예수와의 이상한 인연 때문에 그도 꼭 거듭나고야 말았을 것 같은 기분이 든다. 아마 거듭나서 지금은 그리스도와 같이 하나님의 나라에서 살고 있을 것이다.

신랑의 친구

나는 그리스도가 아니다.
그분 앞에 사명을 띠고 온 사람이다.

신부를 맞을 사람은 신랑이다.
신랑의 친구도 옆에 서 있다가
신랑의 목소리가 들리면 기쁨에 넘친다.

그분은 더욱 커지셔야 하고
나는 작아져야 한다.

요한 3:22~36

신 랑

결혼의 비밀이
인간을 구원한다.

요한은 또다시 예수를 증거한다. 요한의 첫 증거는 요한복음 1장 29절 "세상의 죄를 거두어가는 하나님의 어린 양을 보라"이다. 세상의 모든 문제를 해결해 줄 수 있는 사람을 보라. 내 문제를 해결해 줄 수 있는 사람을 보라. 이것이 요한의 증거였다. 예수가 어떻게 인류의 모든 문제를 해결해 줄 수 있을까. 예수가 이천 년 전 사람인데 나와 무슨 상관이 있을까. 그렇게 생각할 사람도 많을 것이다.

그러나 인간의 문제는 복잡한 것 같아도 따져보면 간단한 것이다. 개인문제와 가정문제와 국가문제라고 해도 좋고, 먹는 문제와 남녀문제와 아는 문제라고 해도 좋다. 이것은 누구나 해결할 수 있다. 그것을 해결한 사람이 예수이다. 예수는 그것을 해결했기 때문에 누구에게나 해결하는 방법을 가르쳐줄 수가 있다. 그래서 우리는 예수를 구세주라고 한다.

사람이면 누구나 해결할 수 있는 힘을 가지고 있다. 그러나 사람은 그것을 해결하지 않고 있다. 해결하면 할 수 있는데 하지 않고 있는 것뿐이다. 못하는 것이 아니다. 하지 않는 것이다. 그것을 한 사람이 예수이다. 종교적인 표현을 쓴다면 해결하는 방법은 하나이다. 하나님께 부딪치는 것이다. 전기에 스위치를 넣듯이 근원에 연결되는 것이다. 그것을 생명이라고 한다. 그것은 하나님의 생명이기에 영원한 생명이라고 한다. 하나님에게 부딪치면 영원한 생명을 얻을 수 있다. 영원한 생명이란 모든 문제가 해결된 생명이다.

개인문제도 가정문제도 아는 문제도 해결된 사람이다. 예수가 하나님을 붙잡았을 때 먹는 것도 문제가 안 되고, 남녀도 문제가 안 되고, 아는 것도 문제가 안 되었다. 하나님은 개인이나 가정이나 국가보다도 더 위대하기 때문이다. 누구나 하나님을 붙잡을 수 있다. 그것은 하나님을 붙잡은 예수를 붙잡으면 된다. 그것이 요한복음 3장 16절의 내용이다.

예수는 어떻게 하나님을 붙잡았나. 알고 보니 예수는 하나님의 아들이었다. 이것이 세례 요한의 증거였다. 그 후 예수도 세례를 베풀며 가르친 모양이다. 요한도 계속 세례를 베풀며 가르친 모양이다. 한 사람은 요단강 저 편에서, 한 사람은 요단강 이 편에서. 그때에 유태 사람들이 수군거리기 시작했다. 요한과 예수, 어느 편이 더 실력이 있을까 하고 논쟁이 생긴 것이다.

사람들은 언제나 자기를 상실하고 남을 문제로 삼는 것이 보통이다. 예수에게 세례를 받으나, 요한에게 세례를 받으나 그것이 문제가 아니다. 문제는 각 사람 마음에 있다. 사람의 마음이 깨끗해지기 전에는 물속에 백 번 들어가도 아무 쓸데가 없다. 사람의 정신이 깨기 전에는 예수한테 세례를 받건, 요한에게 세례를 받건 무슨 소용이 있을까. 사람의 정신이 깨서 세례는 하나님께로부터 받아야 한다. 사람의 힘으로 어떻게 되는 것이 아니다. 그래서 요한은 하늘에서 받기 전에는 아무 쓸데가 없다고 한다.

나는 사람을 구원하는 방법을 잘 모른다. 나는 진짜 구세주가 아니다. 나는 진짜 의사가 아니다. 나는 간호사 정도다. 급한 환자가 생겼는데 의사는 없고, 할 수 없이 간호사인 나라도 간호를 하고 있는 것이다.

진짜 의사는 예수다. 나는 수술을 준비하는 간호사에 불과하다. 그것을 너희들도 다 알고 있지 않느냐. 간호사가 제일 기쁜 것은 의사와 같이 있을 때다. 환자를 치료할 수 있는 것은 의사뿐이다. 간호사는 의사 옆에서 의사를 도와드릴 때가 제일 기쁜 것이다. 의사와 같이 있는 간호사의 기쁨은 지금 절정에 도달했다. 예수님은 못 고치는 병이 없을 정도로 명의이기 때문이다.

나는 의사가 아니다. 의사는 예수다. 나를 의사라고 오해하지 말아라. 나는 의사가 아니다. 예수는 자꾸 이름이 날 것이고, 나는 자꾸 이름이 사라질 것이다. 이것이 자연의 이치다.

예수님은 하나님께로부터 온 분이고, 나는 땅에서 난 사람이다. 산이 아무리 높다 해도 하늘에 닿을 수는 없다. 예수와 나는 차원이 다르다. 나는 의인義人이요, 예수는 인자人子시다. 예수는 하늘에서부터 왔기 때문에 모든 사람 위에 있고, 그는 하늘에서 보고 들은 것을 말할 수 있지만, 나는 그것이 불가능하다.

그러니까 누구든지 내 말을 듣는 사람은 내 말이 진짜라는 것을 알 수 있을 것이다. 하늘에서 온 분은 하나님의 힘을 가지고 있기 때문이다. 예수의 말을 듣는 사람은 누구나 구원받을 수가 있을 것이다. 그리고 하나님의 힘을 느낄 수 있을 것이다. 하나님께서 진짜로 세상을 구원하실 계획이라는 것도 알 수 있을 것이다.

하나님은 거짓말 하시는 분이 아니다. 그것은 구원을 받은 사람만이 알게 될 것이다. 구원을 받은 사람은, 하나님이 보낸 분이 하나님의 말을 하고, 하나님께서 그분에게 얼마든지 영을 부어 넣어 주신다는 것을 알게 될 것이다. 또한 하나님께서 예수님을 사랑해서 일체를 지배하는 권세도 그 손에 맡기신 것을 알게 될 것이다.

그러니까 진짜로 예수에게 자기를 맡기는 사람은 건강한 생명을 회복하게 되지만 예수를 따르지 않는 사람은 건강을 회복하지 못할 뿐 아니라 도리어 믿지 않는다는, 하나님의 진노를 면할 길이 없을 것이다.

요한은 제자들에게 예수가 진짜고, 자기는 가짜라는 것을 거듭거듭 말하고 있다. 예수는 흥하고, 자기는 쇠한다는 것, 얼핏 보면 바보 같은 소리다. 세상 사람들은 제가 제일이고, 남이 못한다고 하는데 진리의 세계는 그것이 아니다. 나도 없고, 너도 없고, 진리만이 있기 때문이다. 여기는 따지고 보면 요한도 없고, 예수도 없다. 있는 것은 하나님뿐이다.

하나님은 진실하시고 영이신 고로 아들에게 얼마든지 영을 부어 주신다. 예수도 위대한 사람이고, 요한도 위대한 사람이다. 그러나 있는 것은 하나님뿐이지 그들은 없다. 세상에 자기가 없는 것처럼 위대한 것은 없다. 인생의 모든 문제는 자기에게서 일어난다. 자기가 없는 사람에게는 문제가 될 것이 없다. 요한에게도 문제가 될 것이 없고, 예수에게도 문제가 될 것이 없다. 모든 문제는 자기 때문이다. 자기가 없어지는 것, 그것이 구원받는 것이다.

예수도 자기가 없고, 요한도 자기가 없다. 자기가 없는 사

신랑 69

람들을 따라 자기가 없어지면 그것이 세례요, 그것이 구원이다. 예수가 더 위대한가, 요한이 더 위대한가를 따지는 유태 사람에게는 무서운 자기가 도사리고 있다. 어떤 편이 더 유리할까. 이해를 따지는 사람에게는 언제나 구원은 없다. 그 속에는 진실이 없기 때문이다. 예수에게는 이해가 없다. 요한에게도 이해가 없다. 그들은 세례 받은 사람들이요, 깨끗한 사람들이다.

누구에게 세례를 받았나. 하나님께 세례를 받았다. 하나님께 부딪친 사람은 이해가 없다. 자기가 없기 때문이다. 자기가 없는 사람은 문제가 없다. 문제는 자기에서 나오기 때문이다.

자기가 없는 사람이 한꺼번에 두 사람씩이나 나온 유태는 위대한 국가다. 그들이야말로 세계를 구원할 수 있는 민족이다. 자기가 없는 사람이 그립다.

어떻게 자기가 없는 사람이 될 수 있을까. 대답은 간단하다. 자기가 없는 사람과 같이 있는 것뿐이다. 자기가 없는 사람을 믿는 것뿐이다. 자기가 없는 사람을 사랑하는 것뿐이다. 자기가 없는 사람과 결혼하면 된다.

요한은 29절에, 신랑을 가지는 이는 신부다. 이것이 세례의 비밀이다. 이것이 무아無我의 비밀이다. 이것이 구원의 비밀이다. 예수와 결혼하는 것이다.

묵시록 마지막에는, 새 하늘과 새 땅에서 예수와 장엄하게 결혼하는 이야기가 나온다. 어린 양의 혼인잔치라고 한다. 예수를 믿는다는 것은 예수와 결혼하는 것이다. 아무리 가난해도 부자와 결혼하면 곧 부자가 된다. 신과 결혼하면 신이 되고, 영원과 결혼하면 영원이 된다. 구원받는 비밀은 간단하다. 결혼의 비밀이다. 예수는 여러 번 결혼에 관한 이야기를 한다. 결혼의 비밀이 인간을 구원하기 때문이다. 동양에서는 성리학性理學이라고 한다. 결혼 속에서 인간은 나를 없이 할 수 있다. 이것이 사랑의 비밀이다. 나를 없이 해주는 것이 사랑이다. 신랑도 내가 없고, 신부도 내가 없다. 있는 것은 사랑이 있을 뿐이다. 요한은 자기를 신랑의 친구라고 비유한다. 나는 신랑이 아니다. 신랑의 친구다. 그것이 진실인 것이다.

　예수를 요한보다 더 잘 아는 이가 어디에 있을까. 요한은 예수의 소식을 듣고 그 기쁨이 절정에 도달했다고 한다. 세상에 기쁨이 절정에 도달한 사람, 그 사람처럼 행복한 사람은 없을 것이다. 요한은 얼마 안 가서 목이 잘린다. 그러나 요한은 죽어도 아무런 한이 없을 것이다. 그 기쁨이 절정에 달했을 뿐만 아니라 그의 사명을 이미 완수했기 때문이다. 사명을 완수한 사람에게는 죽어도 한이 없다. 30세에 요한은 죽었지만 사명을 다한 그는 누구보다도 오래 산 사람이다. 그는 벌써 영원한 생명을 가진 사람이었다. 누구에게나 사명이 있을 것이다. 그 사명을 다한 사람은 행복한 사람이다. 그 사람은 영원한 생명을 가졌기 때문이다.

제2장 예수의 사명

내가 주는 물

내가 주는 물은
그 사람 속에서
샘물처럼 솟아올라
영원히 살게 할 것이다.

사람들은
영적으로 참되게
하나님께
예배드려야 한다.

    요한 4:1~26

사마리아 여인

내가 예배다. 내가 영생이다.
나만 영생이 아니다.
너도 영생이 될 수 있다.

　　예수가 사마리아 여인을 만난다. 여기에 두 가지 이야기가 있다. 하나는 영생이고, 하나는 예배이다. 영생은 목적이요, 예배는 수단이다. 영생을 얻기 위해서 예배를 보는 것이다. 영생은 14절, "내가 주는 물을 마시는 자는 영원히 목마르지 않다. 그리고 내가 주는 물은 그 사람 속에서 솟아나는 샘물이 되어 영원한 생명에 이르게 하는 것이다."

　　내가 주는 물이란 예수님의 말씀이요, 그것은 동시에 하나님의 말씀이며, 그것은 또한 진리를 말한다. 내가 주는 물을 마시는 사람은, 내가 주는 말을 깨달은 사람은, 내가 주는 진리를 깨달은 사람은 영원히 목마르지 않다. 아무 문제가 없다. 일체의 고통에서 해방된다. 세상을 초월하게 된다. 그뿐만 아니라 내가 주는 진리는 그 사람 속에서 또다시 샘솟듯 나오게 된다. 진리를 깨달은 사람은 진리를 깨달았을 뿐만 아니라 그 속에서 진리가 샘솟듯 쏟아져 나온다. 도道가 통한 것이다.

말을 들으면 말을 할 수 있게 되는 것이 진리의 본질이다. 진리를 깨달으면 또 진리를 말하게 된다. 눈을 뜨면 무엇이나 보이고, 본 것을 말하면 그것이 또 진리이다. 이러한 진리는 계속 솟아 나와서 마치 샘물이 바다에 이르는 것처럼 내 속에서 나온 진리가 하나님 나라에까지 도달하게 될 것이다. 내 속에서 나온 진리만이 하나님의 나라에 도달하는 것이 아니라 진리를 내놓는 나도 하나님 나라에 도달하고, 진리를 듣는 남도 하나님 나라에 도달하게 하고, 모든 인류가 다 하나님 나라에 도달하게 될 것이다. 왜냐하면 진리는 인류를 죄의 멍에에서 풀어 자유롭게 하기 때문이다.

결국 구원이란 진리를 듣는 것이요, 진리를 말하는 것이요, 내가 진리가 되는 것이다. 사람은 말을 듣다가, 말을 하다가, 말이 된다. 거룩할 성聖자는 귀(이耳)와 입(구口)과 왕王이 합쳐진 자이다. 귀는 듣는 것이고, 입은 말하는 것이고, 왕은 되는 것이다. 진리란 거룩해지는 것이다. "하나님이 거룩하니, 너희도 거룩하라."(레 19:2) 거룩한 사람이 진리 자체요, 그것이 영원한 생명이다. 거룩한 사람이 구원 받은 사람이요, 하나님 나라의 백성이며, 하나님의 성도가 되는 것이다.

그때 예수가 많은 제자를 가지게 되었다는 말을 바리새인들이 알게 되었다. 그래서 바리새인들은 요한보다도 예수를 더 미워하게 되었다. 예수는 그들과의 충돌을 피하여 갈릴리 지방으로 가게 되었다. 가는 도중에 사마리아 지방을 지나게 되었다. 사마리아 사람들은 유태 사람과 이방인과의 혼혈 종족이다. 유태 사람들은 자기들만이 고귀한 족속이라고 생각하는 교만한 민족이었다. 그것은 자기들만이 신의 선민이라고 생각했기 때문이다.

종교가 절대적인 힘을 과시하던 고대에, 종교를 안다고 하는 것은 특권계급에 속하는 것이었다. 요새는 과학을 가진 사람들이 세계를 지배하듯이, 옛날은 종교를 가진 사람들이 세계를 지배하고 있었다. 그런데 유태 사람은 천재적인 종교의 전문가였다. 그들에게는 신을 만난 사람들이 많았다. 아브라함, 이삭, 야곱은 말할 것도 없고, 모세, 엘리야, 이사야, 예레미야, 그리고 요한, 예수에 이르기까지 종교의 높이에 있어서 유태 사람들을 따를 자가 없었다. 그들은 종교를 가지고 나라를 이룩하였고, 종교 때문에 나라가 망하는 종교의 천재들이었다.

그들은 종교와 이스라엘 민족을 결부시켜 이스라엘 사람이 아니면 모두 야만종 취급을 하고 멸시 천대하는 교만한 사람들이었다. 그것이 유태 사람들의 죄이다. 종교를 안다고 나쁠 것은 없지만 종교를 가지고 남을 멸시하는 것은 나쁜 것이다. 유태 사람은 종교를 아는 장점도 있었지만 그것 때문에 가져오는 단점도 있었다. 유태는 종교로 흥하고, 종교로 망하는 운명을 초래하게 되는 것이다.

유태 사람은 유태 민족이 아닌 이방인을 멸시하고, 특히 유태 민족과 이방인과의 혼혈아를 천대하였다. 그것은 자기 민족에 대한 배신자로 생각했기 때문이다. 그래서 그들은 사마리아 사람과 사귀는 것을 창피하게 생각했다. 이러한 편견에 대해서 예수는 못마땅하게 생각했다. 종교와 민족을 혼동하는 유태 사람들과 그는 동조할 수가 없었다.

종교는 정신이고, 민족은 육체다. 정신은 정신이요, 육체는 육체이지, 정신과 육체를 뒤섞으면 죽도 밥도 안 된다. 예수는 정신과 육체를 엄격히 구별하였다. 종교는 만인의 것이지 유태 민족의 것만이 아니다. 이것이 민족종교를 넘어서는 예수의 세계종교다. 유태교와 기독교의 차이는 여기서 시작된다. 봉건적인 폐쇄성을 헐어버리고 인류전체에게 개방하는 것이 기독교다.

과학은 미국 것만이 아니다. 한때는 과학을 백인이 독점하고, 그것을 가지고 세계를 지배하고, 타민족을 살해했지만 지금은 차차 과학을 세계에 개방하고 있다. 과학은 인류의 것이지 백인의 것이 아니다. 이런 생각이 지금 차차 퍼져나가고 있다. 이렇게 되어야 세계가 하나가 되고, 민족과 민족 간의 투쟁과 증오가 없어질 것이다.

　세계 평화는 인류의 유산을 공유하는 것이다. 누구나 다 가질 수 있도록 하는 것이다. 무엇이든지 인류의 유산을 나누어 가져야 하고, 일부의 소수가 잔여의 다수를 지배해서도 안 된다. 모든 것이 다 인류의 것이 될 때 세계는 하나가 된다. 우선 인류의 공동 소유가 되어야 할 것은 하나님의 사랑이요, 하나님의 말씀이요, 하나님의 정신이다.

　예수는 그것을 사마리아 여인에게 나누어 주는 데 조금도 인색하지 않았다. 나에게서 쏟아져 나오는 샘물을 얼마든지 퍼마셔라. 진리는 인류의 것이지 유태 사람의 것만이 아니다. 여기에 대해서 사마리아 여인은 처음으로 눈이 뜨이는 것 같은 기분이었다. 진리가 인류의 것이면 하나님도 인류의 것이 아닌가.

　그래서 사마리아 여인은 다시 질문을 던진다. "유태 사람들은 예루살렘에서 제사를 지내고, 우리들은 게리심 산에서 제사를 지내는데 이제부터는 그럴 필요가 없지 않을까요?" 여기에 대해 예수는 "물론 그렇다. 이제부터는 시간과 공간에 구애될 필요가 전혀 없다. 하나님은 어디에나 계시고, 언제나 계시는 분이니 누구든지 시간과 공간을 초월만 하면 그것이 예배다."

　공간을 초월한 것이 영이요, 시간을 초월한 것이 진리다. 예배는 영과 진리로 드려야 한다. 하나님은 영이시다. 그리스도는 진리시다. 하나님과 그리스도를 아는 것이 영생이다. 예배는 영생을 얻는 수단이다. 예배는 시간을 초월하는 연습이고, 공간을 초월하는 연습이다. 마음을 다하고, 뜻을 다하고, 성품을 다하여 하나님을 사랑하는 것이 영이요, 이웃을 네 몸같이 사랑하는 것이 진리다. 찬송과 기도는 영의 연습이요, 성경과 설교는 진리의 연습이다. 하나님께 찬송과 기도는 어디에서나 드릴 수 있고, 성경과 설교는 언제나 계속된다. 우리가 찬송을 부르고 기도하는 것은, 내가 찬송이 되고, 기도가 되기 위한 것이고, 우리가 성경을 보고 설교를 하는 것은, 내가 성경이 되고, 설교가 되기 위해서이다. 결국은 내가 영이 되고, 진리가 된다. 예수님은 영이요 진리시다.

예수는 샘이요, 물이다. 샘은 시간을 초월하고, 물은 공간을 초월한다. 샘과 물은 영원한 생명이다. 솟아나오는 생명이요, 흘러내리는 영원이다. 샘이 솟고, 흐르고 흐른다. 그것이 말씀이다. 말씀은 솟고, 말씀은 흐른다. 말씀은 영이요, 말씀은 진리다. 말씀이 육신이 된 사람이 그리스도다. "말씀이 육신이 되어 우리 가운데 거하니 우리가 그를 보니 독생자의 영광이요, 은혜와 진리가 충만하더라."(요 1:14) 은혜는 영이고, 진리는 진리다. 예배 보는 것은 영생을 얻자는 것이요, 영생을 얻으면 예배가 된다. 예배가 영생이요, 영생이 예배다. 진리와 은혜는 하나요, 영과 진리는 하나다. 시간과 공간이 곱해진 것이 예배다. 예배는 사차원이다. 사차원을 사는 것이 영생이다.

　사마리아 여인이, 이제 그리스도라는 사차원의 인간이 나타날 것인데, 우리는 그를 기다리고 있으며, 그때가 되면 사차원의 세계가 이루어질 것이라고 했다. 그때 예수는 내가 바로 그 사차원의 인간이라고 한다. "내가 시간과 공간을 초월한 인간이다. 내가 예배다. 내가 영생이다. 나만 영생이 아니다. 너도 영생이 될 수 있다. 너도 신령과 진리로 예배드릴 수 있다. 아니 온 인류가 영생이 될 수 있다"고 하셨다.

　울담 밑에 매화가 폈으니 벌써 봄은 온 것이다. 영생이, 오는 것이 아니다. 그리스도가, 오는 것이 아니다. 벌써 왔다. 그리고 지금 여기에 있다. 내가 영생이다. 여기가 사차원이다. 눈을 뜨고 보라. 귀를 열고 들으라. 봄소식이 들리지 않느냐. 꽃이 피고 새가 울지 않느냐. 봄이 온 것이다. 문을 열어라. 언제까지 자고만 있느냐. 활짝 문을 열어라. 그리고 봄을 맞아라. 내가 그리스도다. 내가 봄이다. 내가 꽃이다. 내가 새다. 봄은 세계에 가득 차 있다. 봄은 어디에나 봄이다. 그리고 봄은 언제나 봄이다. 봄은 시간을 초월하고, 공간을 초월해 있다. 봄이 무르익은 것이다. 무르익어야 봄이 온다.

　예수는 아무것도 모르는 사마리아 여인에게 무서운 복음을 전한 것이다. 무서운 폭탄을 전한 것이다. 과연 예수님의 폭탄은 이 여인을 폭파하고야 말 것인가.

알곡이 되어

저 들을 보아라.
곡식이 이미 다 익어서
추수하게 되었다.
거두는 사람은
이미 삯을 받고 있다.
그는 영원한 생명의 나라로
알곡을 모아 들인다.
그래서
심는 사람도
거두는 사람과 함께
기뻐하게 될 것이다.

        요한 4:27~42

추 수

누구나 마음 문만 열어놓으면
얼마든지 거두어들일 수 있다.

예수는 사마리아 여인에게 시간을 초월하고, 공간을 초월한 증거를 보여주었다. 그것은 사마리아 여인의 과거를 알고 있는 것이었다. "너에게는 남편이 다섯이 있다." 이 말에 사마리아 여인은 쓰러지고 말았다. 예수가 쏘는 폭탄에 얻어맞은 것이다. 이리하여 사마리아 여인은 죽고 만 것이다. 그리고 새로운 사마리아 여인이 태어난 것이다.

그는 사차원의 인간을 만난 것이다. 그리고 그도 사차원의 인간이 되고 만 것이다. 예수가 그녀의 마음을 꿰뚫어 보듯이 그녀도 예수를 꿰뚫어 볼 수 있게 된 것이다. 그것은 예수가 아니었다. 그리스도였다. 베드로도 확실히 볼 수 없었던 그리스도를 사마리아 여인이 보고 만 것이다. 이것이 기적이다. 시간과 공간을 초월한 기적이다. 그녀는 물그릇을 내던지고 동네로 달려갔다. 이 기쁨을 자기 동네 모든 사람과 같이 나누기 위해서다.

사마리아 사람들은 예수를 사랑하기 시작했다. 그는 이미 유태인이 아니다. 유태인을 벗어난 사람이다. 그는 인간이 아니다. 신이다. 하나님의 아들이 나타난 것이다. 유태 사람들에게 쫓겨서 길거리로 가던 그 길가에서. 이것이 웬 떡이냐. 사마리아 사람들도 한없는 기쁨을 맛보았지만 예수님의 기쁨도 한이 없었다. 유태 사람에게 버림받은 예수가 여기 와서 대환영을 받게 된 것이다. 예수는 하나님께 한없는 감사와 찬송을 드렸다.

사마리아 사람들은 자기네 마을에서 하룻밤 잘 것을 부탁하였다. 하나님 나라의 큰 잔치가 벌어진 것이다. 잔치는 하루를 넘어 이틀 사흘이 되었다. 동네 사람들은 사마리아 여인에게 이렇게 말했다. "너만 보는 것이 아니다. 우리들도 눈이 뜬 것이다. 너만 듣는 것이 아니다. 우리들도 듣는 것이다." 여기에 사차원의 세계는 다시 펼쳐진다.

눈을 뜨고 공간을 초월하고, 귀를 열고 시간을 초월한다. 시간과 공간을 초월한 하나님의 나라가 사흘이나 계속되었다. 아니 사흘이 아니라 오늘까지 잔치는 계속되고 있다. 아니 영원히 이 잔치는 계속될 것이다. 하나님의 나라는 오고야 말았다. 유태 사람들이 그렇게 천대하던 사마리아에서부터 오고 만 것이다. 구원은 유태인에게서가 아니라 이방인에게서부터 이루어진다고 바울이 말했지만 아는 유태인보다 모르는 사마리아인에게서 먼저 이루어지게 된 것이다. 유지有知의 지知가 아니고 무지無知의 지知가 구원이기 때문이다.

안다는 유태 사람보다 모른다는 사마리아 사람이 더 먼저 구원에 동참하게 되었다. 구원은 알고 모르는 데 있는 것이 아니다. 태도에 있다. 안다고 오만한 사람은 구원과는 상관이 없다. 모른다고 하는, 겸허한 사람에게 구원은 상관이 있다. 구원은 아는 문제가 아니라 태도의 문제다. 교만한 자는 망하고, 겸손한 자는 흥한다.

사마리아 사람은 마음을 다하고, 뜻을 다하고, 성품을 다하여 예수를 받아들였다. 그것이 예수를 미워하는 유태 사람과는 다른 것이다. 이런 천국의 잔치를 제자들은 알지 못했다. 그들의 관심사는 무엇을 먹고 무엇을 마시느냐에 있었다. 제자들은 사온 음식을 예수님께 바쳤다. 그러나 예수님에게는 벌써 천국의 음식이 있었다. 제자들은 그것을 알 도리가 없었다. 예수는 자기의 사명을 실천함으로써 배가 불렀고, 진리를 전하는 기쁨으로 충만하여 떡과 같은 것을 먹을 생각이 없었다. 사람은 떡으로만 사는 것이 아니라 하나님의 입에서 나오는 진리의 말씀으로 사는 것이다.

진리에 비하면 떡은 아무것도 아니다. 예수는 지금 말씀으로 사는 사차원의 세계에 있다. 이제 떡을 먹고, 또다시 삼차원의 세계로 떨어지기가 싫었다. 예수는 이렇게 말했다. "나는 사차원의 음식으로 배가 부르니, 삼차원의 음식은 안 먹어도 상관이 없다." 이 말을 제자들은 알아들을 수가 없었다. 예수님이 갑자기 왜 그러실까. 다른 사람이 음식을 갖다 주었을 리가 없는데. 제자들에게는 삼차원을 넘어설 힘이 없었다. 그러나 예수는 사차원을 살고 있었던 것이다.(34절)

내 떡은 하나님의 뜻을 실현하기 위해서 하나님께서 맡겨주신 일을 하는 것이다. 제자들에게는 곡식을 거두어들이는 것이 밥을 먹는 것이었다. 그러나 예수님께서는 사람의 마음을 거두어들이는 것이 예수의 음식이었다. 제자는 몸을 먹고 사는 것이고, 예수는 마음을 먹고 사는 것이다. 예수의 마음은 하나님의 마음이요, 인류의 마음이다. 예수는 마음으로 사는 사람이요, 제자들은 몸으로 사는 사람이다. 예수는 사차원에서 사는 사람이요, 제자들은 삼차원에서 사는 사람이다. 차원이 다른 것이다.

예수님은 이렇게 말했다. "삼차원으로 보면 아직 봄은 안 왔다. 그러나 사차원으로 보면 벌써 봄이 왔다. 너희들의 눈으로 보면 하늘나라는 아직 오지 않았지만 그러나 내가 보면 하늘나라는 벌써 와 있다. 자, 저기 오는 사마리아 사람들을 봐라. 막

밀려오고 있지 않느냐. 곡식은 다 익어서 금물결 치고 있다. 농사꾼은 벌써 풍년의 수확을 걷어 들이고 있다. 나는 지금 농부로서 사람의 마음을 걷어들이고 있다. 이 사람들의 마음은 영원한 생명에 이르는 열매들이다. 이 사람들의 정신은 죽지 않는다. 이 사람들의 영혼은 멸하지 않는다. 그들은 다 살게 될 것이다. 이 많은 곡식은 누가 심었느냐. 나는 심지도 않고 거두게 되었다. 사마리아 사람으로 하여금 이렇게 겸허한 마음을 갖게 하신 이는 누구냐. 아마도 하나님 아버지이실 것이다. 하나님이 씨를 뿌리고, 내가 열매를 거두어 가지는 것이다. 아버지도 기뻐하시고, 나도 기쁘기 한이 없다. 옛날부터 심는 사람과 거두는 사람이 따로 있다더니 오늘을 두고 말한 것이지도 모른다.

하나님이 심으시고, 내가 거두는 것이다. 내가 거두어서 하나님께 다 드리고, 하나님이 심어서 나에게 주시니 하나님의 것이 내 것이요, 내 것이 하나님의 것이다. 또 하나님의 것이 잔치에 참석한 이 사람들의 것이고, 이 사람들의 것이 하나님의 것이다. 하나님과 나와 이 사람들은 다 하나다. 모두 은혜와 진리가 충만하고 영과 진리로 가득 찬 것이다. 예수는 제자들에게 이렇게 말한다. 너희도 눈이 뜨이고 귀가 열리면 나처럼 될 것이다. 다른 사람이 심어놓은 것을 너희들은 거두기만 하면 되는 것이다. 마치 음식을 준비해 놓은 것을 가서 먹기만 하면 되는 거나 마찬가지다. 앞으로는 내가 뿌린 것을 너희들은 거두기만 하면 되는 것이다. 너희들은 아무 준비도 없이 먹기만 하면 되는 것이다. 누구나 마음 문만 열어놓으면 음식은 얼마든지 거두어들일 수 있을 것이다. 예수가 심은 것을 지금 계속해서 사람들은 거두어들이고 있다.

전도란 거두어들이는 것뿐이다. 사람들의 마음을 거두어들이는 것뿐이다. 사람은 누구나 진리에 대해서 마음을 열어 놓고 있다. 진리를 찾지 않는 사람은 없다. 모든 인류는 진리를 찾고 있다. 진리를 사랑하고 있다. 그들을 사랑하는 길은 그들에게 진리를 전해주는 것뿐이다. 전도는 진리를 전하는 것뿐이다.

그러면 진리는 무엇인가. 진리는 말인가. 아니다. 진리는 말이 아니다. 진리는 무엇인가. 진리는 몸이다. 말씀은 말이 아니라 육신이다. 말씀은 육신이 되어야 한다. 진리는 보여 주는 것이지 들려 주는 것이 아니다. 내가 진리가 되어야 한다. 내가 진리가 되기 전에는 진리를 보여 줄 수가 없고, 진리를 전할 수가 없다. 내가 진리가 되어 진리를 보여 주는 것이 이웃을 사랑하는 것이다. 세상에 진리를 전하는 것 이상의 큰 사랑은 없다. 예수가 인류를 사랑한 것 이상 큰 사랑은 없다. 인류는 진리를 통해서 인간이 되기 때문이다.

인간을 인간이게 하는 것처럼 큰 사랑은 없다. 인간이, 인간이 될 때처럼 행복한 것은 없다. 인간을 가장 행복하게 하는 길은 인간을 인간답게 하는 것이요, 인간을 인간답게 하는 길은 진리를 알게 하는 것뿐이다. 진리를 알게 하는 길은 진리를 보여 주는 것이다. 진리를 보여 준 사람이 세상에서 인류를 가장 사랑한 사람이다. 진리가 육신이 된 것이 그리스도다. 그리스도 이상 인류를 사랑한 이가 없다. 진리가 육신이 될 수 있다는 것을 보여 준 것이다. 불이 나무가 된 것을 보여 주는 것이다. 누구나 진리를 사랑할 때 진리가 육신이 됨을 보여 주는 것이다. 그리스도는 한없이 진리를 사랑한 사람이다.

모든 인류가 진리를 사랑하게 되었다. 진리가 인간의 본성이기 때문이다. 진리를 사랑하는 것은 인간의 본성을 사랑하는 일이다. 인간은 본래 진리다. 진리가 육신이 된 것이 인간이다. 인간이 진리를 사랑할 때 육신이 또다시 진리가 될 수 있다. 육신이 진리가 되는 것이 참 사는 것이다. 몸으로 산 제사를 드리는 것이 참되게 사는 것이다. 나무가 불이 되어 타는 것이 참되게 사는 것이다.

육체에 진리의 불이 붙는 것, 원리를 가지고 사는 것, 그것이 진리로 사는 것이다. 그것이 생명이다. 인생은 불이다. 진리의 불이다. 진리의 불이 비치는 것이 전도다. 빛이 어두운 곳에 비칠 때 어둠은 잘 모른다. 그러나 알아보는 사람이 있다. 그것이 전도다.

오늘은 안식일

일어나 요를 걷어들고
걸어가거라 하시자
그 사람은
어느새 병이 나아서
요를 걷어들고 걸어갔다.
그날은 마침 안식일이었다.
그래서 유태인들은
병이 나은
그 사람에게
오늘은 안식일이니까
요를 들고 가서는
안 된다 하고
나무랐다.

   요한 4:43~5:18

안식일

꽃이 피고, 새가 우는 것이 신의 창조다.
오늘 내가 병자를 고치는 것도 신의 창조다.

예수가 사마리아를 지나 갈릴리로 가서 헤로데 안티파스왕의 고급관리 아들의 병을 고쳐 주었다. 부모들의 애원을 들어준 것이다. 부모의 사랑처럼 지극한 것은 없다. 그들은 왕궁의 고관이었지만 자식을 사랑하는 심정은 지위의 고하가 문제가 안 된다. 그들의 애정에 예수도 견딜 수가 없어서 그의 영적 능력을 구사한 것 같다. 병자에게 가지도 않고 멀리서 고쳐 주신 것이다. 영적 능력에는 시간과 공간이 문제가 안 될 것이다.

또 하나의 병 고치는 기적이 행해진다. 장소는 바뀌어 예루살렘 양문 옆 베데스다 못, 이 연못은 간헐온천이요 광천인가

보다. 가끔 샘물이 끓어오르는 때가 있는데 그때 병자가 들어가면 병이 낫는다는 것이다. 사람들은 천사가 내려와서 물을 휘젓기 때문이라고 생각했다. 단순한 광천인지, 신비한 기적인지 지금은 헤아릴 자료가 없다. 하여튼 병을 고치겠다고 수많은 사람들이 몰려들었을 것은 분명하다. 다만 안타까운 것은 맨 먼저 들어간 사람만이 낫는다는 것이다.

먼저 뛰어 들어간 사람만이 낫는다니 얼마나 많은 사람이 먼저 뛰어들려고 발버둥을 쳤을까. 올림픽 일등하기 보다도 훨씬 더 어려웠을 것이다. 그래도 일등을 해보겠다고 계속 노력한 사람이 있으니 그 옆에서 38년을 기다린 병자였다. 마치 평생을 과거시험을 치르다가 죽는 사람처럼 이 사람은 평생을 병을 고치려다가 죽을 사람이었다. 이런 사람이 세상에는 얼마든지 있다. 평생 돈을 모으다가 죽는 사람, 평생 공부하다가 죽는 사람, 무엇을 하려고 하다가 이루지 못하고 죽는 사람이 얼마나 많은가. 어리석다면 어리석고, 가엾다면 가엾은 사람들이다. 이런 사람은 자기의 힘이 부족한데, 자기의 힘이 부족한 것을 알고 단념하든지 그렇지 않으면 힘을 더할 다른 방법을 알아야 하는데, 이것도 저것도 다 없이 행여나 요행을 바라고 38년씩이나 기다린 것이다.

38년씩이나 그곳에 누워 있었으니 그를 보는 사람들이 동정해서 그 사람을 도울 법도 한데 인심이 어떻게 각박한지 저마다 살겠다는 생존경쟁 때문에 그는 영원히 기회를 얻지 못한 채 그곳에 누워 있는 것이었다. 영원히 버림받은 사람, 마치 인도의 버림받은 계급과 비슷하다. 마침 예수가 그 앞을 지나가다가 그 사람을 보게 된 것이다. 하늘은 그에게 한 번 기회를 허락하였다. 예수는 물었다. "낫고 싶은가?" 병자는 대답했다. "기회가 없습니다." 예수는 기회를 주었다. "일어나서 들것을 가지고 돌아가라." 병자는 곧 건강해져서 짐을 가지고 걸어갔다. 꿈같은 일이요, 죽음의 골짜기에 한 포기의 꽃이 핀 것이다. 이 아름다운 꽃을 보고 웃지 않을 사람이 누굴까.

그런데 이 꽃을 보고도 웃지 않을 뿐 아니라 그것을 보고 도리어 화를 내는 사람이 있으니, 그것이 유태의 지도자였다. 사람을 살리는 것이 지도자. 그러나 지도자는 가끔 사람 죽이기를 좋아한다. 그것이 독재자다. 그들은 가끔 법을 가지고 사람을 동여매는 것이다. 수없이 많은 법을 만들어 놓고 자기들에게 불리할 때는 안 쓰고, 자기들에게 유리할 때는 쓰는 것이 그들의 심보다. 코에 걸면 코걸이가 되고, 귀에 걸면 귀걸이가 된다. 유태의 지도자는 자기네들이 가지고 있는 유일한 도구, 사람들을 억압하는 유일한 도구인 율법을 범한 자를 그냥 둘 수는 없었다. 안식일에는 병을 고치면 안 된다. 그것은 신에 대한 모독이다. 그 놈을 잡아야 한다.

병자는 처음에는 자기를 고쳐 준 이가 누군지를 몰랐다. 그래서 예수를 잡으려는 자들에게 협조할 수가 없었다. 예수는 그를 만나 다시는 병들지 않도록 주의를 주었다. 이 친절을 그는 원수에게 팔았다. 그는 유태 지도자들에게 가서 그것이 예수라고 일러 바쳤다. 자기의 병을 고쳐 주고 친절하게 병들지 않게 일러 주는 은인을 잡히게 하는 이 사람은 또 얼마나 가증한 사람인가. 병을 고쳐 주었다고 잡으려는 지도자, 병을 고쳐 주었는데도 그를 잡아 주는 병자, 이것이 악마의 세상이다.

세상의 악은 끝이 없다. 유태 사람들은 예수를 쫓기 시작했다. 이때 예수는 그들에게 말했다. 내가 법을 어겼다고 너희들은 나를 잡으려고 하지만 도대체 안식일을 지켜야 한다는 법의 근거가 되어 먹지를 않았다.

하나님이 안식하였으니 사람도 안식해야 된다고 하여, 법의 근거를 신에게 두고, 신과 일치시키고자 하는 것이 너희들의 생각이지만, 신에게는 안식이 필요 없고, 그런 법을 가지고 백성을 억압하는 것은 신에 대한 모독 이외에 아무것도 아니다. 예수의 말은 조리가 있었다.

신에게 안식이 왜 필요한가. 신은 전지전능이 아닌가. 6일에 천지를 창조했다는 것은 말도 안 된다. 그것은 사람들의 관습을 신에게 갖다 붙인 것이지, 신이 6일에 천지를 만드신 것이 아니다. 신은 억만 년 걸려서 천지를 창조하시고, 지금도 계속 창조하고 계신다. 신의 창조는 오늘도 계속되고 있다. 꽃이 피고, 새가 우는 것이 신의 창조다. 오늘 내가 병자를 고치는 것도 신의 창조다. 사람의 사명은 신의 창조에 동참하는 것이다. 참되고, 착하고, 아름다운 세계를 건설하는 것이다.

그것을 위하여 학문을 이룩하고, 예술을 진흥시키고, 철학을 심화하고, 종교를 펼쳐가는 것이다. 과학과 예술과 철학과 종교와, 너희가 사랑하는 법률도, 일체가 사람을 살리고, 자연을 완성하기 위해서 있는 것이지, 자연을 파괴하고 사람을 죽이기 위해서 있는 것이 아니다. 예수의 말이 그들의 귀에 들릴 리 없었다.

그들은 자기를 가르치려는 예수가 미웠다. 자기들보다 더 높은 사람을 그냥 둘 수는 없다. 예수를 죽여야 한다. 자기들이 높아지고, 자기들이 백성을 지배하고, 자기들이 세상을 착취하기 위하여 자기들에게 반기를 드는 예수는 없애 버려야 한다. 강한 독재 의욕은 예수를 죽이기로 하였다. 그 이유는 그가 안식일을 범했을 뿐만 아니라 하나님을 자기 아버지라고 말하고 자기를 신과 같다고 말했기 때문이다.

그들은 예수의 죄목을 곧 만들어 낼 수가 있었다. 자기들을 침범한 것이 아니다. 이것은 신을 침범한 것이다. 자기들을 무시한 것이 아니다. 신을 무시한 것이다. 이 사람은 도저히 살려 둘 수가 없다. 죽여야 한다. 이것이 그들의 연극이었다. 이것이 독재자의 근성이다. 독재자들은 신을 믿지 않는다. 자기들이 신이다. 인간은 신을 상실하면 곧 악마가 된다. 이것이 독재자다. 인간은 독재자가 되면 곧 악마가 된다. 이것이 독재자의 운명이다. 스탈린이나 히틀러만이 아니다. 누구나 하나님을 부인하고 자기가 제일이라고 하는 사람은 다 악마. 악마가 따로 있는 것이 아니다. 신앙 없이 자기가 제일이라고 하는 사람은 다 악마. 불신과 교만, 이것이 악마요, 거짓과 살인, 이것이 악마의 하는 짓이다. 불신과 교만은 언제나 같은 것이다.

자기 이상을 인정치 않음이 교만이요, 교만의 내용은 거짓뿐이다. 거짓과 교만은 언제나 일치한다. 거짓 없이 교만이 있을 리 없다. 교만은 언제나 거짓이다. 악마는 언제나 아라비아 신화 속에 나오는 지니처럼 속은 없고 무섭게만 보이는 것이다. 사탄은 뱀의 화신이요, 뱀은 두 혀를 가진 거짓말쟁이다.

본래 실력 있는 사람은 겸손한 법이다. 실력 있는 사람은 큰 소리를 칠 수가 없다. 사람의 힘에는 한계가 있기 때문이다. 사람은 전지全知일 수 없고, 전능全能일 수 없다. 사람은 일지일능一知一能뿐이다. 사람은 하나를 알 수 있고, 하나를 할 수 있을 뿐이다. 그러나 만萬을 안다고 전지는 아니고, 만을 한다고 전능은 아니다.

계란을 만 개 모았다고 닭은 아니다. 닭을 만 마리 모았다고 계란은 아니다. 개체와 전체는 별개의 것이다. 계란을 합쳐서 닭이 되는 것이 아니라 계란이 깨어 닭이 되고, 닭이 낳아야 계란이 된다. 개체와 전체의 관계는 생산과 자각의 관계요, 그것은 진통의 관계이지 공짜로 쉽게 이루어지는 것이 아니다. 계란을 많이 모으면 닭이 되는 줄 아는 망상이 거짓이요, 계란이 닭인 줄 착각하는 것이 교만이다.

독재자는 망상과 착각에 사로잡혀 있는 무리들이다. 그들의 앞날은 멸망이요, 그들의 현실은 허무다. 사람들은 모두 불신과 교만에 사로잡혀 있기 때문에 거짓과 살인을 밥 먹듯 한다.

유태의 지도자도 거짓과 살인이요, 병 고침을 받은 사람도 거짓과 살인이다. 병이 나았다고 그 사람이 깬 것이 아니다. 병이 있을 때나, 병이 나았을 때나 모두 마찬가지다.

다만 나타난 것은 예수 그리스도의 모습뿐이다. 그는 계란이 아니다. 그는 닭도 아니다. 그는 병아리다.

생명의 근원

아들은
아버지께서 하시는 일을 보고
그대로 할 뿐이지
무슨 일이나
마음대로 할 수는 없다.

아버지께서
생명의 근원이신 것처럼
아들도
생명의 근원이 되게 하셨다.

너희는
성서 속에 영원한 생명이
있는 것을 알고 파고 들거니와
그 성서는 바로 나를 증언하고 있다.
그런데도 너희는 나에게 와서
생명을 얻으려 하지 않는다.

요한 5:19~47

병아리

내가 이런 일을 하는 것은
너희들도 병아리가 되게 하기 위해서다.

예수는 자기와 하나님과의 관계를 확실하게 선언한다. 닭이 합쳐도 계란은 안 되고, 계란을 모아도 닭은 안 된다. 닭이 낳아야 계란이고, 계란을 깨고 나와야 닭이다. 하나님과 예수는 닭과 계란의 관계가 아니라 닭과 병아리의 관계다. 예수는 깬 사람이다. 예수는 하나님의 품에 안겨 깨어난 독생자 병아리다. 하나님을 본 사람이 없으되 홀로 독생하신 예수만이 하나님을 보았고, 하나님을 보여 주신 것이다. 세례 요한도 자기는 병아리가 아니다, 예수만이 병아리다, 라는 것을 목숨을 걸고 증거한 광야의 소리였다.

요한은 아직도 계란 속에 있는 부화되기 직전의 병아리다. 그러나 예수는 깨어 나온 병아리다. 예수는 영체靈體다. 이것이 요한의 고백이다.

요한복음 5장은 예수의 고백이다. 요한의 고백을 스스로 시인하는 것이다. 5장 19절에, 진실로, 진실로 나는 말한다. 아들은 아버지의 하는 것을 보고 흉내 내지 않으면 아무것도 할 수가 없다. 아버지가 하는 대로 나는 하고 있다. 아버지는 아들을 사랑하여 자기가 하는 것을 모두 아들에게 보여 준다. 그뿐만 아니라 앞으로 더 큰일을 계속 보여 줄 것이다. 아들은 앞으로 더 큰일을 하게 될 것이다. 그것을 보게 되면 너희들은 깜짝 놀랄 것이다. 아버지가 하는 일은 죽은 사람을 부활시켜서 생명을 얻게 하는 것이다. 아버지가 하는 일은 닭이 계란을 깨 병아리를 만드는 것이다.

그러므로 나도 이제 커서 아버지처럼 계란을 깨 병아리를 만드는 일을 할 것이다. 나는 내가 원하는 사람에게 신적인 생명을 주는 것이다. 아버지는 이제부터는 친히 어느 누구도 심판하지 않고, 모든 심판을 다 내게 맡길 것이다. 그것은 모든 사람으로 하여금 나를 존경하게 하기 위해서다. 나를 존경하지 않는 사람은 나를 보내신 아버지도 존경하지 않는 사람이다. 아버지는 닭이고, 나는 병아리다. 닭은 병아리를 사랑하고, 병아리는 닭을 사랑한다. 병아리는 닭을 보고 흉내 내고, 닭은 병아리에게 세상을 처리하는 권세를 맡겼다. 벌레를 쪼아 먹어도 좋고, 마음대로 뛰어다녀도 좋다. 이것이 독생자의 특권이다. 이제 병아리는 자꾸 자라서 또 성령을 낳고, 성령을 품게 될 것이다. 그래서 새로운 병아리를 많이 깨게 될 것이다. 그것이 나의 사명이다.

지금 내 말을 듣고 나를 보내신 아버지 품에 들어가는 사람은 이제 곧 병아리가 되어 영원한 생명을 얻을 수 있을 것이다. 그는 영원히 멸망을 벗어날 수 있다. 그런 사람은 벌써 죽음에서 생명으로 옮겨진 사람들이다. 그들은 벌써 육적 생명을 벗어나 영적 생명을 가진 사람들이다. 그러니까 지금이 중요한 때다. 너희들은 시간을 벗어나야 한다. 시간을 벗어난 사람은 모두가 내 말을 듣게 될 것이다. 죽은 사람까지도 한 사람도 빠짐없이 내 소리를 듣게 될 것이다. 내 말을 들을 수 있는 사람은 시간과 공간을 벗어난 사람이다. 몸과 마음을 벗어난 사람이다. 시간과 공간의 껍질을 벗어나야 한다. 육체의 욕심을 벗어나야 한다. 그리고 영으로 살아야 한다. 진리로 살아야 한다. 야스퍼스는 그것을 내적 행(內的 行)이라고 한다. 하나님의 소리를 듣는 것은 암호를 해독하는 것이다. 이 우주가 다 암호다. 암호를 해독해야 한다. 그래야 이 우주를 초월할 수가 있다.

이 우주가 다 하나님의 말씀이다. 성경만 하나님의 말씀이 아니다. 우주와 인생과 역사와 사건이 다 하나님의 말씀이다.

그런데 암호를 해독하지 못하고 우주를 연구하고, 성경을 연구하고, 역사를 연구하면 객관적인 지식의 증가만을 얻을 수 있고, 객관적인 지식의 증가에 따라서 인간은 무서운 기술로 자연을 지배하게 될 것이다. 그것은, 암호를 해독하여 주체적인 재생이 없는 한, 인류에게 별 도움이 되지 못할 것이다. 자기가 악마인 이상, 그것은 인류를 멸망시키고, 인류를 타락시키고, 인류를 동물화하고, 상품화하고, 인류를 소외하는 데 쓰일 뿐이지, 인류를 살리고, 인류를 행복하게 하는 데 쓰일 수가 없다. 우주와 인생과 역사와 과학은 인류를 죽이는 데 쓰여서는 안 된다. 그것은 인류를 살리고, 인류를 인류이게 하기 위해서 쓰여야 한다.

요한복음 5장 39절에 성서는 연구의 대상이 아니고 체득의 규범이라 하고 있다. 객관을 지배하는 지식이 아니고 인간의 자각을 촉구하는 실천규범이다. 인간은 법을 이용할 뿐만 아니라 법을 실천해야 한다. 이성은 자연을 연구할 뿐만 아니라 자연을 체득해야 한다. 체득하여 인간이, 인간이 되어야 자연은 인간의 복리를 위하여 쓰일 수 있다. 불은 화재로 쓰이기 전에 취사를 위해서 쓰여야 한다.

불을 제한할 수 있는 힘을 인간이 가지기까지는 불을 가지고 장난을 하면 안 된다. 인간이 자기의 성욕을 제한할 수 있을 때까지는 성욕을 쓰면 안 된다. 인간이 원자력을 제한할 수 있을 때까지는 원자력을 쓰면 안 된다. 원자력은 폭탄으로 쓸 것이 아니다. 그것은 취사용으로 쓰여야 한다. 그것은 난방용으로 쓰여야 한다. 그것은 자동차나 비행기에 쓰여야 한다. 그것이 폭탄으로 쓰이는 것은 인류의 불행이 아닐 수 없다.

인간이 자기를 제어할 수 있는 힘이 생겼을 때 자기를 사용할 수 있다. 불을 제어할 수 있을 때 불을 써야 한다. 불을 제어할 수 있는 능력이 없을 때 그것을 사용함은 화재 이외에 아무것도 아니다. 사람 속에 무서운 불, 탐욕, 치정은 원자력보다도 더 무서운 힘이다. 이 힘을 제한할 줄 모르고 이 힘을 남용하면 무서운 결과가 나타난다. 그것이 예수의 예고다.

성경은 연구의 대상이 아니다. 실천의 규범이다. 성경은 사람을 만드는 것이요, 성숙한 인간을 보여 주는 것이다. 성경은 영원한 생명인 나를 증명하고 인간의 본체를 보여 주는 것이다. 인간은 누구나 병아리가 될 수 있다. 닭이 인간의 본체로서, 닭이 되어 자연을 지배하면 평화요, 계란이 되어 자연을 지배하면 전쟁이요, 계란은 깨지게 마련이다. 계란을 돌에 내던지면 깨질 수밖에 없다. 주체 없는 자연의 연구는 인류를 멸망으로 이끌 수밖에 없다. 자연은 파괴되고, 생태계는 균형을 잃고, 공해는 세계를 덮고, 전쟁은 끊이질 않는다. 학살과 범죄는 계속 일어나고 있다. 이것이 계란이 바위에 덤벼드는 자연의 연구라는 것이다. 그러나 병아리가 되면 바위 위에 뛰어오를 수가 있다. 병아리는 큰소리를 칠 수가 있다. 이때 인간과 자연은 화해하고, 인류는 평화를 보장할 수 있다. 인간이 계란을 벗어나서 병아리가 되는 것처럼 중요한 것은 없다. 인간이 순수이성을 초월해서 실천이성이 될 때 영원한 평화의 길이 열린다.

구약성경은, 아니 인류의 모든 고전이 그것을 말하고 싶은 것이다. 우주가 그것을 말하고 싶은 것이다. 자연이 말할 수 없는 탄식으로, 계란이 병아리가 되기를 기원하고 있는 것이다. 예수의 사명은 계란을 병아리로 만드는 일이다. 그런데 너희들은 자연을 연구하자는 데는 귀가 번쩍 뜨이면서 자연을 체득하자는 데는 절대 말을 들으려고 하지 않으니 너희는 도대체가 사람 될 의욕이 없는 것이다. 너희는 말로는 하나님, 하나님 하지만(42절) 마음속에는 절대 하나님을 사랑하고 있지 않다. 너희들은 자기밖에 없다. 마음속은 자기로 꽉 차 있다. 너희가 모세, 모세 하지만 너희는 모세도 믿지 않는다. 만약 너희가 모세라도 믿으면 나를 믿을 수 있다. 그것은 모세는 나에 대해서만 말하였기 때문이다.

인류의 모든 성인들이 병아리에 대하여 말하고 있다. 너희들이 그들 중 아무라도 믿으면 나를 믿을 수 있다. 그들이 이구동성으로 말하는 것은 다 나를 위해서 말하고 있는 것이다. 너 자신을 알라는 것이 성현의 부르짖음이다. 인류의 본체는 신이다. 인류의 본체는 진리다. 요한이 증명한 것도 마찬가지다. 그는 내가 진리라고 증명한 것뿐이다. 인간의 본체는 불이다. 지금은 나무지만 본래는 불이다. 지금은 계란이지만 본래는 닭이다. 계란으로 썩으라는 게 아니다. 병아리로 깨 나오라는 것이다. 너희는 어째서 계속 썩기만 하겠다는 것이냐. 병아리가 되고 싶지 않은가. 불이 되고 싶지 않은가. 신이 되고 싶지 않은가. 신은 불멸이다. 영원한 생명이다. 누구든지 병아리가 되면 영원히 죽지 않을 것이다.

  내가 말하고 싶은 것은 그것뿐이다. 나는 빛이다. 나는 닭이다. 이제는 큰 닭이다. 아버지가 나에게 일체를 맡길 정도의 큰 닭이 된 것이다. 나도 이제는 큰일을 해낼 수 있다. 가장 큰일이 무엇인가. 너희들을 깨우는 일이다. 내가 하는 일을 보고 너희들은 내 말을 따라야 한다. 내 말이 믿어지지 않거든 내가 하는 일을 보고 나를 믿어야 한다. 내가 하는 모든 일들은 내가 병아리라는 것을 증명하는 것이다. 내가 이런 일을 하는 것은 너희들도 병아리가 되게 하기 위해서다. 내가 인기를 얻기 위해서 하는 것이 아니다. 나는 없는 것이다. 나는 다만 하나님께로부터 너희들을 살려내는 힘을 받은 것뿐이다. 나는 사람의 마음을 볼 수 있다. 이제 무덤 속에서 내 말을 듣고 깨어 나올 것이다. 나는 내 생각으로 말하는 것이 아니다. 아버지의 생각으로 움직이는 것뿐이다.(30절) 내 말을 들으면 누구든지 깨어나서 영원한 생명에 들어갈 수가 있다. 그것뿐이다.

믿는 사람

내가
바로 생명의 빵이다.
나에게 오는 사람은
결코 배고프지 않고,
나를 믿는 사람은
결코 목마르지 않을 것이다.

그렇다.
아들을 보고
믿는 사람은
누구나
영원한 생명을
얻게 하는 것이
내 아버지의 뜻이다.

    요한 6:1~40

떡

진리가 절대
먹을 음식이다.

예수는 자기가 병아리라는 것을 보여주기 위해서 보통으로는 생각할 수 없는 일들을 행한다. 그것은 시간과 공간을 초월하는 일들이다. 우리가 흔히 기적이라고 하는 것을 행하는 것이다.

지금까지도 몇 번 기적이 일어났지만, 6장 1절에서부터 13절에는 보리떡 다섯 덩이와 물고기 두 마리를 가지고 5천 명을 먹이는 이적異跡을 행한 기사가 있다. 예수의 기적을 보고 호기심과 욕심에 끌려 많은 사람들이 모여들게 되었다. 예수는 빌립에게 빵을 좀 구할 수가 없냐고 물었다. 빌립은 빵을 몇 십만

원어치를 사와도 이 사람들에게는 다 먹일 수가 없을 것이라고 대답하였다. 베드로는, 점심을 가져온 사람은 한 사람밖에 없고 고작 물고기 두 마리와 보리떡 다섯 덩이뿐이라고 했다.

이 말을 들은 예수는 그것을 가져오라고 하고 사람들을 앉혔다. 남자들만 헤아려도 5천 명이었다. 예수는 기도를 하고 그 빵을 나누어 주기 시작했다. 그런데 빵과 물고기는 끝없이 나왔다. 모든 사람이 배불리 먹고 남은 것만도 12광주리가 되었다. 이스라엘의 열두 지파와 온 인류를 먹이기 위해서다.

오늘도 계속해서 자연은 인류를 먹이고 있고, 오늘도 계속해서 예수님의 말씀은 퍼져가고 있다. 그리하여 예수의 본체는 더욱 더 늘어나고 있다. 우리는 여기서 예수의 기적이 사실이었는지 아닌지를 연구할 필요는 없다. 요한복음 5장 39절에 예수님께서는 연구하지 말고 체득하라고 했다. 우리도 기적을 행할 수 있는 인간이 되는 것이 중요하지, 그것이 사실인지 아닌지를 문제시할 필요는 없는 것이다.

나는 예수님께서 떡 다섯 덩이와 물고기 두 마리로 5천 명을 넉넉히 먹였을 것이라고 생각한다. 그것은 우주를 창조하신 하나님의 힘이 예수를 통해서 작용했기 때문이다. 나는 물질적인 기적을 행할 수는 없어도 정신적인 기적은 얼마든지 행할 수가 있다고 생각한다. 하나님의 말씀 한마디를 가지고 수많은 사람을 먹이고도 남아 앞으로도 얼마든지 먹일 수 있으니 말이다.

하나님의 말씀은 먹인다고 해서 없어지는 것이 아니라 얼마든지 불어난다. 설명을 하면 할수록 말씀은 불어난다. 말씀에는 끝이 없다. 그것은 영원한 생명이기 때문이다. 하나님을 알고 그리스도를 알면 내 속에서 말씀이 샘솟듯 한다. 그것을 경험한 사람에게는 떡 다섯 덩이로 5천명을 먹였다고 해도 별로 놀랄 것이 없다. 떡은 한 번으로 끝나지만 말씀은 그 사람 속에 들어가기만 하면 또다시 샘이 되어 솟아나온다.

예수가 5천 명을 먹이자 사람들은 예수를 예루살렘에 끌고 가서 왕을 시킬 생각이었다. 왕이란 백성을 먹여주는 것이 왕이다. 중국의 왕도정치王道政治란 백성을 먹이는 것이다. 요임금은 12년 먹을 양식을 비축하고, 주공은 6년 먹을 양식을 비축하고, 공자는 3년 먹을 양식을 비축하고자 했다. 오늘도 많은 나라들이 백성들에게 밥을 먹이고자 혈안이 되어 있다. 정치의 근본은 백성을 먹이는 것이 제일 우선이기 때문이다.

그 소리를 듣고 예수는 산으로 피했다. 자기는 유태 백성에게 밥을 먹이자고 온 사람이 아니라 온 인류에게 말씀을 전하자고 온 것이다. 말씀을 전하여 인류의 정신이 깨면 밥 먹는 것은 문제도 안 된다. 사람은 떡으로 사는 것이 아니라 말씀으로 산다. 예수는 밥 먹이는 기적을 행하고 후회했을지도 모른다. 밥 먹이는 것이 예수의 할 일이 아니라 정신을 깨우는 것이 예수의 할 일이다.

저녁때 제자들은 배를 타고 호수를 건너 가버나움으로 갔다. 예수는 호수를 건너서 그들을 따라간다. 거기서 물 위를 걸어가는 기적이 행해진다. 예수의 정신이 하늘을 나는 정도로 의기양양한 시대였다. 많은 사람들이 예수를 찾아나섰다. 결국 가버나움에서 그들은 예수를 만났다. 그들이 예수를 찾는 것은 먹는 문제를 해결해 줄 수 있는 왕을 찾는 것이었다. 그러나 예수의 마음은 그들과는 다른 것이었다. 먹을 것과 권세가 예수의 관심사가 아니다. 예수는 왕이 되어 백성을 먹이자는 것이 아니다.

6장 26절에 너희는 먹을 것 때문에 나를 찾는데 먹는 문제가 인류의 근본문제가 아니다. 세상에 생물 치고 굶어죽는 생물은 없다. 들에 나는 새를 보라. 농사짓지 않고도 먹을 것이 얼마든지 있지 않느냐. 새들도 걱정하지 않는 먹을 것을 사람이 걱정할 필요는 하나도 없다. 그것보다는 인간이 인간되는 문제를 해결해야 한다. 인간이 인간되는 길은 한 길 밖에 없다. 그것은 진리를 깨닫는 것이다. 진리가 절대 먹을 음식이다. 진리를 깨달으면 영적 생명이 된다. 그것이 영원한 생명이다. 진리를 얻기 위해 노력해야 한다. 이 진리는 내가 너희들에게 주는 것이다.(27절)

하나님 아버지께서 진리를, 너희들에게 주는 전권을 나에게 주신 것이다. 그래서 사람들이 다시 물었다. 진리를 받기 위해서 어떤 일을 해야 하나님의 마음에 들 수 있나.(29절) 예수는 이렇게 말했다. 하나님이 보내신 자를 믿는 것이 하나님의 마음에 드는 유일한 길이다. 진리를 깨닫는 길은 예수를 좇는 것 이외는 없다. 예수를 좇는다고 하는 것은 예수를 이해하는 일이다. 하나님을 알고, 예수를 아는 것이 진리를 깨닫는 것이다. 예수는 자기가 진리라고 한다. 예수는 자기 속에 진리가 샘솟듯 하는 것을 느끼기 때문이다. 예수의 말을 이해하는 것이다. 부지언不知言이면 부지인不知人이다. 예수의 말을 이해하지 못하면 예수의 인격을 이해할 수가 없다.

우리가 진리를 깨닫는 길은 예수를 사랑하고, 예수의 말씀을 이해하는 것밖에 없다. 예수의 말을 깊이 생각해 보아야 한다. 예수의 말을 배워야 한다. 그러나 사람들은 예수의 말을 배울 생각은 안 하고 또다시 기적을 구하였다. 예수를 믿게 하기 위해서 당신은 앞으로 어떤 기적을 행할 것입니까. 천박한 유태인은 기적에 호기심이 끌려서 그 이상 더 깊이 생각하려고 하지 않는다.

사람이 되는 길은 생각이 깊어야 한다. 밥을 먹었다고 사람이 되는 것도 아니고, 이상한 것을 보았다고 사람이 되는 것도 아니다. 그러나 사람들의 관심은 먹는 것뿐이었다. 그들은 옛날 광야에서 만나를 내리게 해서 사람을 먹이면서 이스라엘의 왕이 되었던 모세처럼 예수도 앞으로 빵을 무한히 만들어서 사람을 먹이고, 이스라엘의 왕이 되어 자기들을 행복하게 해 줄 것을 간청했다. 이때 예수는, 그것은 모세가 내려준 것이 아니고 하나님께서 내려주신 것이라고 말한다.(32절)

그런데 하나님께서는 이번에는 진짜 빵을 주셨다. 이 빵은 진짜로 세상을 살리기 위한 것이다. 그 말을 듣고 사람들은 그것이야말로 참 좋은 소식이다. 그렇다면 그 빵을 저희들에게 주십시오. 사람들의 관심은 아직도 물질에만 얽매어 있었다. 정신이 깨면 물질은 저절로 해결되는 줄을 모르고 있다. 이 세상에는 물질이 없어서 걱정이 아니다. 물질은 얼마든지 있다. 정신이 못 깨서 그것을 못 쓰는 것뿐이다. 정신이 깨면 물질은 쓰고 남는다. 지금 석유가 떨어지면 다 얼어 죽을 것으로 생각하지만 태양열은 영원히 우리들의 것이다. 모든 동물이 태양열을 가지고 살고 있다. 석유를 퍼내 공해를 유발하고, 전쟁을 하여 서로 죽이는 것은 정신이 깨지 못해서 그렇다. 사람의 문제는 정신의 문제지 물질의 문제가 아니다. 사람은 사람이 되기만 하면 모든 문제는 저절로 해결된다.

예수는 이렇게 말했다. 내가 생명의 빵이다. 내가 사람이다. 내가 깬 정신이다. 내가 하나님의 아들이다. 내가 그리스도다. 사람이 되기만 하면 배고픈 것도 없고 목마른 것도 없다. 나를 보라. 사람을 보라. 사람에게는 아무 문제가 없다. 나를 보고 사람이 되면 그 사람도 아무 문제가 없을 것이다.

　사람은 제멋대로 살려고 온 것이 아니다. 진리를 실천하기 위해서 온 것이다. 진리가 하나님의 마음이다. 하나님의 뜻을 실천하는 것이 인생의 길이다. 내가 온 것은 내게 오는 사람들을 한 사람도 빠짐없이 마지막 날에 부활케 하기 위해서다. 나를 보고 믿는 사람은 누구나 영원히 살게 된다. 내가 마지막 날에 그들을 부활하게 하기 때문이다. 그러나 나를 믿지 않는 사람은 멸망할 것이다. 예수는 마지막 날에 모든 사람을 부활시키는 것이 자기의 사명이라고 한다. 마지막 날에 부활시키는 것도 사실이지만 오늘도 그는 우리들을 부활시키고 있다. 예수의 말씀을 이해하는 사람은 누구나 진리를 깨닫게 되고, 진리를 깨달으면 자유로운 생명을 가지게 된다. 아무것에도 구애되지 않는 생명을 가지게 된다. 그것이 영적 생명이요, 영원한 생명이다.

　육체가 죽었다가 살아나는 것, 그것도 중요하겠지만 그보다도 더 중요한 것이 있다. 그것은 우리의 정신이 살아나는 것이다. 우리의 정신의 부활, 그것이 실현되면 육체는 저절로 부활하는 것이다. 살아서는 건강한 육체를 가지게 되고, 죽어서는 우리의 영혼이 새로운 육체를 쓰게 될 수도 있을 것이다. 육체가 아니라면 영체라도 가질 수 있을 것이다. 육체건 영체건 그것이 문제가 아니다. 정신이요 영혼이다. 건강한 정신과 깬 영혼만 있으면 그것에 적당한 옷을 입게 될 것이다. 그것이 육체

떡 113

가 되어도 좋고, 영체가 되어도 좋다. 그것보다는 오늘 사람이 되는 것이다. 사람이 되어 사람의 얼굴을 가지는 것이다. 사십이 되면 사람은 자기 얼굴에 대하여 책임을 져야 한다.

사람의 아들의 살과 피

정말 잘 들어 두어라.
만일 너희가
사람의 아들의 살과 피를
먹고 마시지 않으면
너희 안에 생명을
간직하지 못할 것이다.

내 말이
귀에 거슬리느냐.

육적인 것은
아무 쓸모가 없지만
영적인 것은
생명을 준다.
내가 너희에게 한 말은
영적인 것이며
생명이다.

    · 요한 6:41~71

살과 피

예수의 살은 진리의 살이요,
예수의 피는 진리의 피요,
예수의 삶은 영적 삶이다.

예수가 "하늘에서 내려온 빵"이라고 한 말에 유태 사람들은 이 사람이 요셉의 아들인데 어째서 하늘에서 내려왔다고 하는가 하고 의심했다. 예수는 그 말을 듣고 하나님 나라를 이해할 수 없는 사람은 내 말을 이해할 수 없을 것이다. 나는 하늘에서 와서 땅에서 낳았다. 나무는 태양에서 와서 땅에서 자란다. 나무는 하늘에서 오고, 나기는 땅에서 나서 자란다. 그것이 나무다. 나무는 태양 불을 간직한 불이다. 나무는 언제나 불을 준비가 되어 있다. 붙으면 불이다. 이 사실을 인정하지 않는 사람은 내 제자가 될 수 없다. 내 제자가 된 사람은 내가 꼭 불을 만들어 놓고야 말겠다.

　내 말을 믿지 않는 사람은 아버지와 상관이 없는 사람이다. 내 말을 믿는 사람은 아버지와 상관이 있다. 아버지가 보내서 내게 온 사람이다. 아버지가 보내지 않으면 나와 아무 상관이 없다. 내게 온 사람은 아버지가 보내서 온 사람이다. 그러니까 나는 그들에게 책임이 있다. 아버지가 보낸 사람을 그냥 돌려보낼 수야 없지 않느냐. 꼭 그들을 부활시켜서 불을 만들고야 말 것이다.

　예레미야 31장 33절에 나 여호와가 말하노라. 그날 후에 내가 이스라엘 집에 세울 언약은 이러하니 곧 내가 나의 법을 그들의 속에 두며 그 마음에 기록하여 나는 그들의 하나님이 되고 그들은 내 백성이 될 것이다. 그들이 다시는 자기 이웃과 형제를 가리켜 이르기를 너는 여호와를 알라 하지 아니하리니 이는 작은 자로부터 큰 자까지 다 나를 앎이니라. 내가 그들의 죄악을 사하고 다시는 그 죄를 기억치 아니하리라 하는 말이 있고, 이사야 54장 13절에는 네 모든 자녀는 여호와의 교훈을 받을 것이니 네 자녀는 크게 평강할 것이라고 적혀 있다. 예언서에는 마지막 날에 사람은 모두 하나님의 가르침을 직접 받을 것이라고 하였다. 하나님의 말을 듣고 하나님께 배우는 자는 다 내게로 온다.(45절) 그러나 듣고 배운다고 해도 그것이 하나님을 본다는 말은 아니다.

하나님을 본 사람은 나밖에 없다. 진실로, 진실로 너희에게 이르노니 나를 믿는 자는 영원한 생명을 가진다. 나를 믿는 자나 아버지를 믿는 자나 같은 것이기 때문이다. 아버지도 영이고, 나도 영이요, 나를 믿는 사람도 영이다. 영과 영이 통하는 것이다. 영이 영원한 것이다. 영이 영원히 사는 빵이다. 영인 내가 생명의 빵이다. 너희들의 조상들은 광야에서 만나를 먹었다. 그러나 그것은 육이었다. 육은 결국 죽는 것이다. 그것도 내리기는 하늘에서 내렸지만 영원한 생명, 영이 아니기 때문이다. 영을 먹으면 죽지 않는다. 그것이 정말 하늘에서 온 빵이다. 나는 하늘에서 온, 산 빵이다. 나는 영이기 때문이다. 이 빵을 먹는 사람은 영원히 산다. 내가 주는 빵이란 나의 육이다. 내가 세상을 살리기 위해서 이것을 세상에 준다.

예수는 영원한 생명이 영이라고 한다. 영이란 무엇인가. 육을 내놓은 것이 영이다. 그릇은 영원하다. 그러나 그릇에 담긴 음식은 일시적이다. 영은 영원하지만 육은 일시적이다. 육은 남을 먹이기 위해서 있다. 이 육을 먹일 수 있는 사람이 영이다. 그러니까 내 육을 먹고 내 피를 마시지 않으면 너희들 속에 생명이 없다. 내 살을 먹고 내 피를 마시는 자는 영원한 생명을 얻는다. 내가 마지막 날에 그를 부활시킨다. 내 살은 진짜 음식, 내 피는 진짜 음료수, 내 살을 먹고, 내 피를 마시는 이는 나와 같이 있고, 나도 그와 같이 있다.

하나님이 보낸 내가 하나님과 같이 사는 것처럼 나를 먹는 사람도 나와 같이 산다. 영원히 같이 산다. 이것이 가버나움 회당에서 한 이야기다. 한마디로 예수의 제자는 예수와 같은 생명이요, 영원한 생명이요, 산 사람이다. 제자는 선생을 잡아먹는 사람이다. 그리하여 선생 이상이 된다. 잡아먹는다는 말은 정신적으로 한 말이다.(63절)

정신이 살았다는 것이지 육이 무슨 쓸데가 있는가. 예수의 사상과 예수의 인격을 이해하는 것은 예수를 잡아먹는 것이나 마찬가지다. 내 말이 정신이요, 내 말이 영이다. 정신이니 영이니 하는 것은 진리란 말이다. 진리를 깨닫는 것이 영이요 정신이다. 진리를 깨달으면 그것이 생명이요 영원이다.

그러나 너희 가운데는 내 말을 믿지 않는 자가 있는데 그가 곧 가롯 유다다. 그는 악마다. 그때 베드로는 말했다. "주님을 떠나서 어디로 가겠습니까. 영원한 생명의 말씀은 당신만이 가지고 있습니다. 당신은 그리스도입니다. 우리는 당신이 구세주인 것을 알고 있으며 진짜로 믿고 있습니다."

스승이 제자를 알고, 제자가 스승을 알기가 얼마나 어려운지 모른다. 모두 불이 되기 전에는 하나가 될 수가 없다. 선생도 불이 되고, 학생도 불이 되기 전에는 도저히 안 된다. 이것을 만남이라고 하는데, 제자의 마음속에도 목마른 사슴이 시냇

물을 찾듯 애타야 하고, 스승의 마음도 목마른 사슴이 시냇물을 찾듯 애타야 한다. 스승과 제자가 모두 불이 붙는다는 것은 쉬운 일이 아니다. 예수는 자기의 생명을 바친다. 내 살은 먹을 것이요, 내 피는 마실 것이라고 자기를 불사른다.

거기에 대해서 제자 가운데서 누가 불을 사르었는가. 베드로는 당신이 하나님의 성자요 구세주라고 하면서 정말로 불을 사르었는가. 얼마 안 가서 세 번씩이나 모른다고 하지 않았던가. 이제 내가 하늘나라로 올라가는 것을 보고야 너희들은 믿을 것인가. 예수의 안타까워 하는 모습이 보이는 것 같다. 자기의 전부를 바치는 예수, 자기의 살과 피를 바치는 예수, 살아도 그들을 위해서 살고, 죽어도 그들을 위해서 죽는데도 그들은 모른다. 하나님이 도와주시지 않으면 알 수 없을 것이다.

부모가 살을 베고 피를 짜서 자식을 사랑해도 자식들이 모르는 것과 마찬가지다. 그러나 내 살은 먹을 것이요, 내 피는 마실 것이라고 자기의 생명을 바치는 예수의 모습에서 참사랑을 볼 수 있다. 사는 것도 제자를 위해서 살고, 죽는 것도 제자를 위해서 죽는다. 지극한 사랑을 우리는 결국 십자가에서 보게 된다.

이 지극한 사랑이 하나님께서 오지 않았으면 어디서 올 수 있겠는가. 하나님은 사랑이라고 한다. 하나님의 사랑이 아니면 이런 사랑은 있을 수 없다. 나무가 불이 되듯이 그대로 타버리는 것이 그리스도의 사랑이다. 이런 불이 영적 사랑이다. 이런 불이 붙기 위해서는 바싹 마른 나무라야 한다. 바싹 말라서 물기가 빠진 것을 영이라고 한다. 영의 빛은 진리를 깨달은 사람에게만 나타난다. 진리에게는 나가 없기 때문이다. 마른 나무에는 연기가 없듯이 진리에는 내가 없다. 내가 없는 생명이 영원한 생명이다.

그것은 햇빛처럼 뜨겁고 밝다. 그것은 별빛처럼 영원하다. 내가 없는 흰 불, 그것이 영원한 생명이다. 예수의 살은 마른 나무처럼 연기가 안 나는 흰 불과 같다. 예수의 살은 진리가 육신이 된 살이요, 말씀이 육신이 된 살이요, 영적 살이다. 예수의 살은 진리의 살이요, 예수의 피는 진리의 피요, 예수의 삶은 영적 삶이다. 영적 삶이란 성숙한 삶이다. 어미 닭이 계란을 안아 깨우듯이, 이제 예수는 계란을 안아 깨우고자 한다. 그래서 마지막 날에 그들을 부활시켜 병아리를 만들겠다는 것이 성숙한 예수의 계획이다. 그러기 위해서 살과 피를 쏟아 사랑하는 것이다.

예수의 사랑은 그대로 진리의 사랑이요, 영적 사랑이며 하나님의 사랑이다. 하나님이 닭인 것처럼 우리들을 병아리로 만들겠다는 사랑이다.

닭도 사랑이요, 병아리도 사랑이다. 사람도 한 번 부활하여 병아리가 되면 사랑이 된다. 사랑은, 나는 먹을 것이요, 나는 마실 것이라고 한다. 사랑은 먹히는 것이 사랑이다. 먹히는 데 한 없는 기쁨을 느끼는 것이 사랑이다. 없어지면서도 한없는 기쁨을 느끼는 것이 사랑이다. 없어지면서 기뻐하는 것이 영이다. 없어지면서 기쁨만이 남는 것이 영원한 생명이다. 아무것도 없는 하늘에 태양이 빛나듯이, 아무것도 없는데 기쁨만이 빛나는 것이 영원한 생명이다. 생명이란 사랑이다. 사랑은 없어질 때 있는 것이 사랑이다. 없이 있는 것이 사랑이다. 없이 있는 것이 영이다. 없이 있는 것이 허공이다. 없이 있는 것이 마음이다. 없이 있는 것이 정신이다. 없이 있는 것이 영이다. 하나님은 없이 있는 분이다. 그것이 사랑이다.

내 살을 먹고, 내 피를 마시지 않으면 나와는 아무 상관이 없다고 한다. 예수의 피를 마시고, 예수의 살을 먹을 때 우리도 없이 있는 존재가 된다. 내가 예수의 사랑을 받을 때 나도 예수가 된다. 예수는 없이 있는 분이다.

있이 없는 것이 물질이요, 없이 있는 것이 정신이다. 순수한 정신은 없이 있다. 없이 있는 것은 기체다. 바람은 임의로 불어도 보이지 않는다. 마음은 임의로 움직여도 보이지 않는다. 선생은 임의로 움직여도 보이지 않는다. 선생은 기체후다. 선생은 보이지 않게 되어야 진짜 선생이다. 성령은 보이지 않는 선생이다. 진짜 선생은 보혜사 성령이다. 보혜사 성령이 도와주지 않으면 아무도 알 수가 없다. 진짜 불은, 보혜사 성령이 진짜 불이다. 어디나 진리가 전해지는 곳에 보혜사 성령이 움직이고 있다. 성령의 역사 없이 진리는 없고, 하나님의 사랑은 나타나지 않는다. 진짜 사랑은 성령이다.

제3장 나를 보라, 진리를 보라, 얼을 보라

강물처럼

목마른 사람은
다 나에게 와서 마셔라.
나를 믿는 사람은
성서의 말씀대로
그 속에서
샘솟는 물이
강물처럼
흘러나올 것이다.

이것은
예수께서
당신을 믿는
사람들이 받을 성령을
가리켜 하신
말씀이었다.

        요한 7:1~52

강 물

그때 하늘에서 비가 내리듯이
성령이 강물같이 흘러내릴 것이다.

그 당시 예수에 대한 태도는 이렇다. 남쪽에 있는 유태 사람들은 예수를 죽이려고 했다. 남쪽의 중심은 예루살렘이고 거기는 돈 많은 사람, 세력 있는 사람, 실력 있는 사람들이 모인 곳이다. 그 사람들은 예수를 그냥 둘 수가 없었다. 예수는 거기서 도망쳐 사마리아를 지나 북쪽 갈릴리 지방에 가 있었다. 사람들이 예수더러 남쪽에 가서 한 번 싸워보라고 했다. 예수의 기적을 본 사람들은 남쪽에 가서 기적을 가지고 그들을 정복하라고 했다. 예수는 그 말을 듣지 않았다. 그러나 숨어서 예루살렘으로 가 보았다. 사람들이 예수를 찾고 있었다. 어떤 사람은 예수를 좋은 사람이라고 말하는 이도 있었다. 그러나 대부분이 사람을 속이는 놈이라고 미워하는 것이었다. 그것은 예수가 유태 사람들을 정면으로 나쁘다고 말하기 때문이다. 예수는 그들과는 한 패가 될 수가 없었다.

예수는 그들과는 질이 달랐다. 그들은 이 세상에 속한 사람들이요, 예수는 이 세상에 속한 사람이 아니다. 그래서 그들은 아무래도 예수를 그냥 둘 수가 없었다. 예수는 불이요, 그들은 물이었다. 그들은 떨어지기를 좋아하는 사람들이고, 예수는 올라가기를 좋아하는 사람이었다. 물은 불을 꺼버리려고 하고, 불은 물을 끓어오르게 한다.

예수와 그들은 맞지 않았다. 예수는 성전에서 제사를 지내러 올라온 사람들을 가르치고 있었다. 사람들은 예수의 말을 듣고, 이 사람은 학교에도 안 다녔는데 어떻게 이렇게 성경을 아는 것일까 하고 감탄하였다. 예수는 이렇게 말했다. 내가 말하는 것이 아니라 하나님이 말씀하시고 계신다. 너희들이 내 말을 가만히 들어보면 이것이 내 말인지 하나님의 말인지를 알 수가 있을 것이다. 나는 내 말을 하는 것이 아니다. 하나님의 말을 하고 있는 것이다. 나는 내가 인기를 끌려고 너희들을 가르치는 것이 아니다. 하나님의 이름을 높이기 위해서 가르치는 것이다. 내 인기를 위해서라면 거짓말도 할 수 있다. 그러나 하나님의 영광을 위해서는 거짓은 있을 수 없다. 진실만을 말하는 것이다.

　너희들은 모세를 내세우는데 ·그렇게 모세를 존경하는 사람들이 왜 모세의 말은 듣지 않는 것이냐. 모세가 살인하지 말라고 확실히 말했는데 왜 나를 죽이려고 하느냐. 너희는 내가 안식일을 범하여 모세의 율법을 어겼다고 나를 죽이려고 하는데 내가 38년 된 병자를 고쳐준 것이 어떻게 안식일을 범한 것이 되느냐. 너희들도 할례라고 해서 작은 수술을 허락하는 것이 아니냐. 작은 수술을 해서 부분 치료를 하는 것은 잘못이 아니고, 큰 수술을 해서 전체 치료를 하는 것은 잘못이 되느냐. 조금 고친 것보다 완전히 고쳐주는 것이 더 좋은 일이 아니냐. 안식일에 병을 고치는 것이 좋은 일이지 어떻게 그것이 나쁘다는 것이냐. 율법은 사람을 바로잡자는 것이지 율법이 어떻게 사람을 죽이는 것이 될 수 있느냐. 모세가 율법을 준 것은 사람을 살리자는 것이지 죽이자는 것이 아니다. 나는 율법의 정신대로 사람을 살렸다. 너희들은 어찌하여 율법의 정신을 배반하고 사람을 죽이려 드느냐. 너희들이야말로 율법을 거역하고 모세를 모독하는 자들이 아니냐.

　너희들이 정말 모세를 사랑한다면 나도 사랑할 수 있을 것이다. 그리고 나를 사랑할 수 있으면 하나님도 사랑할 수 있을 것이다. 나는 하나님의 뜻 밖에는 아무것도 아는 것이 없기 때문이다. 이 말을 듣고 유태 사람들은 저 놈을 잡아 가두지 어째서 아직 안 잡는 것일까. 이 사람을 정말 그리스도로 알고 있는 것일까. 만일 그리스도라면 어디에서 왔는지 알 수가 없어야 할 것이다. 그런데 우리는 예수가 어디에서 왔는지, 누구의 아들인지 확실히 알고 있지 않느냐. 그러니까 예수는 그리스도일 이치가 없다.

이 말을 듣고 예수는 이렇게 말했다. 그렇다. 너희들은 내가 어디에서 왔는지, 누구의 아들인지 잘 알고 있다. 그것이 사실이다. 그러나 나에게는 너희들이 알지 못하는 사명이 있다. 그 사명은 내가 마음대로 조작한 것이 아니다. 나에게 사명을 주신 분이 있고, 그분이 하나님이다. 그분은 거짓을 모른다. 그분은 진실 자체다. 너희들은 그분을 모르지만 나는 그분을 알고 있다. 나는 그분에게로부터 왔다. 그분이 나를 보냈기 때문이다.

유태 사람들은 감히 예수를 잡지 못했다. 아직 잡을 시기가 아니라고 생각했기 때문이다. 군중들은 예수를 지지하고 있었다. 그리스도가 왔다고 해도 이 사람보다 더 기적을 행할 수는 없을 것이 아니냐. 그 말을 전해 듣고 제사장과 바리새인들은 졸병을 시켜서 예수를 잡아오라고 하였다.

예수는 다시 피하면서 이렇게 말했다. 좀 있다가 나는 아버지께로 갈 것이다. 그때는 너희들이 나를 찾아도 만나지 못할 것이다. 그리고 너희들은 나 있는 데는 올 수 없을 것이다. 사람들은 예수가 외국으로 망명하려고 하는 줄 알았다. 그것이 예수가 죽으려는 것인 줄은 몰랐다.

　예루살렘 축제 마지막 날 예수는 이렇게 말했다. 누구든지 안타까운 사람은 내 말을 들어라. 누구든지 내 말을 깨달으면 그 속에서 강물이 샘같이 흐르게 될 것이다. 물론 이 말은 성령을 받으면 우리 속에서 하나님의 말씀이 강물같이 흐른다는 말이다. 예수는 아직 하나님 나라에 개선하지 못했기 때문에 하나님 나라에서 성령의 샘물이 쏟아져 내릴 수는 없지만 이제 예수가 세상을 떠나 하나님 나라에 가기만 하면 이 세상에 성령이 강물처럼 흘러내리게 될 것이다.

　이것은 오순절 이후에 이루어진다. 예수가 이제 세상의 주인이 되어 하늘의 영광을 누리게 되면 그를 믿는 사람들에게 성령을 부어 주실 것은 말할 것도 없다. 이때 무리들은 예수가 그리스도라고 말하는 사람도 있고, 그리스도가 갈릴리에서 올 수가 있느냐, 그리스도는 다윗의 자손 가운데서 난다고 하였으니 베들레헴에서 날 것이 아닌가 하고 말하는 사람도 있었다. 그러나 예수를 체포하는 사람은 없었다. 경찰들이 예수를 잡지 않고 돌아가니까 제사장과 바리새인들이 나무랐다. 왜 잡아가지고 오지 않았느냐. 경찰들은, 그 사람 말에 잘못된 것이 아무것도 없고, 그렇게 말할 수 있는 사람도 없으리만큼 말을 보통 잘하는 것이 아니라고 하였다. 그때에 바리새인들이 너희도 속은 모양인데 우리들은 속지 않는다. 속는 것은 어리석은 민중뿐이다. 어리석은 놈들은 죽고 말 것이라고 했다.

그때에 밤에 예수를 찾아갔던 니고데모가, 우리들은 그 사람 말을 들어보고, 그가 한 일이 무엇이 잘못인지 잘 알아보고 벌을 주어야 그것이 율법을 지키는 것이다. 함부로 그 사람을 다루면 안 될 것이라고 했다. 이때 바리새인들은 너도 갈릴리 사람 편인가. 갈릴리에서 예언자가 나온다는 기록은 성경에는 없지 않는가. 그는 가짜다. 이런 말들로 7장은 끝이 난다.

유태 사람들은 그리스도를 판단하는 조건으로, 고향이 없어야 하는데 있다든가, 갈릴리에서 예언자가 나온다는 기록이 없는데 어떻게 나올 수 있겠는가를 내세웠다. 그들은 과거의 전설과 성경의 기록을 분석하여 그들의 판단의 근거로 삼았다. 마치 장님이 코끼리를 만지는 격이다.

왜 사람들은 선입관과 편견을 버리고 적나라하게 예수의 말에 귀를 기울이지 못하는 것일까. 그들이 선입관과 편견을 버리고, 마음문을 열고 한번 말을 들어보았더라면 얼마나 좋았을까. 마음이 가난한 자는 정말 복이 있을 것이다. 그리고 그 속에서 기쁨이 강물처럼 흘러나왔을 것이다. 그러나 사람들은 눈을 감고, 귀를 막고, 보려고도 안하고, 들으려고도 않는다. 도리어 자기의 선입관과 편견을 가지고 세상을 판단하고 살아간다. 그것이 세상 사람들이다. 자기와 같지 않는 사람은 무조건 죽이고 제거해 버린다. 마치 종기를 앓는 사람이 곪아 터지게 되었지만 아무도 다치지 못하게 하고 의사가 가까이 오면 의사를 죽여 버리고 마는 것이나 마찬가지다. 이것이 죄악 세상이요, 멸망할 세상이다. 얼마나 많은 의사들이 피를 흘리고 죽어 갔느냐.

이제 예수도 며칠 있으면 이런 운명의 주인공이 될 것이다. 결국 인간을 구원하는 길은 인간의 힘으로는 되지 않는다. 하나님의 힘으로 하는 수밖에 길이 없다. 사람의 편견과 고집은 사람의 힘으로는 되지 않는다. 하나님의 성령이 움직이지 않으면 사람은 어떻게 할 수가 없다. 어떻게 하나님의 성령을 강림하게 하느냐. 그것이 예수의 사명이다. 십자가를 지고 죽는 것이 성령을 오게 하는 길인 것이다. 의를 위하여 핍박을 받는 길밖에 없다. 의를 위하여 싸우다 죽는 길밖에 없다. 진실을 믿고 가는 수밖에 길이 없다. 진실은 어느 땐가 싹틀 때가 있다. 진실은 어느 땐가 알아주는 이가 있다. 그 수는 비록 적지만 그러나 온 천하를 무너뜨릴 만한 힘이 그 속에 있다.

밀알 한 알이 땅에 떨어지면 그것이 아무것도 아닌 것 같지만 그것이 싹이 터나올 때는 굳은 땅이 무너지고 하늘을 뒤덮는 큰 나무가 될 것이다. 그때 하늘에서 비가 내리듯이 성령이 강물같이 흘러내릴 것이다. 진실을 계속하는 것, 그것뿐이다. 그 이상의 것은 하나님의 영역이다. 사람은 자기의 할 일을 하고 하나님께 맡기는 것뿐이다. 사람의 할 일은 자기의 사명을 실천하는 것뿐이다.

죄 없는 사람이

너희 중에 누구든지
죄 없는 사람이
먼저 저 여자를
돌로 쳐라.

너의 죄를 묻던 사람은
아무도 없느냐?

아무도 없습니다.

나도 네 죄를 묻지 않겠다.
어서 돌아가라.
그리고 이제부터
다시는 죄짓지 말라.

요한 8:1~11

양 심

사람은 양심을 사는 것이 존재하는 것이요,
양심을 잃으면 이미 존재가 아니다.

요한복음 7장 53절, 사람들은 다 집으로 돌아가고 예수는 홀로 산으로 갔다. 유영모 선생님은 53세에 이 말을 읽고 산으로 들어갔다. 사람은 집돼지가 되고, 예수는 산돼지가 되었다. 8장부터 집돼지들은 산돼지를 잡을 계획을 한다.

첫 번에 내놓은 덫이 간음한 여인 이야기다. 모세의 율법에는 이런 여자는 당장 돌로 때려 죽이라고 했는데 당신의 의견은 어떠냐고 물었다. 예수는 그들의 위선이 미웠다. 자기들은 아무 죄도 없는 것처럼 남을 몰아붙이는 것이었다. 음란한 세상이 음란한 여인을 죽이고자 한다. 눈 속에 들보가 눈 속의 겨를

탓하는 것이다. 사람을 죽이려는 놈들이 간음한 여인을 심판하고 있다. 나쁜 놈들이다. 가증스러운 놈들이다.

예수는 그들에게 이렇게 말했다. "죄 없는 자가 죄 있는 자를 죽여라." 이 말에 그들은 아무 소리도 못하고 하나 둘씩 흩어지고 말았다. 남은 것은 여인뿐이었다. 예수는 여인에게 말하였다. "다시는 죄를 범하지 말라." 그것이 예수의 전부였다.

예수는 사람들의 마음을 꿰뚫어보는 힘이 있었다. 바리새인들의 마음에는 무서운 악마가 도사리고 있었다. 그들은 끈질기게 예수를 따라다닌다. 예수를 죽이기까지 그들은 예수를 쫓아다닌다. 굶주린 이리떼처럼 그들은 예수를 쫓아다닌다. 여기서 여인은 바리새인이 아니다. 민중의 한 사람이다. 그녀에게는 당파의식은 없다. 그는 예수의 말을 듣고 다시는 죄를 범하지 않았다. 그녀는 예수에게 절하고 어디론지 갔다. 가서 열심히 일하고, 정직하고 깨끗하게 살아갔다.

그러나 바리새교인들은 그렇지 않다. 그들은 개인으로 움직이는 것이 아니라 집단으로 움직인다. 그들에게는 개인의식이 없고 집단의식뿐이다. 그들에게는 죄의식이 없다. 그들에게는 개인적인 양심이 없다. 그들은 개체가 아니다. 하나의 전체가 되어 움직이고 있는 것이다. 그들은 상사에게 사주를 받아 움직이는 것뿐이다. 사람은, 개인으로 있을 때는 그렇게 착할 수가 없는 사람도 집단이 되면 그렇게 잔인할 수가 없다. 예수를 죽이는 것도 개인이 죽이는 것이 아니다. 집단이 죽이는 것이다. 바리새인들과 제사장들, 유태의 상층계급이 집단이 되어 예수를 죽이는 것이다.

　죽는 것은 개인이요, 죽이는 것은 집단이다. 개인은 언제나 도덕적이다. 그러나 집단은 비도덕적이다. 사람은 집단이 되면 양심을 버리고 집단의 여론에 순응한다. 여론정치란 이래서 무서운 것이다. 악마는 언제나 집단을 이용한다. 국가라는 미명하에 개인을 죽이고, 계급이라는 미명하에 개인을 죽인다. 독재체제는 언제나 집단의 미명 아래 개인을 죽인다. 나라와 권세와 영광이 없어지기까지는 개인의 양심을 살릴 수가 없다. 나라와 권세와 영광이 하나님의 손에 들어가는 날까지 악마는 집단을 휘어잡고 계속 개인을 괴롭힐 것이다. 교회마저도 집단이 되면 무서운 교권을 발동하여 개인을 괴롭힌다. 구원은 개인에게 있지 집단에게는 없다. 유태 민족도 집단이 되어서 예수를 잡아 죽이고 수많은 의인을 괴롭혀 왔다. 양심은 개인에게 있지 집단에게는 없다.

　세상은 점차로 집단화해 간다. 계급이 더욱 심화해진다. 계급투쟁 속에는 개인의 양심은 있을 자리가 없다. 계급을 위해서는 사람은 악마가 된다. 집단을 위해서는 사람은 이리가 된다. 개인이 없어지고 집단의 일원으로 살아간다. 기계의 톱니처럼 사람은 양심을 잃고 살아가고 있다. 이 일을 어떻게 했으면 좋단 말인가. 어디서 양심의 호소를 들을 수 있을 것인가. 어디서 선을 찾을 것인가. 사람의 힘으로는 어떻게 할 수가 없다.

개인은 집단에 희생되어 죽어갈 수밖에 길이 없다. 그러나 오늘도 비가 오고 있지 않은가. 또다시 파릇파릇 풀은 돋고 있지 않은가. 아무리 온 땅의 초목이, 집단의식의 태양 밑에서 타죽는 한이 있어도 언젠가는 또다시 비가 올 것이 아닌가. 태양이 내리쬐면 내려쬘수록 풀이 마르는 것도 사실이지만 바닷물이 끓어오르는 것도 사실이 아닌가. 올라간 바닷물은 급기야 비가 되어 떨어질 것도 사실이 아닌가. 비가 오면 또다시 양심의 싹이 트고, 생명의 샘이 강같이 흐를 것도 사실이 아닌가. 집단의 세력이 강하고, 독재의 세력이 강하고, 악마의 세력이 강해질수록 하나님의 분노도 강해지고, 민주의 세력도 강해지고, 개인의 세력도 강해지게 마련이다. 가뭄은 한 때이고, 또다시 비가 와서 산천초목이 푸릇푸릇할 것도 멀지 않았다고 보는 것이 예수의 사관이 아닐까.

지금은 내가 죽어도 나를 죽인 태양이 도리어 바닷물을 끌어올려서 소나기가 강물처럼 흐르게 될 것이라는 것이 예수의 선견이었다. 그것이 대원칙이 아닌가. 죽음이 있으면 반드시 삶이 있다. 세상은 겨울로 끝날 수는 없다. 또다시 봄이 와서 들에 꽃이 피고, 나무에 새가 우는 시대는 오고야 말 것이다. 악의 세력이 보기는 무섭지만 그만큼 약한 법이다. 독재가 무섭지만, 그것은 언제나 약하다. 그것은 모래 위에 집을 지은 것 같기 때문이다.

민중의 지지를 얻지 못하고 민중을 억압하는 집단은 오래 갈 수가 없다. 언젠가는 장마가 나고, 홍수가 나면 모래 위에 지은 집은 무너지게 마련이다. 예수도 그 무너짐이 대단할 것이라고 한다. 이제 공산주의의 무너지는 모습도 대단할 것이다. 개인을 억압하고 양심을 억압하는 정치가 오래 갈 이치가 없다. 양심은, 그것이 아무리 희미해도, 사람의 것이 아니다. 양심은 역시 하나님의 것이기 때문에 양심을 완전히 없앨 수는 없다. 그것은 죽음에 부딪칠 때마다 언제나 살아나오는 것이 양심이다. 사람은 죽어도 양심은 죽지 않는다. 인간은 죽음에 처하여 인간의 본심으로 돌아간다. 인간의 본심은 양심이다. 지금까지 아무리 집단의식에서 헤맸다고 하지만 사람은 누구나 집단적으로 죽을 수는 없다. 비록 전쟁일지라도 개인으로 죽어가는 것이다.

사람은 개인으로 나와서 개인으로 죽어가는 것이 보통이다. 전쟁도 계속될 수는 없다. 언젠가는 평화가 와서 사람은 또다시 죽을 때만은 개인으로 죽게 될 것이다.

사람은 개인이 되면 또다시 양심의 소리를 듣게 된다. 사람은 또다시 인간의 사명을 묻게 된다. 사람은 또다시 사람답게 살고자 한다. 이제 남은 수명이 얼마 안 되는 사람은 일체를 회개하고 개인으로 돌아가고 싶어 한다. 집단적인 자아는 인간이 아니었다. 계급적인 자아는 인간이 아니었다. 그것은 물질이요 악마요, 인간은 아니었다.

사람은 누구나 물질이나 악마로 만족할 사람은 없다. 사람은 이성적 동물이다. 자기가 자기로서 생각해서 자기로서 판단하고, 자기로서 살고 싶은 것이 인생이다. 사람은 죽기까지 꼭 두각시처럼 지령에만 움직일 수는 없다. 이제 죽는 순간에 사람은 한 번 사람으로서 생각해 보고 싶은 생각이 다시 나지 않을까. 죽음의 구름이 가까워오면 하늘에서 영의 비가 내리지 않을까. 그리하여 생각의 싹이 트지 않을까. 그리고 양심의 나무가 자라지 않을까.

인간이 죽음에 처해서도 집단에 만족할 수 있을까. 기계로 죽을 수가 있을까. 기계가 죽을 수 있을까. 죽는 것은 사람이지 기계는 아닐 것이다. 사람은 죽음을 의식하는 순간, 사람으로서의 의식을 회복할 수 있지 않을까. 생각이 없을까. 회의가 없을까. 삶을 묻고 싶지 않을까. 나를 찾고 싶지 않을까. 나의 근원을 찾고 싶지 않을까. 사람은 죽음에 부딪쳐 죽지 않는 것을 생각하게 되지 않을까. 영원한 생명을 그리워하지 않는 이가 있을까. 강같이 흐르는 생명을 그리워하지 않는 사람이 있을까. 사람이 죽음에 처하여 진정으로 삶을 그리워하지 않을 수 있을까. 여기에 다시 생각의 싹이 트고, 양심의 나무가 자라 영원한 생명의 열매를 맺게 되지 않을까.

  릴케는 이런 기도를 드렸다. "주님, 각 사람에게 자기 자신의 죽음을 죽을 수 있도록 하여 주십시오." 그리하여 사랑과 의미와 절박한 위기에 사는, 한 사람의 참다운 생으로부터 위대한 죽음의 열매를 맺지 않으면 안 된다. 릴케가 말하는 죽음의 열매는 양심의 소리를 듣는 것일 것이다. 양심의 소리를 통해서 하나님의 소리를 듣는 것이다. 그것이 생의 의미다. 이 세상에 산다는 것은 위대한 일이다. 그것이 비록 짧은 생이라고 하더라도 존재의 소리를 듣는 삶은 행복한 삶이다. 존재의 소리를 들음으로써 인간 존재의 의미를 가지게 된다. 인간은 존재의 의미를 가질 때 자유를 느끼게 된다. 이제는 죽어도 한이 없다. 생은 헛된 것이 아니다. 생에는 의미가 있는 것이다. 그것이 비록 짧았지만 양심의 소리를 듣고 사는 순간은 행복한 것이다.

  한 순간이나마 양심의 소리를 듣고 지상의 존재가 완성되는 데에 인간의 자유가 있다. "존재하라. 그리고 동시에 비존재의 조건을 알아라." 이것이 릴케의 마지막 부르짖음이다. 사람은 양심을 사는 것이 존재하는 것이요, 양심을 잃으면 이미 존재가 아니다. 하나님의 말씀을 사는 것이 사는 것이요, 하나님의 말씀을 잃으면 이미 사는 것이 아니다. 무엇이 사는 것이고, 무엇이 죽는 것인지를 확실히 알고 살아야 한다. 그렇지 않으면 죽음이지, 사는 것이 아니다.

세상의 빛

나는 세상의 빛이다.

내가 바로 나 자신을 증언하고
또 나를 보내신
아버지께서도 증언해주신다.

나는 이 세상에
속해 있지 않다.

나를 보내신 분은
나와 함께 계시고
나를 혼자
버려두시지는 않는다.
나는 언제나
아버지께서 기뻐하시는
일을 하기 때문이다.

요한 8:12~30

빛

죄 없는 사람은 죽을 수가 없다.
죄 없는 사람은 세상의 빛이다.

예루살렘 축제 때에 예수는, "나는 세상의 빛이다. 나를 좇는 자는 결코 어두운 곳을 걷지 않을 것이다. 그리고 생명의 빛을 가지게 될 것이다"라고 말한다. 예수는 세상의 빛이다. 진리를 깨달았기 때문이다.

진리를 깨달은 사람은 모두 빛이다. 누구나 자기 전공에서 도에 통한 사람은 빛이다. 진짜로 안 사람이요, 남에게 가르쳐 줄 수 있기 때문이다. 이 세상의 모든 선생은 빛이다. 무엇을 알고 있으며, 그것을 가르칠 수 있기 때문이다.

아는 것만 가지고는 안 된다. 행할 수 있어야 한다. 행할 수 있어야 진짜 안 것이다. 그것을 체득한 사람이 진짜 안 것이다. 체득하지 않으면 행할 수 없고, 행하지 못하면 가르칠 수가 없다. 어떻게 하면 된다는 법을 알아야 하고, 법을 체득해야 하고, 법을 실천해야 한다. 복음은 인생을 사는 비법이다. 이 비법은 거저 얻어지는 것이 아니다. 우주관, 인생관, 신관을 얻었을 때만 그 비법이 알아진다.

우주를 알기 전에는 내 몸을 모른다. 우주는 대우주요, 내 몸은 소우주다. 대우주와 소우주는 같은 원리로 움직이고 있기 때문이다. 우주관을 얻어 우주의 원리를 알 때 소우주인 내 몸의 원리를 알고, 우주의 원리를 내 몸에 실천할 수 있다. 내 몸에 실천하는 원리는 비록 단순한 원리지만 그것은 우주에서 온 것이다. 내 몸에 실천할 때 이 원리는 규범이 되고, 실천 강령이 되고, 율법이 되고, 계명이 되고, 하나의 계戒가 된다. 하나의 계가 실천될 때 그 계는 거저 실천하는 것이 아니라 우주의 원리를 체득하고, 우주의 원리를 꿰뚫어 본 후에 행해지는 실천인 것이다.

내가 하루에 한 끼를 먹는다고 할 때 그것이 우연히 먹는 것도 아니고, 누가 먹으라고 해서 먹는 것도 아니요, 누구를 흉내 내기 위하여 먹는 것도 아니다. 그것은 우주의 본질을 꿰뚫어 보고, 우주의 원리를 내 몸에 실천하기 위해서 일식一食을 하는 것이다. 일식을 하면 어떻게 되나. 병이 없어진다. 왜? 대자연의 원리에 순응하기 때문이다. 대자연에는 병이 없다. 이 원리를 적용하면 소자연에도 병이 없다. 그래서 실천하는 것이다.

그런데 이 원리를 실천하는 힘은 어디에서 나오는가. 이 힘은 원리에서 나온다. 우주의 원리 속에 힘도 내포되어 있다. 나는 빛이다. 빛일 뿐만 아니라 생명의 빛이다. 생명의 빛이라는 말은 힘이라는 말이다. 빛과 힘이 동시에 공존한다. 빛이 있는 곳에 힘이 있고, 힘이 있는 곳에 빛이 있다. 태양은 빛의 근원이요, 힘의 근원인 것처럼 나도 태양이 되면 빛도 되고, 힘도 된다. 진리도 되고, 생명도 된다. 빛과 힘은 같은 것이다.

알기는 하는데 할 수가 없다든가, 할 수는 있는데 알 수가 없다든가 하면 그것은 태양이 아니다. 그것은 촛불이다. 태양의 세계는 언제나 빛과 힘이 통일되어 있다. 그것이 체득의 세계다. 촛불의 세계는 빛과 힘이 분열되어 있다. 그것이 지식의 세계다. 하나는 관觀의 세계고, 다른 하나는 상像의 세계다.

예수의 생애는 단순히 예수의 생애가 아니다. 그것은 이스라엘의 역사와 일치되어 있다. 예수가 왜 40일을 금식하는가. 그것은 이스라엘 백성이 광야에서 40년간 훈련을 받았기 때문이다. 모세가 그동안에 율법을 받는 것처럼 예수는 그동안에 복음을 받는 것이다. 예수의 생애와 이스라엘 역사는 하나다. 대우주와 소우주가 하나인 것처럼 예수와 이스라엘도 하나다. 예수가 금식하는 것은 이스라엘이 금식하는 것이요, 예수가 사는 것은 이스라엘이 사는 것이다.

개체와 전체는 하나다. 개체가 사는 것은 전체가 사는 것이요, 전체가 사는 것은 개체가 사는 것이다. 이제 이스라엘은 새로운 인류가 된다. 예수가 사는 것은 인류가 사는 것이요, 인류가 사는 것은 예수가 사는 것이다. 전체와 개체의 일여一如, 이것이 세상의 빛이라는 것이다.

닭과 계란, 하나님과 실존, 하나님과 나, 나는 하나님 안에 있고, 하나님은 내 안에 있다. 나 없이 하나님 없고, 하나님 없이 나는 없다. 하나님과 나는 일심동체다. 예수는 이런 관계를 보여주고 싶은 것이다. 나와 하나님이 하나라는 것을 보여주고 싶은 것이다.

내가 한 끼 먹는 것은 내가 한 끼 먹는 것이 아니다. 우주가 한 끼를 먹는 것이다. 소우주의 원리는 소우주에 있는 것이 아니라 대우주의 원리를 소우주에 적용하는 것이다. 소우주는 소우주로서 살고 있는 것이 아니다. 대우주와 같이 살고 있는 것이다. 어린애가 젖을 먹는 것은 어린애가 먹는 것이 아니다. 어머니가 먹이고 있는 것이다. 어린애와 어머니는 뗄래야 뗄 수가 없다. 떼면 어린이도 죽고 어머니도 죽는다. 어린애와 어머니는 일심동체다.

예수가 살고 있는 것은 하나님이 살고 있는 것이요, 예수가 죽는 것은 하나님이 죽는 것이다. 예수와 하나님은 일체다. 하나님이 말하지 않으면 예수는 말할 수 없고, 예수가 심판하는 것은 하나님이 심판하는 것이다.

16절, 나는 혼자가 아니다. 나는 둘이다. 나는 아버지와 하나다. 너희들은 나를 혼자라고 생각한다. 그것이 아니다. 나는 혼자가 아니다.

19절, 너희들은 나를 모른다. 나를 혼자로 보기 때문이다. 나를 알면 하나님도 알고, 하나님을 알면 나도 안다. 너희들은 하나님을 모르니까 나도 모르고, 나를 모르니까 하나님도 모른다. 너희는 나를 죽이려고 한다. 그것이 하나님을 죽이는 것임을 알지 못한다. 나도 이제 죽을 때가 있다. 그때가 되기까지는 너희는 죽이지 못한다. 이제 태양에 일식이 있듯이 온 천하가 캄캄한 때가 온다. 그때가 내가 죽는 때이다. 내가 죽는 때와 하나님이 죽는 때는 같은 때이다. 내가 십자가에 달리면 온 천하가 캄캄해질 것이다.

28절, 너희들은 내가 십자가에 달릴 때 온 천지가 캄캄해지는 것을 보고 내가 죽는 것임을 알게 될 것이다. 그러나 일식은 잠깐이요 또다시 태양은 빛나게 될 것이다. 그것이 부활이다. 십자가와 부활은, 하나님은 죽을 수 없는 존재임을 보여 주는 것뿐이다. 나도 죽을 수 없는 존재다. 죽는 것은 죄뿐이다. 내가 너희들의 죄 때문에 죽지만 너희들의 죄가 끝까지 나를 뒤집어

싸울 수는 없을 것이다. 그것은 하나의 일식에 불과하다.
 죄 없는 사람은 죽을 수가 없다. 죄 없는 사람은 세상의 빛이다. 빛은 어두움에 거할 수가 없다. 빛이 있는 곳에는 어두움이 있을 수가 없다. 너희들도 나를 따르면 어두움에 거할 수가 없다. 그것뿐만 아니라 너희들도 생명의 빛을 가지게 될 것이다. 너희들도 죽지 않고 다 살게 될 것이다. 너희들도 빛이 될 수 있을 것이다.
 예수는 언제나 자기가 하나님과 하나라는 것을 말하고, 그 다음에 너희들은 나와 하나라는 것을 말한다. 하나님이 빛이고, 나도 빛이고, 너도 빛이다. 이것이 요한복음이 우리에게 전하는 복음이다. 예수만 빛이 아니다. 나도 빛이다. 예수만 하나님과 같이 있는 것이 아니다. 나도 하나님과 같이 있다. 예수만 개체가 아니라 나도 개체다. 예수만 실존이 아니라 나도 실존이다. 예수만 둘이 아니라 나도 둘이다. 나도 언제나 하나님과 같이 있다.
 전체와 개체의 일여, 아버지는 나무, 나는 씨앗이다. 개체를 백 개 모아도 전체는 안 되고, 전체를 만 개로 쪼개도 개체는 안 된다. 전체는 개체가 싹이 튼 것이요, 개체는 전체에 맺힌 열매다. 개체는 전체가 낳아야 하고, 전체는 개체가 싹이 터야 한다. 여기에 십자가와 부활의 진통이 뒤따른다. 십자가는 개체가 싹이 트는 과정이며, 부활은 전체가 열매 맺는 과정이다. 개체와 전체는 싹이 트고 열매가 맺을 때 이루어지는 것이지 거저 되는 것이 아니다. 어린애를 낳아야 어머니와 어린애는 하나고, 어린애가 어른이 되어야 어린이와 어른은 하나다.

생명의 통일, 생명의 분만 없이는 어린이와 어른은 하나일 수 없다. 십자가와 부활은 생명의 일여를 보여주는 것이다. 십자가는 계란이 깨는 것이요, 부활은 닭이 알을 낳는 것이다. 십자가와 부활은 생명의 한 토막이다. 꽃이 피고, 열매가 맺히는 것이 십자가와 부활이다. 꽃이 피는 것이 십자가요, 열매가 맺히는 것이 부활이다. 십자가와 부활은 생명의 머리요, 꽃과 나무는 하나요, 열매와 나무도 하나다. 소우주와 대우주는 하나다. 싹이 트는 것도 나무의 한 토막이요, 꽃이 지는 것도 나무의 한 토막이다. 생生도 나무의 한 토막이요, 사死도 나무의 한 토막이다.

살았다고 웃을 것도 아니고, 죽었다고 울 것도 아니다. 그것은 모든 나무의 한 토막이다. 꽃이 핀다고 웃을 것도 아니고, 열매가 익어 떨어진다고 울 것도 아니다. 일체가 자연이다. 자연 속에는 웃을 것도, 울 것도 없다. 봄이 오고 가을이 가듯, 자연은 계속 새롭게 자라가는 것이다.

인생은 자연과 둘이 아니다. 인생은 하나님과 둘이 아니다. 인생은 언제나 하나님과 같이 있으며, 하나님과 같이 살고 있다. 나무 없이 꽃이 없고, 나무 없이 열매는 없다. 나무를 보지 못하고 꽃만 보고, 나무를 보지 못하고 열매만 보는 것이 어두운 곳에 처한 것이다. 전체를 볼 수 있는 눈, 그것이 산 눈이요, 그것이 빛이다. 나는 빛이다. 이 빛은 언제나 하나님과 같이 있는 빛이기에 그것은 생명의 빛이다.

진리가 너희를

너희가 내 말을
마음에 새기고 산다면
너희는 참으로 나의 제자이다.
그러면 너희는
진리를 알게 될 것이며,
진리가 너희를
자유롭게 할 것이다.

너희는 악마의 자식들이다.

그는 처음부터 살인자였고
진리 쪽에 서 본 적이 없다.
그에게는 진리가 없기 때문이다.

     요한 8:31~47

자 유

빛을 얻어라. 그러면 힘을 가진다.
정신을 가져라. 육체를 가지게 된다.
진리를 깨달아라. 자유를 얻게 될 것이다.

예수는 이렇게 말했다. "너희들이 내 말에 거하면 너희들은 내 제자다. 진리를 알지니, 진리가 너희를 자유롭게 할 것이다." 예수는 아버지가 하는 말을 말하고, 아버지 나라에서 본 것을 말한다. 그렇기 때문에 예수는 진리를 말하고 있다. 하나님의 말씀은 진리이기 때문이다.

47절, "그렇기 때문에 하나님 나라에서 온 사람은 다 내 말을 알아들을 수가 있다." 한국에서 온 사람은 한국말을 알아들을 수가 있다. 그러나 다른 나라에서 온 사람은 내 말을 알아들을 수가 없다. 그들은 한국말을 모르기 때문이다.

하나님께서 우주와 인류를 창조하셨다. 그리고 하나님의 형상대로 지으셨다. 모든 사람은 하나님의 백성이다. 하나님의 백성은 하나님의 말을 알아들을 수 있다. 하나님의 백성은 본래 착하기 때문이다. 하나님의 말씀이라야 옳은 말이고 바른 말이다. 살자는 말이고, 잘 살자는 말이다. 살자는 말을 모를 리가 없고, 잘 살자는 말이 싫을 리가 없다.

진리란 살자는 말이다. 아버지가 사시는 것처럼 우리도 살자는 것이다. 아버지가 영원히 사시는 것처럼 우리들도 영원히 살자는 말이다. 그리고 어떤 사람만 사는 것이 아니라 모든 사람이 다 살자는 것이다. 그것이 잘 사는 것이요, 같이 사는 것이다. 그러기 위해서는 남을 죽여도 안 되고, 남을 속여도 안 된다. 남을 죽이면 나를 죽이고, 남을 속이면 나를 속인다. 우리 공동체는 깨지고, 공동체는 망한다. 속이면 깨지고, 죽이면 망한다. 속이는 것이 악마요, 죽이는 것이 악마다. 속이는 것은 정신적 악마요, 죽이는 것은 육체적 악마다. 건강한 정신은 속이지 않는다. 그것이 진리다. 진리란 건강한 정신이다. 병든 정신은 속인다. 그것이 약한 정신이다. 약소국 사람들은 속이기를 좋아한다. 병들었기 때문이다. 강대국 사이에 끼여서 정신이 분열되고 만 것이다.

세상에 강한 것이 있다면 정신이요, 정신의 특징은 진리다.

속이는 것이 없는 것이다. 정신은 지강지대至剛至大다. 속이는 것이 없기 때문이다. 이 나라가 강해지기 위해서는 속이는 것이 없어져야 한다. 속이면 믿을 수가 없고, 믿지 못하면 서로 갈리고, 서로 갈리면 싸우고, 싸우면 죽이고, 서로 원수가 되어 죽이고, 마침내는 다 망하고 만다. 세상에 제일 나쁜 것은 속이는 것이다. 악마는 속이는 것이다. 아담을 속여서 선악과를 따 먹게 한 것이 악마다.

나라를 사랑하는 것은 정직한 사람이 되는 것이다. 정직하면 서로 믿을 수 있고, 믿으면 서로 사랑할 수 있고, 사랑하면 강해질 수 있다. 어려서부터 정직한 사람은 건강한 사람이다. 어려서부터 거짓을 말하면 그것은 병든 사람이다.

나무의 근본은 정직이다. 나무는 언제나 곧바로 서 있다. 곧바로 선 나무에는 가지가 무성하고 열매가 풍성하다. 그것이 사랑이다. 하나님은 나무 같은 분이다. 정직과 사랑이 하나님의 속성이다. 나무는 한없이 크고, 나무는 온 천하를 덮고 있다. 정직한 나무, 하늘을 찌를 듯이 우뚝 솟은 나무, 그리고 온 천하에 가지를 뻗친 나무, 이것이 생명나무다. 믿음이란 곧 생명나무를 믿는 것이다. 하나님을 믿는 것이다. 곧이 곧장 올라가는 것이 정직이요, 모든 사람을 도와주고, 덮어주고, 믿어주고, 사랑하는 것이 믿음이다. 믿음은 정직과 사랑이다. 정직을 믿는 것이고 사랑을 믿는 것이다. 들에 우뚝 솟은 느티나무를 보라.

은행나무를 보라. 그것이 하나님의 모습이다.

거짓과 미움은 악마의 모습이다. 뱀은 갈라진 혀를 가지고 있다. 날름날름 간사한 동물이다. 뱀은 뼈가 없다. 곧장 설 수 없는 것이 파충류다. 늪기를 좋아하고 향락과 음란에 빠진 것이 뱀이다. 뱀은 무서운 눈과 독과 이빨을 가지고 있다. 죽이고 삼키고, 몸으로 감아 조이고, 기분 나쁜 벌레다. 뱀을 보고 기분 좋아할 사람은 없다. 뱀은 악마의 모습이다. 뱀은 언제 보아도 차디찬 냉혈동물이다. 그곳에는 사랑이 없다. 뱀에는 독립이 없고, 정직이 없다. 뱀은 나무처럼 설 수가 없다. 거짓의 상징이요, 미움의 상징이다. 거짓과 미움을 가진 사람이 악마의 새끼다. 약소국가의 비애는 거짓이다. 약하기 때문에 강자 앞에서 언제나 아부하고, 아첨하고, 간사하고, 거짓을 토한다. 거짓은 약자의 특징이다.

오랫동안 우리나라는 강자 앞에 거짓말을 해 왔다. 우리나라는 오랫동안 강자들 사이에서 분파를 일삼았다. 사색당파를 일삼고, 친일파는 친중파를 미워하고, 친중파는 친일파를 미워하였다. 적을 미워하지 않고 도리어 자기 민족을 미워한다. 김일성은 소련을 미워하지 않고, 남한을 미워하고, 남한은 미국을 미워하지 않고, 북한을 미워하고 있다. 3·8선을 막은 것은 미·소인데 미·소를 미워하지 않고 도리어 남북을 서로 미워하고 있다. 이것이 약소민족의 비애다.

얼이 빠졌기 때문이다. 얼이 빠져서 원수를 사랑하고, 친구를 미워하고 있다. 얼이 빠져서 눈이 먼 것이다. 볼 것을 보지 못하고 엉뚱한 짓을 하고 있다. 미·소가 3·8선을 그었어도 우리끼리는 서로 도와주고, 우리끼리는 서로 믿어야 할 것이 아닌가. 그런데 우리끼리 미워하고, 우리끼리 죽이고, 우리끼리 속이고, 우리끼리 거짓을 일삼는다. 이것이 악마라는 것이다. 악마란 별 것이 아니다. 얼이 빠진 것이다. 약소란 왜 약소인가. 왜 거짓과 증오로 가득 찬 것일까. 얼이 빠져서 그렇다. 고구려와 신라와 백제가 힘을 합쳐서 당나라를 쳤으면 지금 아시아는 우리의 것일 것이다. 그런데 어찌하여 신라는 당나라를 끌어다가 백제를 치는가.

어째서 이웃 사람을 끌어다가 동생을 죽이는가. 동생을 죽여 내가 살겠다는 것일까. 동생을 죽이고 잘 살 수 있을까. 이것이 이 나라가 망하는 원인이다. 동생과 힘을 합하여 이웃을 물리치지 않고, 이웃과 힘을 합하여 동생을 치다니, 이런 일이 역사에 있을 수 있는 일인가. 얼이 빠진 것이다. 얼이 빠진 것이 악마다. 악마는 거짓을 일삼고 미움을 일삼는다.

예수는 유태 사람에게 다음과 같이 말했다. "너희들은 악마의 새끼다. 그것은, 너희들은 나를 죽이고자 하고, 나를 미워하고 있다. 우리의 원수는 로마인인데 로마인의 힘을 끌어 도리어 형제인 나를 죽이려고 한다. 너희들은 신라 같은 놈이다. 너희들은 악마다."

그때 유태 사람들은, 우리들은 아브라함의 자손이며, 하나님의 자손이라고 말한다. 그때 예수는 아브라함의 자손이면 한 집 식구끼리 사랑해야 할 것이 아니냐. 그런데 너희들은 왜 나를 죽이려고 하느냐. 아브라함이 나를 죽이려고 하더냐. 아브라함이 나를 사랑하면 너희도 나를 사랑해야 할 것이 아니냐. 아브라함의 마음을 가져야 할 것이 아니냐. 우리는 한 나무가 아니냐. 한 나무인데 어째서 죽이려고 하느냐. 아브라함은 하나님을 믿었다. 그러면 너희도 하나님을 믿어야 하지 않느냐. 그런데 너희들에게는 왜 진실이 없느냐. 하나님은 진실 자체가 아니냐. 너희들이 거짓이면서 어떻게 하나님을 믿는다고 할 수 있느냐. 너희들은 악마의 자손들이다. 너희들에게는 참이 없다.

세상에서 제일 귀한 것은 진실이다. 너희들은 진실이 없다. 너희들은 힘이 없다. 실력이 없다. 너희들에게는 생명이 없다. 너희들은 죽은 송장들이다. 너희들에게는 자유가 없다. 자유는 힘에서 나온다. 너희들에게는 진실이 없기 때문에 힘이 없다. 힘은 정직에서 나온다. 정직이 너희를 강하게 하고, 힘 있게 하고, 자유롭게 한다. 정직한 사람은 게으를 수가 없다. 게으른 사람은 힘이 없다. 노력하지 않기 때문에 실력이 없다. 실력이 없으면 자유가 없다. 건강한 정신은 진실한 정신이다. 진실한 정신은 노력하는 정신이요, 노력하는 정신은 실력 있는 정신이요,

실력 있는 정신은 자유로운 정신이다.

얼이 빠지면 거짓이 되고, 무력이 되고, 자유가 없다. 얼이 들면 정직해지고, 힘이 있고, 자유로워진다. 얼을 찾으면 하나님의 아들이 되고, 얼을 못 찾으면 악마의 새끼가 된다. 얼을 찾아야 된다. 얼을 찾으려면 나를 보라. 내 말을 들어라. 너희들이 나와 같이 있으면 내 말을 알고 진리를 깨닫게 되리라. 진리를 깨닫는다는 것은 너희들의 얼을 찾는 것이다. 하나님의 얼을 찾는 것이다. 하나님의 정신을 가지는 것이다. 그러면 너희는 한없이 강해진다. 그때 너희는 너희 마음대로 할 수 있게 될 것이다. 너희는 자유롭게 걸을 수 있고, 자유롭게 살 수가 있을 것이다.

힘은 어디에서 나오나. 정직에서 나온다. 정직한 사람이 힘센 사람이요, 힘센 사람이 남을 도와 줄 수 있다. 정직은 사랑을 낳고, 사랑은 자유를 낳는다. 너희들은 나를 보아야 한다. 너희들은 눈을 떠야 한다. 나를 보라. 진리를 보라. 얼을 보라. 정직을 보라. 너희들이 눈을 뜰 때 너희들은 귀를 열게 된다. 빛을 얻어라, 그러면 힘을 가진다. 정신을 가져라, 육체를 가지게 된다. 진리를 깨달아라, 자유를 얻게 될 것이다.

진리는 정직을 동반한다. 빛이 있는 곳에 힘이 있다. 우선 알아야 한다. 알면 할 수가 있다. 알지 못해서 그렇다. 죄는 어리석은 것이다. 지혜의 빛은 능히 죄를 소멸할 수 있다. 혜일능

소죄慧日能消罪. 지혜를 사랑하라. 그러면 죄에서 벗어나서 자유롭게 될 것이다. 그리스도를 믿는다는 것은 지혜를 가지는 것이요, 철이 드는 것이요, 얼을 가지는 것이다. 얼의 근원은 하나님이다. 하나님을 믿는 것은 얼을 찾는 것이다. 진리가 자유를 찾아줄 것이다.

태어나기 전부터

너희의 조상
아브라함은
내 날을 보리라는
희망에 차 있었고,
과연 그날을 보고
기뻐하였다.

당신이
아직 쉰 살도 못 되었는데
아브라함을 보았단 말이오.

정말 잘 들어 두어라.
나는 아브라함이
태어나기 전부터 있었다.

    요한 8:48~59

아브라함

진리는 아브라함의 진리요,
예언자의 진리요, 예수의 진리다.
진리에는 변함이 없다.

 예수는 누구든지 내 말을 지키는 사람은 영원히 죽지 않는다고 소리를 질렀다. 유태 사람들은 예수를 미친놈이라고 몰아붙였다. 세상에 죽지 않는 사람이 어디에 있나. 아브라함도 죽고, 예언자도 죽고, 다 죽었는데 너는, 내 말을 지키는 자는 영원히 죽지 않는다니 너는 아브라함보다도, 예언자보다도 더 위대하단 말인가.
 이때 예수는 가만가만 대답하였다. "그렇다. 아브라함보다도, 예언자보다도 나는 더 위대하다. 아브라함의 소원도 나를 만나는 것이었고, 예언자의 소원도 나를 만나는 것이었다. 그들의 모든 말은 나를 만나고 싶다는 말이다. 나는 아브라함과 예언자들이 기다린 그리스도다. 나는 아브라함보다도, 예언자보다도 먼저 있었다. 사실 그들은 나를 본 것이다. 그리고 그들은 즐거워한 것이다."

그때 유태 사람은 네가 50도 못 되었는데 아브라함을 만났다니 무슨 말인가. 네 놈이야말로 얼빠진 놈이다. 그들은 돌을 들고 예수를 쳐 죽이려고 한다. 이때 예수는 이렇게 말했다. "내가 아브라함을 만났다고 하는 것은 내가 하나님을 만났다는 말이다. 나는 하나님을 만났다. 하나님을 만난 사람은 아브라함도 만났고 예언자들도 만났다. 하나님은 모든 사람을 만났기 때문이다. 하나님은 모든 사람을 알고 있다. 나도 모든 사람을 알고 있다. 아브라함도 알고, 예언자도 안다. 그들은 모두 나를 기다리고, 나를 만나려고 애쓴 사람이다. 또 나를 만난 사람이다. 그들은 진리를 깨달았던 사람이다. 그들은 진리를 기뻐한 사람이다. 누구나 진리를 깨달은 사람은 하나님을 본 사람이요, 아브라함을 본 사람이요, 예언자를 본 사람이요, 나를 본 사람이다."

진리에는 시간이 없다. 진리는 영원한 것이다. 진리와 같이 사는 사람은 영원한 사람이다. 아브라함도 죽은 것이 아니고, 예언자도 죽은 것이 아니다. 그들은 지금도 말하고 있다. 이 말이 그들의 말이다. 그들도 하나님을 만난 사람이고, 나도 하나님을 만난 사람이고, 예언자도 하나님을 만난 사람이다. 우리들은 모두 하나님 속에서 기뻐하고 즐거워 하는 사람들이다.

아브라함은 예언자의 친구요, 예수의 친구요, 하나님의 친구다. 그들은 시간적인 간격을 느끼지 않는다. 아브라함의 마음이나 예수의 마음이나 같은 마음이다. 모두 하나님을 사랑하는 마음이요, 인류를 사랑하는 마음이다. 그들은 모두 성인들이다. 성인의 마음은 다 같은 마음이다. 앞으로 만년 후에 성인이 나와도 다 같은 마음이다. 마음은 빈 바탕이요 한데다. 마음속에는 시간도 없고 거리도 없다. 아브라함이나 예수나 다 같은 마음이다. 마음으로 사는 사람은 영원히 살고 있는 것이다.

그들은 죽었다. 그러나 그들의 마음은 죽지 않는다. 그들의 신앙은 죽지 않는다. 모든 신앙은 아브라함의 신앙이다. 아브라함의 뿌리에서 푸르게 자란 신앙공동체는 모든 인류를 다 포섭하기까지 계속 자라고 있는 것이다. 오늘도 뜰 앞에 플라타너스는 계속 자라고 있다. 하나님 나무는 영원히 자라고 있다. 하나님 나라에는 죽음이 없다. 하나님 나라에 속하는 사람은 영원히 죽지 않는다.

노량 앞바다에서 이순신이 죽은 것은 확실한 사실이지만 이순신의 정신은 영원히 이 민족과 같이 살아갈 것이다. 이순신은 이 나라를 살리고, 이 나라는 이순신을 살리고 있다. 아브라함은 우리를 살리고, 우리는 아브라함을 살리고 있다.

예수는 우리를 살리고, 우리는 예수를 살리고 있다. 예수는 죽을래야 죽을 수가 없다. 우리가 계속 살리고 있기 때문이다. 예수는 우리가 부활시키고 있다. 예수는 썩을래야 썩을 수가 없다. 우리가 계속 그를 살리고 있기 때문이다. 그것은 예수가 우리를 살려 주었기 때문이다. 무엇으로 우리를 살려 주었나. 진리로 우리를 살려 준 것이다. 진리로 우리를 자유롭게 해 준 것이다. 이순신이 거북선으로 우리를 살려 준 것처럼 예수는 진리로 우리를 살려 준 것이다.

진리가 무엇인가. 하나님의 말씀이다. 예수는 하나님을 알고 그 말을 지킨 사람이다. 하나님의 말씀은 영원하기에 하나님의 말씀을 지키는 사람은 영원히 죽지 않는다. 진리는 아브라함의 진리요, 예언자의 진리요, 예수의 진리다. 진리에는 변함이 없다.

아브라함이 즐긴 달은 예언자가 즐긴 달이다. 달은 거울처럼 아브라함도 비추고, 예언자도 비추고, 예수도 비추고 있다. 달은 영원한 거울이다. 달 속에서 우리는 예수도 만나고, 아브라함도 만나고, 예언자도 만난다. 하나님의 말씀은 달처럼 모든 사람을 만나게 한다.

우리도 성경 속에서 아브라함도 만나고, 예언자도 만나고, 예수도 만난다. 우리가 성경을 통해서 하나님의 말씀을 발견하면 우리는 하나님도 만날 수 있다. 하나님의 말씀은 발견해야지 읽으면 안 된다. 진리를 깨달았다는 말은 진리를 발견하는 것이다.

성경이 진리가 아니다. 진리를 숨긴 산이다. 금을 숨긴 산은 어디나 있다. 산이 문제가 아니다. 금을 발견하고 금을 캐내는 것이다.

성경이 진리라고 해서 진리가 여기저기 흩어져 있는 것이 아니다. 진리는 아무 데도 보이지 않는다. 진리를 사랑하고, 진리를 탐구해야 한다. 마치 닭이 알을 품고 있어야 계란이 병아리가 되듯이, 성경은 계란이지 병아리는 아니다. 성경을 안고 21일 동안 성경에서 병아리가 나오기까지 깨어야 한다. 깨어 나오는 병아리가 진리지, 성경이 진리가 아니다. 많은 사람이 성경을 하나님의 말씀이라고 생각하고 있다. 그것은 하나님의 말씀이 아니다. 사람의 말이다. 사람의 말 속에서 하나님의 말을 찾아내야 한다.

성경이 진리가 되도록 성경을 사랑하고 그 가운데 진리를 찾아야 한다. 진리를 찾으면 그것이 하나님의 말씀이요, 진리를 못 찾으면 그것은 휴지밖에 되지 않는다. 옛날부터 성경 속에 하나님의 말씀이 들어 있다고 한다. 이 산 속에 금이 들어 있다고 한다. 그러나 이 산은 흙산이 아니다. 무서운 돌산이요, 바위산이요, 험한 산이다. 정으로 깨고 이 산을 뚫고 들어가야 한다.

이 속에 있는 금을 캐내기 위해서는 나의 목숨을 바쳐야 한다.

진리를 깨닫는 것은 쉬운 일이 아니다. 목숨을 바치도록 진리를 사랑해야 한다. 예수는 진리를 사랑한 사람이다. 그 속에서 진리를 발견하고, 아브라함을 발견하고, 예언자를 발견하고, 하나님을 발견하고, 자기 자신을 발견한 사람이다. 예수는 자기가 진리인 것을 알게 되었다. 그리고 진리가 영원한 것임을 알게 되었다. 진리는 죽지 않는다. 진리는 영원히 산다. 진리는 나다. 나는 영원하다.

진리를 발견한 사람은 목숨을 내놓고 진리를 지킨다. 그렇게 고생해서, 그렇게 찾은 진리를 거저 버릴 수는 없지 않은가. 목숨을 잃는 한이 있어도 진리를 지켜야 한다. 진리를 지키기 위해서 목숨을 바친 사람이 예수다. 그것을 예수는 하나님의 말씀을 지킨다고 한다. 이순신 장군이 나라를 지키면 나라가 이순신 장군을 지켜주듯이 진리를 위하여 생명을 바치면 진리가 생명을 지켜준다.

영원한 생명이란 진리가 지켜주는 생명이요, 진리와 하나가 된 생명이다. 그것은 자유로운 생명이요, 생사에 구애받지 않는 생명이다. 그런 생명이 영원한 생명인 것이다. 그런 생명은 죽어도 죽지 않는다. 이미 죽음을 초월했기 때문이다. 이런 생명이 자유로운 생명이요, 진리와 같이 있는 생명이다.

예수는 진리를 위해 죽었다. 진리는 예수를 살렸다. 그것이 십자가요 부활이다. 그것은 예수가 진리를 보았기 때문이다. 진리는 자기를 보여준다. 나를 본 사람은 하나님을 보았다. 진리를 본 사람은 하나님을 보는 것이다. 하나님을 본 사람은 죽을 수가 없다. 하나님이 그와 같이 있기 때문이다. 하나님을 본 사람이 영원한 생명이다. 하나님을 본 사람과 하나님을 더듬는 사람의 대결이 예수와 유태 사람들의 대결이다. 예수는 빛의 아들이요, 유태 사람들은 어둠의 아들이다. 그들은 어둠 속에서 어두운 일을 계획하고, 예수는 빛 속에서 밝은 일을 계획한다. 예수는 사람을 살리려 하고, 그들은 사람을 죽이고자 한다. 예수는 사람을 살리기 위해서 진실을 말하고, 그들은 사람을 죽이기 위해서 거짓을 말한다.

진실이 곧 사는 것이고, 거짓이 곧 죽는 것이다. 진실이 참된 것이고, 거짓이 허무한 것이다. 실존이 사는 것이고, 허무가 죽는 것이다. 생사는 진위가 되는 데 요한복음의 특징이 있다.

어떻게 하면 영생을 얻는가. 진실이 영생이다. 하나님은 진실이요, 그리스도도 진실이다. 진실이란 진리를 실천하는 삶이다. 진리를 실천해보면 한없는 자유를 느끼게 된다. 진리를 사랑하면 진리를 깨닫게 되고, 진리를 깨달으면 힘을 얻게 되고, 힘을 얻으면 자유를 누리게 되고, 자유를 누리면 생사를 벗어나게 되고, 생사를 벗어나면 그것이 영원한 생명이다. 진리는 영의 자각이요, 하나님을 보는 것이요, 그리스도를 아는 것이다.

하나님은 영이시고, 그리스도도 영이시고, 나도 영인 것을 알게 된다.

영의 자각, 그것이 진실이다. 영은 한없이 충만하다. 우주에 힘이 차 있듯이 영은 우주에 충만하다. 충만한 영을 자각하는 것이 신앙이다.

제4장 예수의 피로써

차라리 눈 먼 사람이라면

선생님,
저 사람이 소경으로
태어난 것은
누구의 죄입니까.

자기 죄 탓도 아니고
부모의 죄 탓도 아니다.
다만 저 사람에게서
하나님의 놀라운 일을
드러내기 위한 것이다.

너희가
차라리 눈 먼 사람이라면
오히려 죄가 없을 것이다.
그러나 너희는
지금 눈이 잘 보인다고 하니
너희의 죄는
그대로 남아 있다.

요한 9:1~41

소 경

눈 뜬 사람의 기쁨,
그 가족들의 기쁨,
이웃의 기쁨,
온 세계의 기쁨,
하늘의 기쁨,
정말 해가 뜬 것이다.

예수가 소경을 눈뜨게 하는 사건이 일어났다. 제자들이 길가에 있는 눈 먼 거지를 보고, 이 사람이 이렇게 비참하게 된 것은 누구의 탓이냐고 예수에게 물었다. 불교에서는 '전생의 업보業報'라고 말하고, 희랍사람들은 '운명'이라고 말한다.

사람들은 현실을 놓고 그 원인을 알고자 한다. 그래서 전생설前生說도, 운명설運命說도 나온다. 그리하여 사람들은 그것을 체념의 근거로 삼는다. 전생의 업보니 할 수 없다든가, 신의 장

난이니 할 수 없다든가, 팔자를 한탄하는 것으로 끝이 난다. 유태 사람들은 조상들의 죄이거나, 부모들의 죄이거나, 그렇지 않으면 자기의 죄 탓으로 신의 형벌을 받는 거라고 생각한 모양이다. 누구나 죄를 졌기 때문에 그렇지, 죄가 없이 그렇게 될 리가 없을 것이라는 것이 그들의 관념이다.

내가 잘못했다고 생각하는 태도는 좋은 결과를 가져오는 수가 많다. 사람을 겸손하게 하고, 자기의 잘못을 뉘우치게 하고, 자기의 부족을 깨닫고 발전하게 하는 결과를 가져오게 할 수도 있다.

그러나 이것이 자기의 문제가 아니고 남의 문제일 때에는 남을 판단하고, 남을 심판하고, 남에게 책임을 지우고, 남에게 가혹한 태도가 될 수도 있다. 그것은 네 탓이지 누구의 탓이냐. 네 죄로 그렇게 되었으니 네가 벌을 받아서 마땅하다. 너는 지금 천벌을 받고 있는 것이다. 신은 공의의 하나님이니 신의 판단에 잘못이 있을 수 없다. 그러니 너는 신의 벌을 받고 있는 것이다. 그러므로 내가 너에게 동정할 이유는 하나도 없다. 나는 신의 판단을 찬양할 뿐이다. 이리하여 신에 대한 판단이 인간관계를 멀리하는 결과를 가져와 유태 사람들은 이웃에 대하여 냉혈동물이 되었다.

가난해도, 병에 걸려도, 불구가 되어도 나와는 아무 상관이 없다. 그것은 그들의 잘못이요, 신의 형벌이니까. 이것은 운명설보다도 전생설보다도 더 가혹하고 지독한 것이다. 이웃에 대한 동정과 자비는 사라지고, 무관심과 천대와 심판과 교만이 그들이 취하는 태도다.

여기에 대하여 예수는 이렇게 대답한다. 이렇게 된 것은 아무의 책임도 아니다. 이 사람의 죄도 아니고, 부모의 죄도 아니다. 무슨 원인이 있어서 이렇게 되는 것이 아니다. 이것은 신의 형벌도 아니고, 아무것도 아니다. 이것은 사람의 탓도 아니고, 신의 탓도 아니다. 자연적인 실수로 이렇게 된 것뿐이다.

산이 무너져서 사람이 죽는 것처럼, 홍수로 사람이 빠지는 것처럼 이 사람은 생산과정에서 무엇이 잘못되어서 장님이 되고 만 것이다. 부모의 책임도, 그 누구의 책임도 아니고 다만 자연의 책임이다. 그러나 자연은 책임질 주체가 아니다. 자연에는 호우도 쏟아지고, 폭풍도 불고, 지진이 나고, 우박도 오고, 가끔 이런 현상이 있는 법이다. 그것을 자연의 책임이라고 해보았댔자 아무 쓸데가 없다. 다만 홍수가 나서 집이 무너지고 물에 빠지는 사람이 있으면 그 사람들의 책임을 따질 것이 아니라 그 사람들을 구해주는 일이다. 그것이 사람의 도리요, 하나님께 영광을 돌리는 일이다.

사람은 사람의 책임을 묻기 전에 사람의 도리를 지켜나가야 한다. 여기에 눈먼 거지가 있으면 그들의 책임을 묻고, 그 책임에 하나님까지 끌어다 매놓을 것이 아니라 그 사람을 도와주고 사랑하여, 하나님 아버지를 기쁘게 해주면 되는 것이다. 그들이 모두 네 동생이니, 네 동생을 돌보아 주어 네가 형의 도리를 다 하고 그것으로 말미암아 하나님 아버지께서 기뻐하시도록 하는 것이 인간의 할 일이다.

나는 형으로서 동생인 저 장님을 도와주어 아버지를 기쁘게 해 드리고 싶다. 내가 살아 있을 때 해야지 내가 죽으면 누가 저들을 돌보아 주겠느냐. 이제 밤이 올 것이다. 밝은 낮에 내가 할 수 있을 때 이 일을 해 놓아야 한다. 그는 진흙을 이겨서 맹인의 눈에 발라주고, 가서 실로암의 물에 씻으라고 하였다. 그 맹인이 가서 씻자 눈이 떠졌다는 것이다.

눈 뜬 사람의 기쁨, 그 가족들의 기쁨, 이웃의 기쁨, 온 세계의 기쁨, 하늘의 기쁨, 정말 해가 뜬 것이다. 예수는 "나는 세상의 빛이다"(15절)라고 말한다. 우는 자와 같이 울고, 웃는 자와 같이 웃는 것이 사람이다. 세상에 이렇게 기쁜 일이 있느냐.

그런데 이것을 보고 여기에 기뻐할 줄 모르는 사람이 있었으니 그것이 바리새 유태인이다. 그것이 종교가들이다. 세상에 종교처럼 좋은 것도 없지만 종교처럼 나쁜 것도 없다. 종교가 보편적일 때는 종교처럼 좋은 것은 없지만 종교가 독단적일 때는 종교처럼 나쁜 것도 없다. 밥이 밥일 때에는 밥처럼 좋은 것이 없지만 밥이 썩으면 밥처럼 독한 것은 없다. 인류를 살려야 할 종교가 인류를 죽이고 마는 것이다.

가장 종교적인 유태인이 가장 악독한 유태인이 되었다. 가장 양심적이어야 할 유태인이 가장 양심이 마비되고 말았다. 가장 따스해야 할 유태인이 가장 잔인한 유태인이 되고 말았다.

그들의 종교는 다 죽어버리고 그들이 들고 나오는 것은 모세의 율법이다. 율법 가운데서 중요한 것은 다 버리고 가장 쓸데없는 안식일을 꺼내들고 그것을 악용하고, 그것을 세분화하고 복잡화하여 도리어 종교의 본질과는 정반대 되는, 사람을 옭아매는 그물을 만들어 놓고 그것을 종교인 양 고집하여 사람들을 미치게 하고, 자기도 죽어버리는 참혹한 백성이 되었다.

불교에서 절이 불교의 핵심인 것처럼 천번 만번 절을 시킨다든가, 기독교에서 예배당 짓는 것이 신앙인 것처럼 돈을 내란다든가, 종교와는 상관없는 것들이 도깨비처럼 대낮을 활보하게 된다.

유태 사람의 율법에, 안식일에는 병을 고치면 안 된다고 되어 있는 모양이다. 그런 율법이 또 어디 있겠는가. 그것이 모세의 율법일 리가 없다. 안식일을 너무 지나치게 장식하다가 결국 그런 조항까지도 만든 모양이다.

유태 사람들은 안식일에 지나치게 얽매여서 사람이 죽어도 내버려 두고, 병이 나도 내버려 둔 모양이다. 살리자는 안식일에 죽이고도 그것을 하나님 때문이라고 했다. 이 사람들은 자기네가 없으면 하나님은 언제 죽었을지 모른다는 식으로 밤낮 하나님, 하나님 하는데 하나님을 위한다는 게 고작 안식일에 아무 것도 안 하고 가만 있는다는 것이다.

왜 종교가 이렇게까지 될까. 이것이 인간이다. 인간은 끝없이 잘될 수도 있지만 끝없이 잘못될 수도 있다. 인간에게는 무한성이 있는데, 이 무한성이 잘못되면 끝없이 잘못된다.

요새 성性문제를 보라. 남자와 남자가 결혼하는 놈이 없나. 사람과 개가 결혼하는 놈이 없나. 또 전쟁이라 하면 독가스를 만들지 않나. 원자탄을 만들지 않나. 수소탄을 만들지 않나. 사람의 악에는 끝이 없다. 그들은 세계의 평화를 말하면서 사실은 무서운 전쟁 준비를 하고 있으며, 그들은 사랑을 말하면서 무서운 성적 문란에 빠져들고 있는 것이다.

유태 사람의 종교도 마찬가지다. 이상하게도, 병을 고쳐 주지 않는 것이 하나님을 사랑하는 것이며, 특히 그들은 하나님의 날이라는 안식일에 병을 고치면 안 된다는 것이다. 하나님의 뜻과는 정반대가 되고 말았다. 그리고는 안식일에 병을 고친 사람은 죽여 버려야 한다고 예수를 잡으려는 것이다.

예수는 이런 사람들을 볼 때 기가 막혔다. 이 사람들이야말로 생각이 막히고, 마음이 막히고, 지성이 막히고, 이성이 막히고, 영성이 막히고, 눈을 감은 사람들이다. 육체의 눈을 감은 사람은 약을 발라 고칠 수도 있지만 정신의 눈이 먼 사람은 무엇으로 고칠 수 있을 것인가. 어리석음에 바를 약은 없다고 한다.

육체의 눈이 먼 사람은 하나요, 정신의 눈이 먼 사람은 전부니 이 어두움을 어떻게 쫓아낼 것인가. 결국 예수는 하나님의 힘을 빌리지 않으면 안 되게 되었다. 자기가 약이 되어 이 사람들에게 먹히는 수밖에 길이 없었다.

옛날 어린 양을 잡아서 대문에 바르고, 흙을 이겨 눈에 바르고, 이제 예수의 피로 이 사람들의 마음을 씻기 전에는 이 사람들의 눈은 영 뜨지 않을 것을 예수는 차차 알게 되었다. 이 사람들의 어두움은 칠흑보다 더 어둡다. 이것이 이 세상의 현실이다. 하나님의 아들이 와도 그것을 마귀의 아들이라고 부르고, 눈을 뜨게 해주어도 그것을 안식일을 범한다고 하고, 눈뜨게 해준 사람을 예언자라고 했다고 그를 회당에서 내쫓고, 종교 지도자들의 행패는 끝이 없다.

그들은 순진한 백성을 끌어다 잡아먹는 데 있는 힘을 다하고 자기들의 계급을 위협하는 존재는 절대 용서할 수가 없다고 한다. 도스토예프스키의 말처럼 그들에게는 예수가 귀찮은 존재가 되었다. 예수는 그들의 밥벌이에 아무 도움도 못 준다. 그들은 벌써 예수의 제자가 아니다. 그들은 벌써 악마의 제자가 되었다. 그들은 예수를 가장 싫어한다. 그들은 예수가 나타나는 것을 가장 싫어한다. 유태 사람들은 어느새 악마의 제자가 되었다. 그들은 하나님의 사람이 나타나는 것을 싫어한다. 악마의 사업에 예수는 방해가 되기 때문이다. 하나님을 가장 사랑한다는 사람이 하나님을 가장 미워하는 악마가 되었다.

　인간은 의식적으로 무의식적으로 악마가 되는 경향이 있다. 이것을 죄라고 한다. 인간은 언제나 자기 속에 있는 악마의 싹을 잘라버려야 한다. 사람은 조금이라도 방심하면 곧 신이 변하여 악마가 된다. 악마가 되어서 자기를 신이라고 하는 것이 악한 세상이다. 악한 세상을 어떻게 선한 세상으로 만들 것인가? 이것이 예수의 십자가다. 죽음 이외는 다른 방법이 없다는 것이다. 무서운 일이다.

정말 잘 들어 두어라

정말 잘 들어 두어라.
나는 양이 드나드는 문이다.

나는 착한 목자이다.
착한 목자는
자기 양을 위하여
목숨을 바친다.

아버지께서는
내가
목숨을 바치기 때문에
나를 사랑한다.

나에게는 목숨을 바칠
권리도 있고
다시 얻을 권리도 있다.

요한 10:1~21

문

문을 열면 태양이 비치고
하늘이 빛난다.
그리고 양치기의 소리가 들린다.

　　예수는 바리새인들에게 실망했지만 그들이 천대하는 백성 속에서 순진한 사람들을 많이 보았다. 그들은 종교와는 아무 상관이 없지만 그들이야말로 인정이 넘치는 사람들이다. 그들은 먹을 것이 있으면 나누어 먹을 줄도 알고, 친구의 생일이 되면 기뻐할 줄도 안다. 마치 대자연에는 아직 오염되지 않은 물이 있듯이 그들 속에는 아직 오염되지 않은 곳이 있다. 물론 이것들도 곧 오염될 수도 있고, 오염되기도 쉽다. 그러나 그것은 아직까지는 오염되지 않은 순수한 것이다.

그들은 예수의 순수한 마음과 통하는 데가 있었다. 세리 가운데, 창녀 가운데, 어부 가운데, 소위 짓밟히는 계급 가운데, 아직 순수한 사람들이 있었다. 간디가 농민들 속에서 신을 보았다고 하듯이 예수는 천민들 속에서 신의 모습을 보는 것이다. 그는 그들을 양이라고 하였다. 양은 양치기의 소리를 구별할 수 있는 영성을 가졌다는 것이다. 그는 자기를 양치기라고 하였다. 양과 양치기 사이에만 통하는 순진성이 있다는 것이다.

그것은 예수에게 참 다행한 일이었다. 이 세상이 다 악해도 악하지 않은 어떤 모퉁이가 있다는 것이 얼마나 다행한 일인가. 온 세상에 다 눈이 와도 눈이 내리지 않은 한 곳이 있다는 것이 얼마나 다행한 일인가. 그곳이 예수의 선 자리다. 예수는 이 사람들을 자기의 입장으로 하여 서게 되었다. 예수는 이 사람들의 마음에 씨를 뿌릴 수 있게 되었다. 돌작밭만 있는 것이 아니라 옥토도 있다. 이리만이 있는 것이 아니라 양도 있다. 이것을 발견한 예수의 기쁨이 얼마나 대단했을까. 이들의 마음을 예수가 이해해 주고, 예수의 마음을 이들이 이해해 줄 때 예수의 마음은 참 그들의 문이요, 그들의 마음은 예수의 문이다. 서로 마음 문을 열고 서로 왔다 갔다 하는 마을을 이루게 된 것이다. 양이 바보 같은데 양치기의 소리를 구별할 수 있다는 것이 얼마나 신기한가. 미물이 주인을 알아보는 것이다.

양치기는 양의 이름을 부르고 양을 몰고 풀밭으로 간다. 그리고 이리가 오면 그들과 싸운다. 그런데 바리새 유태인들은 자기들이 양을 치겠다고 한다. 그들은 이리가 오면 양을 던지고 달아난다. 로마가 오면 그들은 양을 던지고 달아난다. 그리고 도리어 그들도 이리떼가 되어 로마 사람과 합작하여 이스라엘 사람을 착취하는 이리떼가 되고 만 것이다.

예수는 양을 사랑한다. 로마 사람과 바리새 유태인들에게 착취당하는 이스라엘 사람들을 한없이 사랑한다. 도시 밖에도 도시 안에도 예수를 정말 알아주는 사람들이 있다. 양은 양치기의 소리를 알고, 양치기도 양의 소리를 안다.

안다는 것처럼 세상에 중요한 일은 없다. 나를 알아준다는 것, 세상이 정말 나를 알아준다는 것 이외에 세상에 중요한 일은 없다. 나를 알아준다는 것, 세상에 정말 나를 알아주는 이가 누굴까. 예수는 정말 자기를 알아주는 이를 발견한 것이다.

눈뜬 사람들이 그래도 있었다. 가엾은 사람들, 힘없는 사람들 속에 그래도 예수를 알아주는 사람들이 있었다. 물론 예수는 모든 사람이 다 몰라주어도 정말 자기를 알아주는 분이 있었다. 그분이 하나님이다. 하나님은 정말 나를 알아주신다. 하나님은 정말 나를 사랑해주신다. 내가 양을 위해서 내 목숨을 버려도 하나님께서는 도로 찾아 주신다. 내 목숨은 하나님의 손에 있다. 내가 버려도 하나님께 속하고, 내가 찾아도 하나님께 속한다. 내 목숨은 내 목숨이 아니다. 하나님의 목숨이다. 마치 돌

문 185

에 끈을 매놓으면 던질 수도 있고, 또 끌어당길 수도 있듯이 내 목숨은 하나님께 매어 놓았기 때문에 하나님께서는 내 목숨을 내던질 수도 있고, 다시 끌어당길 수도 있다. 나는 하나님의 명을 받아 마음대로 내던질 수 있고, 마음대로 끌어당길 수도 있다. 이것이 예수의 생명이었다. 이것을 영원한 생명이라고 한다.

하나님께 속한 생명이 영원한 생명이다. 우리의 생명은 내 것이 아니다. 하나님의 것이다. 하나님의 것은 던진다고 없어지는 것이 아니고, 당긴다고 늘어나는 것도 아니다. 언제나 같은 생명이다. 하나님께 속한 생명은 영원히 없어지지 않는다. 은행에 맡긴 돈이 없어지지 않는 것이나 마찬가지다.

신앙이란 내 생명을 하나님께 맡기는 것이다. 그리고 하나님의 명령대로 따르는 것이다. 버린다면 버리고, 끌어당긴다면 당긴다. 예수에게는 버릴 권세도 있고, 얻을 권세도 있다. 십자가는 버릴 권세의 실천이요, 부활은 얻을 권세의 실천이다. 하나님께 맡긴 생명은 영원한 생명이기에 그것은 없어지는 것이 아니다.

우리의 생명이 하나님의 생명이 될 때 생명은 목적이 아니라 수단이 되어 버린다. 자기의 생명을 수단으로 삼아 인류를 구원하는 이가 구세주다. 구세주를 그리스도라고 한다. 예수가 구세주라는 것은 자기의 생명을 수단으로 하여 인류를 구원했다는 것이다.

사람의 생명처럼 귀한 것이 없다. 그것을 능히 버릴 수 있다는 것은 성숙한 인격이 되지 않으면 안 된다. 자기의 생명보다 더 큰 생명이 되기 전에는 자기의 생명을 버릴 수가 없다. 육체보다 한없이 더 큰 정신, 인류를 위하여 이 육체를 능히 버릴 수도 있는 사람, 이런 사람이 정신이다. 정신은 본래 한없이 큰 것이다. 하늘처럼 무한히 큰 것이 정신이다. 이 정신은 능히 무수한 별들을 감쌀 수가 있다. 예수의 정신은 인류를 감쌀 수 있으리만큼 무한한 정신이다. 이 정신은 태양처럼 우주 만물을 비칠 수가 있다. 태양이 무한하듯이 이 정신은 무한하다.

사람의 마음은 작으면 한없이 작다. 그러나 크면 한없이 크다. 온 우주를 감쌀 만큼 크고, 온 땅을 덮을 만큼 크다. 그것이 인간의 마음이다. 이 마음을 회복한 것이 예수다. 마음은 닫으면 한없이 캄캄하지만 마음을 열면 한없이 밝다. 예수의 마음은 열린 마음이다. 문짝이 없는 문이다. 언제나 열려 있다. 들어가는 것도 자유고, 나가는 것도 자유다. 양들은 이 문을 통과해서 나가기도 하고 들어오기도 한다.

그러나 유태의 지도자들은 모조리 도적이요 강도다. 그들은 양을 잡아먹는 도적이요 강도다. 예수는 인류의 구세주요, 그들은 인류를 착취하는 사람이다. 사람을 살리려는 사람과 사람을 죽이려는 사람이 있다. 어떻게 해서도 자기의 이익만 구하는 사람이 있고, 어떻게 해서도 남을 도우려는 사람이 있다. 이기주의자는 이리요, 이타주의자는 양이다.

　이 세상에는 양과 이리가 있다. 이리가 많은 세상이 죄악 세상이다. 이 세상에는 자기가 진짜 양치기라고 호언장담하는 종교가 얼마든지 있다. 그러나 그것은 다 거짓말쟁이요, 악마의 새끼들이요, 강도요, 도적이다. 인류의 영혼을 구할 사람이 누구냐. 인류의 죄를 사할 사람이 누구냐. 그리스도 밖에는 아무도 양치기가 될 수 없다.

　세상에 있는 종교가는 다 거짓 종교가다. 다 강도요 도적이다. 선한 분은 한 분뿐이다. 하나님 아버지뿐이다. 예수는 자기도 선하다고 하지 않는다. 하물며 이 세상 지도자 가운데 선한 사람이 누구냐. 모두 강도요 도적이다. 모든 지도자들은 그것을 알아야 한다. 세상에 정말 정신이 있느냐. 세상에 정말 마음이 있느냐. 정신은 금강석보다 귀하고, 마음은 진주보다 귀하다. 모두 유리요 모두 모래다. 지도자들은 이것을 알아야 한다.

　양치기는 예수뿐이다. 자기의 생명을 바친 예수뿐이다. 예수는 그들에게 넘치는 꼴을 먹여 주기 위해서 온 것이다. 예수는 그들을 지켜 주기 위해서 온 것이다. 예수는 그들을 푸른 풀밭에 인도하고, 험한 골짜기에서 구해주며, 이리와 도적에게서 그들을 지켜 주기 위해서 왔다. 예수는 선한 목자다. 예수는 양을 위하여 목숨을 버린다. 예수에게는 이 양들 외에 먼 산에도 양들이 있다. 유태 사람들만 예수의 양이 아니라 이방 사람들도 예수의 양이다. 아니 온 인류가 다 예수의 양이다. 착한 사람은 다 예수의 양이다. 착한 사람은 착한 예수를 안다. 예수도 그들을 안다. 선과 선은 통하기 때문이다.

그러나 악한 사람은 예수를 모른다. 그들은 양들이 아니다. 이리들이다. 선한 사람이 되느냐, 악한 사람이 되느냐는 마음먹기에 달렸다. 내가 이제 선한 마음을 먹으면 선한 사람이 되고, 내가 이제 악한 마음을 먹으면 악한 사람이 된다. 문을 열면 문은 열리고, 문을 닫으면 문은 닫힌다. 예수는 양의 문이다. 예수는 언제나 선한 생각을 가지고 마음의 문을 열고 사는 사람이다.

신앙이란 별것 아니다. 언제나 마음을 열어놓고 선한 생각을 하면서 선하게 사는 것이다. 언제나 태양을 쳐다보면서 하늘같이 푸르게 사는 것이다. 이것이 영원한 생명이다. 영원한 생명이란 먼 데 있는 것이 아니다. 문을 열면 태양이 비치고, 하늘이 빛난다. 그리고 양치기의 소리가 들린다.

예수는 양을 위하여 생명을 바쳐 양을 지키고, 양을 위하여 목숨을 바친다. 양을 살리는 것이 예수의 사명이다. 이 사명을 이어받은 사람들이 그리스도인이다. 그리스도의 명령은 우리들도 양을 위하여 생명을 바치라는 것이다. 이 명령이 영원한 명령이요, 이 명령을 지키는 것이 영원한 생명이다.

영원한 생명은 사랑뿐이다. 사랑만이 영원하고, 없어지지 않는다. 그것은 태양처럼 빛나고, 그것은 하늘처럼 영원히 푸르다. 푸른 하늘에 붉은 태양, 그것이 영원한 생명이요, 예수의 마음이다.

아버지와 나는 하나

너희는
내 양이 아니기 때문에
나를 믿지 않는다.
내 양들은
내 목소리를
알아 듣는다.
나는 내 양들을 알고
그들은 나를 따라온다.
나는 그들에게
영원한 생명을 준다.

아버지와 나는 하나다.

      요한 10:22~30

양

사람을 사랑한다는 것은
나를 사랑한다는 것이다.
내가 소중하다.
나를 찾아주는 이가
그리스도다.

유월절이 지난 지 두 달 만에 예루살렘에는 왕궁 청소의 축제가 있었다. 그때는 겨울이었다. 예수가 솔로몬 왕궁의 낭하를 걷고 있을 때 유태 사람들이 예수에게 달라붙었다. "언제까지 우리들을 괴롭힐 작정이요? 구세주면 구세주라고 똑똑히 설명을 하시오." 그때 예수는 "내가 말하지 않았느냐? 너희가 듣지를 않은 거지. 아버지가 부탁해서 하는 일이 나를 증명하고 있지 않느냐? 그래도 너희들은 안 믿는 것이냐?"

너희들은 내 편이 아니다. 내 편이라면 내 말을 알아들을 수 있을 것 아니냐. 내 양이라면 내가 그를 알 수 있고, 그들은 나를 따를 것이다. 그러면 나는 그들에게 영원한 생명을 주고, 그들은 영원히 망하지 않을 것이다. 그리고 그들을 내게서 빼앗을 자는 없을 것이다. 왜냐하면 그들을 나에게 주신 아버지는 누구보다도 강하며, 그들을 아버지 손에서 빼앗을 수 있는 이는 아무도 없다. 아버지 것이면 내 것이고, 내 것은 모두 아버지의 것이다. 아버지와 나는 하나다. 세상에 제일 강한 이는 아버지다.

그러나 하나님이 제일 강하다는 말을 사람들이 믿을 수 있는가. 하나님이 없다는 사람들에게 하나님이 있다는 것을 알려주기도 힘든데 하나님이 강하다고 하는 것은 도저히 믿을 수 없는 것이다.

정신과 육체는 그 어느 쪽이 강한가. 정신은 보이지 않고, 육체는 보인다. 정신이 있는지 없는지도 분명치 않은데 정신이 강하다고 믿을 수 있을까. 그러나 사람이 사자를 지배하는 것을 보면 사람이 강하다. 사자와 사람이 직접 달라붙으면 사자는 강하지만 간접적으로 만나면 사자는 약하다.

바리새 유태 사람들이 예수를 사자처럼 죽일 수도 있다. 그러나 간접적으로 민중 앞에서는 예수를 죽일 수 없다. 민중은 예수를 믿고 있기 때문이다. 민중은 예수가 보통 사람이 아니라고 믿고 있다.

예수는 성인이다. 그에게는 악한 것이 없다. 선한 것을 가르치는 것이 종교라면 그야말로 종교 지도자다. 그이처럼 착한 사람이 어디에 있을까. 그이는 존경을 받아야 한다. 그는 참된 사람이다. 그는 선한 사람이다. 그는 마음이 아름다운 사람이다. 그분이야말로 선생님이요, 그분이야말로 성인이다. 민중들은 그를 존경한다. 그는 하나님의 아들이다.

그는 구세주다. 예수는 사람을 죄악에서 건져내는 구세주다. 거짓에서 참으로, 악에서 선으로, 추에서 미로 건져내는 구세주다. 진선미眞善美는 사람의 본성이다. 사람은 누구나 진선미를 보고 그리워한다. 그를 사랑한다. 그를 존경한다. 사람은 미인을 사랑한다. 그러나 나중에는 예술적인 아름다움을 사랑한다. 그리고 나중에는 미 자체를 사랑한다. 정신적인 아름다움을 사랑한다. 정신은 아름답다. 하나님은 아름답기 때문이다. 예수의 아름다움은 신적인 아름다움이다.

예수의 선은 신적인 선이다. 예수의 참은 신적인 참이다. 진선미가 최고의 가치라는 것을 안 사람들은 진선미를 소중히 여기고 진선미를 수호할 것이다. 그렇게 되면 몇몇 바리새인들이 진선미인 예수를 죽일 수는 없을 것이다. 예수처럼 강한 이는 없다. 인류가 예수를 지키기 때문이다.

그러나 예수의 진선미를 모르면 예수는 아무것도 아니다.

예수는 진선미의 힘을 가지고 있지만 진선미를 모르는 사람에게는 아무것도 아니다. 진선미는 간접적인 가치다. 사람이 그것을 존경할 때 그것이 가치가 있고, 그 가치를 지키게 되어야 그것이 강하지, 만일 그것을 지키지 않으면 그것은 흙덩이나 다름이 없다. 금강석이 아무리 귀해도 아는 사람에게 가치가 있고, 왕이 아무리 강해도 국민이 왕인 줄 알 때 강하지, 왕이 혼자 궁을 빠져나와 거지가 되면 아무나 그를 죽일 수가 있다. 가치는 아는 사람에게 소중한 것이지 모르는 사람에게는 아무 소용이 없다.

유태 사람들은 예수더러 네가 구세주면 구세주라고 확실히 말하라고 한다. 유태 사람은 예수가 금강석이라는 것을 모르고 있다. 모르는 사람에게는 금강석이 아무 소용이 없다. 가치란 그것을 인정하는 사람에게는 가치가 있지만 그것을 인정하지 않는 사람에게는 아무 가치가 없다. 세잔느의 그림을 인정하지 않을 때에는 그것은 한 푼의 가치도 없다. 그러나 이 그림을 인정하는 사람에게는 그것은 천금을 주고도 살 수 없는 것이다. 내 아들은 나에게는 한없는 가치가 있다. 그러나 남에게는 아무런 가치가 없다. 진선미는 인류의 가치가 될 때에는 한없이 존귀하지만 이 가치가 인정되지 않을 때는 이 가치는 아무런 쓸모가 없다.

예수의 가치도 마찬가지다. 진선미를 사랑하는 사람에게는 예수가 인류의 구세주이지만 진선미를 사랑하지 않는 사람에게는 예수는 구세주도 아니요, 아무 가치가 없는 것이다. 그림 한 장이 아는 사람에게는 굉장히 가치가 있지만 모르는 사람에게는 아무 가치가 없다. 그림보다는 쌀 한 톨이 더 소중하다. 가치는 아는 사람이나 알지, 모르는 사람은 모른다. 피카소의 그림이 아는 사람에게는 백만 불짜리라도, 모르는 이에게는 한 푼의 가치도 없다. 어떤 사람은 생명을 바쳐서 찾는 가치가 어떤 사람에게는 아무 상관도 없다. 어머니에게는 어린애 찾는 것이 생명보다도 더 소중하지만 다른 사람에게는 아무 상관이 없다.

가치는 찾는 사람의 가치지, 찾지 않는 사람에게는 아무 가치가 없다. 유태 사람의 생각과 예수의 생각은 다른 것이다. 유태 사람은 당장 먹을 것, 입을 것을 찾는 가난한 사람들이다. 그들에게는 고귀한 가치가 아무 상관이 없다. 그들에게는 빵이 필요하지, 금강석이 필요하지 않다. 금강석은 씹어 먹을 수가 없기 때문이다. 금강석은 팔아야 한다. 팔아서 돈을 가져야 빵을 산다. 사람이 돈을 만들고, 무역을 하고, 사람과 거래를 하고, 이렇게 되어야 금강석이 귀한 줄 알지, 혼자서 살면 금강석은 해서 무엇에 쓰나. 유태 사람들은 원시인 같은 사람이다. 그들은 물물 교환을 할 줄도 모르고, 토끼를 잡아먹고, 생선을 낚아 먹는 그런 종류의 미개인이다. 그런 사람들이 금강석의 가치를 알 까닭이 없다. 금강석은 영국의 왕관에나 붙이는 것이지,

가난한 원시인에게 그것은 아무 쓸모가 없다.

예수가 아무리 진선미가 금강석보다 귀한 것이라고 가르쳐 주어도 유태 사람들에게는 들리지 않는다. 그들에게는 보아도 보이지 않고, 들어도 들리지 않는다. 그들은 왕의 가치를 모른다. 왕의 가치는 나라가 있어야 왕이 귀한 줄 안다. 나라가 없는 원시인에게는 왕이 무엇인지도 알 수가 없다.

왕이 무엇인가. 왕이 우리와 무엇이 다른가. 원시인과 왕이 다른 것은 아무것도 없다. 원시인에게는 나라가 없기 때문이다. 나라를 가진 사람에게는 왕처럼 소중한 것이 없다. 왕은 나라의 상징이다. 나라가 있어야 왕이 있고, 왕이 있어야 나라가 있다. 왕은 개인이 아니라 개체다. 나라의 왕이지 나라를 떠나서 왕은 없다. 나라가 없는 원시인에게는 개체와 개인의 구별이 없다.

예수는 구세주다. 하나님 나라의 왕이다. 예수는 개인이 아니다. 개체다. 예수는 나라를 가지고 있다. 이 나라에 속하는 사람에게는, 예수는 한없는 가치가 있고 고귀한 왕이다. 그러나 이 나라에 속하지 않은 사람에게 예수는 하나의 개인에 불과하다.

예수는 자기가 나라의 왕이라는 것이고, 유태인들은, 예수는 개인에 불과하다는 것이다. 예수의 나라 사람들은 예수를 안다. 자기의 왕인 줄 안다. 내 양은 나를 안다. 당연한 일이다. 그러나 너희들은 내 양이 아니다. 내 나라 사람이 아니다. 너희들은 나를 알 사람들이 아니다. 예수의 나라에 속하는 사람, 예수를 아는 사람에게는 예수가 구세주이지만 예수를 모르는 사람에게는 예수는 막대기와 다를 것이 없다. 예수를 알고 모르는 것이 어디에 있나. 진선미에 달려 있다. 진선미를 그리워하는 사람과 진선미를 그리워하지 않는 데 차이가 있다.

아름다움을 찾는 사람은 자연을 사랑하고, 예술을 사랑하고, 나중에는 자기가 예술가가 되고자 한다. 그런 사람은 어쩔 수 없이 선생을 찾게 된다. 내가 선생을 찾을 때, 내가 그림을 그리고 싶을 때, 선생은 내게 한없는 가치가 있다. 그러나 내가 그림 그릴 마음이 없으면 선생은 아무 가치가 없다. 선생의 가치는 학생의 마음에 있다. 정말 배우려는 사람에게 선생은 한없는 가치가 있다. 선생이야말로 그리스도다. 선생이야말로 구세주다.

그러나 배우려는 마음이 없는 사람에게는 선생이란 천덕꾸러기다. 선생은 해서 무엇하나. 선생이 존경을 받는 나라가 발전한 나라요, 선생이 무시당하는 나라가 야만국가다. 어떤 선생이든지 존경을 받는 나라는 하나님의 나라다. 모든 선생이 멸시를 당하는 나라는 야만국가다. 예수는 선생 가운데 선생이다. 예수가 존경을 받는 나라는 하나님의 나라다. 참을 찾는 사람들, 선을 찾는 사람들, 미를 찾는 사람들, 이런 사람들이 사는 나라다.

사람답다는 것이 무엇인가. 진선미가 사람다운 것이다. 진선미가 그리스도다. 진선미의 화신, 그분이 예수다. 예수를 사랑한다는 것은 사람을 사랑하는 것이요, 사람을 사랑한다는 것은 나를 사랑한다는 것이다. 내가 소중하다. 나를 찾아주는 이가 그리스도다.

ца 5장 나는 부활이요 생명이다

신이라 불렀다

당신이 좋은 일을 했는데
우리가 왜 돌을 들겠소.
당신이 하나님을 모독했으니까
그러는 것이오.
당신은 한갓 사람이면서
하나님 행세를 하고 있지 않소.

너희의 율법서를 보면
하나님께서
내가 너희를
신이라 불렀다 하신
기록이 있지 않느냐.

하나님의 말씀을
받은 사람들을
모두 신이라 불렀다.

    요한 10:31~42

신

너희들은 참이고,
참이 신이다.

예수가 자기와 하나님이 하나라는 말을 하자 유태 사람들은 돌을 들어 예수를 죽이려고 하였다. 예수는 하도 기가 막혀서 "나는 아버지의 명령을 따라 착한 일만 하는데 너희들은 왜 나를 죽이려고 하느냐. 내가 하는 일 가운데 너희 비위에 거슬리는 것이 무엇인가?"

그때 유태인들은 "네가 하는 일이 나쁘다고 하는 것이 아니다. 네 태도가 얄밉다는 것이다. 네가 사람이면서 자꾸 신이라고 하는 것이 기분 나쁘다는 것이다. 사람이 신이 될 수 없지 않느냐. 그것은 신에 대해서 실례가 아니냐. 사람 주제에 자기를 신이라고 한다면 신을 모독하는 것이 되지 않느냐. 우리 유태 사람들은 신의 선민이 아니냐. 신을 지키는 것이 우리 유태 사람들의 책임이 아니냐. 누구나 신을 모독하는 놈은 살려둘 수가 없다. 네 놈은 신을 모독했단 말이다. 그러니 우리는 너를 살려 둘 수는 없다."

유태 사람들은 신에 대한 열성 때문에 예수를 죽이려는 것이다. 예수는 이렇게 대답했다. "너희 열성은 좋은데 너희들은 신을 오해하고 있다. 성경에 보면 '너희들은 신이다' 하고 하나님이 말씀하는 데가 있지 않느냐. 하나님도 사람더러 신이라고 하지 않았느냐. 신이 별거냐. 하나님의 말씀을 간직하고 사는 사람이 신이지. 옛날에는 왕이 신을 대신하여 사람들을 다스렸기 때문에 왕을 신이라고 하지 않았느냐. 나처럼 하나님께서 나를 성별聖別하여 특별한 사명을 맡겨 이 세상에 보내 주셨는데 내가 하나님의 아들이라 한다고, 그것이 신을 모독한다고 한다면 말이 되느냐. 신을 모독하는 것은 너희들이다. 너희들은 신이 무엇인지 모른다. 너희들은 신을 돌멩이나 막대기처럼 생각한다. 우리들은 신의 선민이다. 신을 지키는 사람들이다. 누구든지 신에 대해서 말만 해보아라. 우리가 가만 두지 않겠다. 이런 식으로 나오면 참 곤란하지 않느냐. 신은 돌이나 나무가 아니다. 너희들이 지킨다고 신이 지켜지는 것이 아니다. 신은 예루살렘에 있는 것도 아니고, 성전에 있는 것도 아니다. 신은 너희 마음속에 있다."

너희가 착한 마음을 가지면 신은 거기 있는 것이고, 너희가 참된 마음을 가지면 신은 거기 있는 것이다. 너희가 아름다운 마음을 가지면 신은 또한 거기 있는 것이다. 참된 사람, 선한 사람, 아름다운 사람, 그런 사람이 신의 아들이다.

성경에 "너희들은 신이다" 하고 하나님께서 말씀하시는 것은 "너희들은 참이다" 하고 말하는 것이나 같은 것이다. 너희들은 참이고, 참이 신이다. 참이 없는데 어디 신이 있을 수 있나. 너희들이 선이다. 선이 없는데 어디에 신이 있을 수 있느냐. 너희들이 미다. 미가 없는데 어디에 신이 있을 수 있나.

그런데 진선미는 말로만 해서는 안 된다. 그것은 구현되어야 한다. 실현되어야 한다. 말만 가지고는 안 된다. 그것은 보여 주어야 한다. 내가 참인 것을, 내가 선인 것을, 내가 아름다움인 것을 보여 주어야 한다.

예수는 다음과 같이 말했다. "내 태도를 보라. 보면 너희가 알 수 있지 않느냐. 너희는 내 태도가 건방지다고 하지만 내 태도가 무엇이 건방지냐. 내 태도가 진실하고, 내 태도가 선량하고, 내 태도가 아름다운 것뿐 아니냐. 건방지긴 무엇이 건방지냐. 너희는 내 태도가 건방지다고 하지만 내 태도가 건방진 것이 아니다. 너희들은 내 말이 건방지게 들릴 것이다. 내가 하나님의 아들이라는 말이 건방지게 들릴 것이다. 그러나 그것은 해

석할 탓이다. 하나님의 뜻을 실현하는 사람이면 하나님의 사람이요, 하나님의 아들이지, 하나님의 아들이라고 해서 별것이냐. 하나님의 뜻을 실현하는 것이 중요하다. 하나님의 뜻이 실현된 곳이 하늘나라다. 하나님의 뜻이라야 별것이 있느냐. 진실과 선량과 아름다움, 이것이 하나님의 뜻이다. 그리고 진선미가 실현된 국가가 하나님의 나라다. 진선미를 떠나서 어디에 하나님의 나라가 있을 수 있느냐. 하나님 나라는 진선미뿐이다. 그래서 내가 하나님 나라의 문이라고 하는 것이다."

옛날 어떤 사람이 천국에 가는 문을 물었다. 그랬더니 흘러가는 물을 가리키면서 그리로 들어가라고 했다. 이것은 물에 빠져 죽으라는 말이 아니다. 흘러가는 물이 진선미다. 진선미를 사랑하는 것이 천국에 가는 문이다. 물이 얼마나 진실한가. 물이 얼마나 선량한가. 물이 얼마나 아름다운가. 자연이야말로 천국에 가는 문이다.

예수야말로 자연이다. 진실하고 선량하고 미려한 문이다. 예수를 사랑한다는 것은 진선미를 사랑하는 것이다 진선미를 사랑하는 것이 예수를 사랑하는 것이다. 진선미를 사랑하는 것이 하나님을 사랑하는 것이다.

하나님을 지킨다는 것이 무엇인가. 진선미를 지키는 것이다. 예수의 하는 일이 다 진선미의 구현이다. 예수의 하는 일이 진선미지 그밖에 또 무엇이 있는가. 진선미의 구현이 하나님의 일이다. 하나님의 일이 무엇인가. 진선미의 구현이다. 너희들이 내 말을 잘 이해 못했으면 내가 하는 일을 보면 되지 않겠느냐. 내가 사는 모습을 보면 알 수 있지 않느냐. 나를 보면 내가 하나님의 사람인지 아닌지 알 수 있을 것이다. 나를 보면 내가 하나님 안에 있고, 하나님이 내 안에 있는 줄을 알 수 있을 것이다.

나를 보라고 했다고 해서 내 눈을 보고, 내 코를 보라고 하는 것이 아니다. 내 태도를 보란 말이다. 내 태도가 진실하지 않느냐. 내 태도에 거짓이 없지 않느냐. 내 태도가 선량하지 않느냐. 내 태도가 아름답지 않느냐. 내 태도가 진선미 아니냐. 내 태도를 보면 내가 하나님의 사람인지 알 수 있지 않느냐. 내 태도가 진실하면 내 마음도 진실하고, 내 말도 진실하고, 내 생각도 진실하고, 내 전체가 진실하다는 것을 알 수 있을 것이다. 그렇다면 내가 신이라고 해도 무방하지 않느냐. 너희들은 신이라니까 무슨 이상한 것으로 생각하는데 신이란 별것이 아니다. 진실하다는 것이다. 진실한 분이 신이다. 유태 사람이 신의 백성이라면 진실해야 할 것이 아니냐.

진실한 백성이라면 진리를 찾아야지 먹을 거나 찾으면 되겠느냐. 먹을 것이야 짐승들도 찾는다. 사람이 사람 되는 것은 진리를 찾는다는 것 아니냐. 너희들이 어찌하여 내 말을 못 알아듣느냐. 내 말이라는 것이 별것이냐. 진리를 말하는 것뿐이다. 내가 어디 독단(도그마)을 말하는 거냐. 누구나 다 알 수 있는 것을 말하는 것 아니냐. 누구나 다 아는 말, 그것이 복음이다. 그것이 진리다. 그것이 하나님의 말씀이다. 누구나 다 알 수 있는 소리를 하는 이, 그이가 하나님의 사람이다. 하나님의 아들이다. 하나님의 아들이라고 별다른 것이 없다. 진리는 평범한 것이다. 특별한 것이 아니다. 물론 세상에 알 수 없는 것들도 있다. 나도 가끔 기적을 행한다. 그러나 그것이 중요한 것이 아니다. 기적이 있다면 일체가 기적이다. 기적 아닌 것이 있느냐. 사람이 기적을 구하면 안 된다. 기적보다도 더 중요한 것은 진리요 법칙이다.

사람의 진리를 찾아야 한다. 어떤 원리를 가지고 살아야 한다. 그것이 사람이 동물과 다른 것이다. 어떤 원리를 가지고 살지 않으면 건강조차도 유지할 수가 없다. 사람은 본능을 상실했기 때문에 반드시 본능 대신 어떤 원리를 가지고 살아야 한다. 어떤 계율을 가지고 살아야 한다. 어떤 정신을 가지고 살아야 한다. 그것이 사는 것이다. 어떤 원리를 가지고 사는 것이 바로 신앙이다. 어떤 정신을 가지고 사는 것이 신앙이다. 그것이 중요한 것이다.

하나님의 아들이란 어떤 원리를 가지고 사는 것이다. 하나님의 말씀이란, 내가 가지고 사는 원리가 하나님의 말씀이요, 그것이 율법이라는 것이다. 하나님의 율법을 가지고 살면 너희들도 하나님의 아들이요, 너희들도 신이다. 하나님의 율법이란 너희들을 살릴 수 있는 생의 원리다. 생의 원리를 찾아 그것을 지키면 그것이 하나님의 율법이다. 모세의 십계명이 하나님의 율법이 아니다. 너희들이 어떤 원리를 가지고 살 때 그것이 하나님의 율법이다. 원리를 가지고 사는 것이 영원한 생명이다. 원리를 가지고 사는 것이 하나님의 아들이다. 너희들은 생의 원리를 찾아야 한다. 생의 원리를 찾아 그것을 가지고 살면 자연히 하나님을 사랑하게 되고, 우상도 섬기지 않게 되고, 하나님의 이름도 망령되이 부르지 않게 된다.

  원리를 갖지 못하고 살면, 그것이 하나님을 미워하는 것이고, 우상을 섬기는 것이고, 하나님의 이름을 무시하는 것이다. 십계명이 중요한 것이 아니다. 십계명을 십계명으로 만드는 원리가 중요한 것이다. 그것이 하나님의 말씀이요 복음이다. 성경이 하나님의 말씀이 아니다. 성경을 성경이게 하는, 생의 원리가 하나님의 말씀이다. 그것이 진리라는 것이다. 진리를 가지고 사는 것이 신앙이라는 것이다. 교회에 간다고 신앙이 아니다. 정말 진리를 사랑하는 것이 신앙이다. 진리를 빼고 나면 무엇이 있느냐. 하나님을 사랑하지 않아도 좋으니까 진리를 사랑하는 것이다. 진리를 사랑하면 하나님은 저절로 사랑하게 된다. 진리를 사랑하라. 그것이 천국의 문이다.

  예수는 세례 요한의 제자들 속에 몸을 피했다. 그들은 자기 선생님이 예수를 소개한 데 대하여 진심으로 동감을 표명했다.

많은 사람들이 예수의 말을 사랑하였다. 예수의 말이 진리이기 때문이다.

요한의 제자들은 한동안 예수와 같이 지냈다. 요한은 이미 죽었지만 요한의 정신은 그대로 계승되었다. 그들의 집단은 그 후도 2백여 년을 더 계속했다고 한다. 그만큼 요한의 정신적 감화도 위대한 것이다.

나사로야 나오너라

나는 부활이요 생명이니
나를 믿는 사람은
죽어도 살겠고,
또 살아서 믿는 사람은
영원히 죽지 않을 것이다.
너는 이것을 믿느냐.

아버지,
제 청을 들어주셔서
감사합니다.

이제 여기 둘러 선 사람들로 하여금
아버지께서 저를 보내주셨다는 것을
믿게 하려고 이 말을 합니다.

나사로야 나오너라.
그를 풀어주어 가게 하여라.

　　　　　　요한 10:31~42

나사로

사람의 생명은 어떤 사명을 가지고 있다.
이 사명을 다하기까지는 죽지 않는다.

예수는 나사로를 살렸다. 나사로는 마르다와 마리아의 남동생이다. 마리아는 주의 장례를 예비하기 위하여 발에 기름을 붓고 머리털로 닦았다는 여자다. 동생의 병이 위급해지자 그들은 사람을 보내어 예수께 알렸다. 예수는 나사로가 죽을 것을 알고 있었다. 그러나 나사로를 살려냄으로써 하나님의 힘을 보여줄 마지막 기회라고 생각하기도 했다.

나사로는 베다니에 살고 있었다. 그곳은 예루살렘에서 5리 정도 북쪽이었다. 그곳은 유태 땅이다. 유태 땅은 예수를 잡아 죽이기 위해서 예수를 찾고 있는 곳이다. 그곳에 간다는 것은 죽음을 무릅쓰는 모험이었다. 예수는, 사람의 생명은 어떤 사명을 가지고 있다고 생각했다. 이 사명을 다하기까지는 죽지 않는다고 생각했다.

이런 생각은 공자도 마찬가지다. 적에게 포위된 공자도 자기의 사명을 다하기 전에는 사람은 절대 죽을 수 없다고 생각하였다. 이것이 성인들의 생각이다. 사람의 생명은 신의 손에 달려 있다는 것이다. 그래서 그들은 신의 아들이라고 한다.

신의 아들들은 그들의 생명이 신에게 달려있다. 신이 보내서 왔고, 신이 불러서 간다. 죽고 사는 것이 아니라 오고 가는 것이다. 할 일이 있어서 왔다가 할 일이 끝나면 가는 것이다. 사람의 생명은 일에 달려 있다. 이것이 천명天命이다.

나는 이 백성을 깨우기 위해서 왔다. 이 백성을 하나님께서 사랑하기 때문이다. 하나님이 사랑하는 이 백성을 깨우는 것이 성인의 사명이요, 이 백성을 깨우는 것이 백성들에 대한 그들의 사랑이다. 이 백성을 깨우기 위해서 나사로를 살리는 기적이 필요하다. 이 기적을 행하기 위해서 그는 유태로 가야 한다. 그는 이 기적을 다 끝내기까지 절대 잡히지 않을 것이다. 하나님께서 그를 보호하고 있기 때문이다.

신의 아들은 신이 보호한다. 신의 아들의 생명은 신이 보호하고 있다. 사람들로 하여금 그들의 생명을 다치지 못하게 한다. 아들의 생명은 신이 지키고 있다. 신이 지키고 있는 동안은 언제나 대낮과 같다. 대낮은 밝고 안전한 때이다. 신의 빛이 비치고 있기 때문이다. 이 빛에 원수의 눈이 어두워져 그들은 움직일 수가 없다. 그들은 신의 빛이 사라질 때 활동하는 박쥐같은 존재다.

예수는 나사로가 죽은 줄을 알면서도 나사로가 잠잔다고 한다. 제자들이 눈치 채지 못하자 나사로가 죽었다고 알려주고 그를 살리러 가자고 했다. 도마라는 제자는 예수의 목숨이 더 위험하다고 생각했다. 올라가면 예수가 죽는다. 우리도 같이 가서 죽자. 이것이 제자의 마음이었다. 예수가 베다니에 갔을 때 나사로는 장사 지낸 지 이미 4일이 지났다. 예수가 온다는 말에 마르다가 뛰어나와 예수에게 말했다.

"선생님이 있었으면 나사로는 죽지 않았을 것입니다." 예수는 말한다. "나사로는 살아날 것이다. 내가 부활이요 생명이다. 나를 믿는 자는 죽어도 산다. 살아서 믿는 자는 영원히 죽지 않는다."

예수는 자기가 불(화火)임을 알고 있었다. 자기 손이 가 닿으면 죽었던 사람도 살아나는 것을 알고 있었다. 그는 무서운 힘을 가지고 있었다. 자기 손이 가 닿으면 죽었던 사람도 살아나고, 산 사람에게 가 닿으면 영 죽지 않는다는 것을 알고 있었다. 우주를 창조하신 그 힘이 한번 발동하는 것이다.

예수는 마리아를 찾았다. 예수께 온 마리아는 당신이 있었으면 나사로는 죽지 않았을 것을, 하고 예수가 늦게 온 것을 딱하게 생각했다. 예수는 나사로의 무덤으로 갔다. 예수는 눈물을 흘렸다. 죽음을 보고 슬퍼하지 않는 사람이 있을까. 예수는 무덤을 헤치게 했다. 더운 지방이라 벌써 썩었음에 틀림이 없다. 마르다는 무덤을 헤치지 못하게 했다. 예수는 마르다를 나무랬다. 사람들은 무덤을 파헤쳤다.

예수는 하나님께 이렇게 기도했다. "제가 아직 부탁도 안했는데 당신은 제 마음을 아시고 벌써 살아나게 해주셨습니다." 부활의 기적은, 자기가 온 것이 죽었던 사람을 살리기 위해서 왔다는 것을 사람들에게 보여주기 위해서이다. 그는 큰소리로 "나사로야, 나오너라" 하고 외쳤다. 죽었던 나사로가 걸어 나왔다.

예수에게는 그런 힘이 있었을 뿐만 아니라 그것이 예수의 사명이었다. 이 사명을 실천하기 위해서 예수는 왔다고 요한복음 6장 54절에 말하고 있다. 내 살을 먹고 내 피를 마신 자는 영원한 생명을 가진다. 나는 그를 마지막 날에 다시 살린다. 이것이 예수의 사명이었다. 그 사명을 앞당겨서 보여준 것이다. 마지막 날에 부활함을 믿게 하기 위하여 나사로를 살려낸 것이다. 이런 일이 과학적으로 가능할 수 있을까. 그런 것은 묻지 말기로 하자. 예수는 요한복음 5장 39절에서 그것을 금하고 있기 때문이다.

예수는 인간의 힘이 자연보다 강하고, 신의 힘이 인간의 힘보다 강하다는 것을 알고 있기 때문이다. 인간의 존엄성을 보여주기 위하여 오신 예수이며 실지 놀라운 힘을 보여준 예수이기에 그분의 능력에 감사할 뿐, 그분의 능력을 의심하지 말아야 한다. 그것보다는 그분 앞에 무릎을 꿇고 그분에게 배우고, 그분에게 나아가 우리도 우리 속에 있는 인간의 근원적인 힘을 다시 찾아 가져야 한다. 사람에게는 우리가 전혀 알지 못하는 밑힘이 있다. 그것을 찾아내어야 한다. 나에게도 감성의 힘이 있고, 오성의 힘이 있고, 이성의 힘이 있고, 영성의 힘이 있다. 영성의 힘은 죽을 수가 없는 힘이다. 마지막 날에 다시 살아나올 수 있는 힘도 되겠지만 지금도 다시 살아나올 수 있다. 이것이 부활의 힘이요, 이 힘이 생명의 힘이다. 이 영성의 힘 때문에 사람은 죽을 수도 있고, 사람은 살 수도 있다. 이 힘은 생사를 넘어선 힘이다.

옛날 사람들은 이 힘을 '능동적 이성'이라고 하였다. 이 힘이 있기 때문에 사람은 영원한 생명을 믿고 있는 것이다. 당장 죽으면서도 죽지 않는다고 믿든지, 죽어도 좋다고 믿든지, 하여튼 인간에게는 죽음을 넘어서는 힘이 있다. 사람은 정의를 위하여서는 죽어도 좋다고 생각한다. 이 힘은 정의의 힘이다. 사람은 나라를 위해서는 죽어도 좋다고 생각한다. 나라는 죽음보다도 더 크다고 생각한다. 나라를 사랑하는 마음은 죽음보다도 더 크다. 그것은 정의의 구현이기 때문이다. 사람은 죽음보다도 더 큰 힘을 가지고 있다. 사람은 무엇을 위해서 능히 죽을 수 있는 힘을 가지고 있다. 그것이 곧 사명이다. 생명보다도 더 강한 것이 사명이다. 이 사명을 다하게 하는 것이 정의의 힘이요, 사랑의 힘이다. 이 힘이 영적인 힘이다. 사람에게는 죽음을 초월할 수 있는 힘이 있기 때문에 능히 죽을 수 있는 것이다. 사람에게 죽음을 초월할 능력이 없으면 사람은 죽을 수 없다. 죽는 것은 육체다. 사람에게는 육체를 넘어서는 정신이 있다. 이 정신력이 한없이 커질 때 그것은 신과 마주친다. 신과 마주친 힘, 이것이 믿음의 힘이다. 신의 힘에 가 닿은 정신은 가끔 무서운 힘을 발휘할 수 있다. 우주를 창조한 힘이 발동하기 때문이다.

예수는, 자기는 우주를 창조하기 이전부터 있었다고 한다. 태초에 말씀이 있었다. 여기에 말씀은 예수의 영이라고 할 수 있다. 예수는 우주를 창조하기 이전에 있는 영이요, 지금도 그 영을 가지고 있다. 그렇기 때문에 나는 부활이요 생명이라고 한다. 부활의 힘과 생명의 힘은 태초부터 있던 그 영의 힘일 것이다. 그 영은 우주가 끝난 후에도 있다. 육체가 생기기 전에도, 육체가 있을 때도, 육체가 죽은 후에도, 영은 그대로 영이다. 바다가 물고기 이전에도, 물고기와 같이, 물고기 이후에도 있는 것이나 마찬가지다. 이 물이 물고기를 내고 살리고 죽인다. 물은 물고기를 초월하였다.

영은 시간을 초월해 있다. 영원은 시간을 초월해 있다. 영은 영원한 생명이다. 이 생명을 살고 있는 것이 예수다. 예수는 우리에게, 우리에게도 영이 있음을 알려준다. 우리도 육체를 초월하고, 시간을 초월하고, 생사를 초월할 수 있는 영의 세계가 있다는 것을 보여준다. 허공 속에 태양이 빛나듯이 우리의 영이 하나님 안에서 태양처럼 빛나는 것을 보여준다. 우리의 육체는 나무에 불과하다. 우리의 영은 태양 같은 존재다. 태양이 본체지 나무가 본체가 아니다. 영이 나지 육체가 내가 아니다. 나무 되기 이전이 나요, 나무되기 이후가 나요, 나무와 같이 있는 것이 나다. 정신이 나라는 것을 보여주는 것이 예수다. 정신이 부활이요 생명이지 육체가 내가 아니다. 육체 속에 정신이 있는 것이 아니다. 정신 속에 육체가 있다. 이것이 예수의 생명이다.

문제는, 무엇이 주체며, 무엇이 객체냐이다. 정신이 주체고, 육체가 객체다. 주체로 사는 데 행복이 있다. 그것이 인간의 본질이기 때문이다. 육체의 행복은 동물적 행복이다. 인간의 행복은 정신의 행복이다. 정신의 행복을 가지고 살면 육체의 행복은 문제도 안 된다. 정신의 부활, 이것이 우리의 급선무이다.

백성을 대신해서

당신들은
그렇게도 아둔합니까.
온 민족이
멸망하는 것보다
한 사람이
백성을 대신해서
죽는 편이
더 낫다는 것도
모릅니까.

그날부터
그들은
예수를 죽일
음모를 꾸미기
시작하였다.

    요한 11:45~57

가야바

진리의 세계와 정의의 세계는
죽음으로 지켜지는 것이다.

　예수가 죽은 사람을 살려 놓아도 예수를 미워하는 사람은 여전히 예수를 미워한다. 기적을 가지고 사람의 마음을 고칠 수는 없는 모양이다. 미워할 뿐 아니라 이제는 완전히 죽이기로 결정을 하는 것이다. 최고국민의회 대법원의 결의라는 것이다. 선과 악은 계속 조화를 보지 못한다. 선이 악이 되든지 악이 선이 되어야 하는 것인데, 선이 악도 될 수 없고, 악이 선도 될 수 없는 모양이다.
　최고의회 의원들은 걱정이 태산 같았다. 걱정이란, 나라가 당할지도 모른다는 것이다. 예수는 하나님의 나라를 보여 줌으로써 이 나라를 끌어 올리려고 한다. 그들은 나라를 끌어올리기 전에 현실적인 소강상태를 유지하려고 한다. 유태가 비록 로마에 점령 당해 있기는 하지만 점령된 채로 로마에 붙어서 구차한 생명을 이어가자는 것이다. 물론 유태 사람 가운데는 로마와 싸우자는 민족주의자도 있었다. 이런 민족주의자는 벌써 만 명 정도가 십자가에 못 박혀 죽임을 당했다고 한다.

예수는 민족주의자는 아니었다. 유태의 힘으로 로마를 이길 힘은 생각할 수도 없었다. 예수는 빌라도에게 "내 나라는 현실적인 나라가 아니다"라고 선언한다. 예수는 진리의 나라를 세우자는 것이지 현실적인 세계와는 아무 상관이 없다. 진리의 왕국이 현실적인 세계를 차차 끌어올릴 것은 확실하다. 예수가 바라는 것은 그것뿐이다.

예수는 인류의 문제를 해결하자는 것이다. 인류의 문제가 해결되면 유태의 문제도 해결될 것이다. 그것은 시간이 걸릴 것이다. 천 년이 걸릴지 만 년이 걸릴지 아무도 모른다. 그러나 길은 그 길밖에 없다. 인류가, 인류가 되는 것이 유일한 길이다. 사람이 개나 늑대처럼 죽이고 물어뜯는다고 사람의 문제가 해결되는 것이 아니다. 사람의 문제는 사람이 될 때만 해결된다.

예수는 서둘지 않는다. 천 년이 걸리건, 만 년이 걸리건 그것이 문제가 아니다. 예수는 영원한 생명을 믿는 사람이다. 영원에 비하면 천 년이나 만 년은 문제도 아니다. 하루를 살아도 사람처럼 살아보자는 것이 예수의 태도다. 예수는 사람이 무엇인지를 보여주기 위해서 있는 힘을 다 쓰는 것이다.

사람은 사랑이다. 사랑이 없으면 사람이라고 할 수가 없다. 원수라 할지라도 사랑해야 사람이다. 원수가 나를 죽여도 나는 그들을 사랑하고 사람으로 죽어가야 한다. 그들을 저주하고 죽으면 그것은 개로 죽는 것이지 사람으로 죽는 것이 아니다.

한 번 태어났다 한 번 죽는 것은 인간의 운명이다. 이 운명을 피할 사람은 아무도 없다. 이 운명을 피하지 못할 바에는 이 운명을 달게 받고, 사람으로 태어났다가 사람으로 죽어가자는 것이 예수의 생각이다. 그런데 유태의 지도자들은 예수의 생각을 이해하지 못했다. 그들은 언제나 정치에 민감한 사람들이요, 현실에 민감한 사람들이다.

예수가 기적을 행해서 인기를 얻으면 백성들이 예수를 유태의 왕으로 추대하여 정치적인 폭동이나 반란을 일으킬지도 모른다는 것이 그들의 걱정이었다. 그들은 이런 일이 일어날까봐 예수에게 몇 번이나 예수의 의도가 어디 있는지를 물었다. 예수는 자기에게는 절대 정치적인 의도가 없다는 것을 밝혀왔다.

예수는 교육자이지 정치가는 아니다. 예수는 사람을 조금이라도 사람답게 하자는 것이지 유태의 독립을 위하여 로마와 싸우자는 어리석은 사람은 아니었다. 그러나 최고의회의 지도자들에게는, 예수가 민중에게 악용되어 군중의 지도자로 추대될 경우 어떤 폭동이 야기될지 예측할 수 없는 일이었다.

그럴 경우, 로마 사람들의 잔인성은 끝이 없을 것이다. 예루살렘도 유태 국민도 학살 당할 것임에 틀림이 없다. 그렇게 되면 자기와 자기 가족들이 죽을지도 모른다. 그들은 아예 그런 걱정의 소지가 되는 예수를 일찍이 잡아 죽이는 것이 상책이라고 생각했다.

예수를 죽이는 것이 국민을 살리기 위해서 안 할 수 없는 일이라고 주장한 것이 대제사장 가야바였다. 국민의 죽음을 막는다고 대신 양을 잡아 죽이는 제사의 논리를 그는 예수에게 적용하려고 한 것이다. 예언자들은 앞으로 그리스도가 유태 사람들 대신에 죽는, 어린 양의 운명을 지니게 될 것이라고 예언하였는데 엉뚱하게도 그 예언이 제사장 가야바의 손에서 이루어질 줄은 꿈에도 몰랐다.

그러나 예수의 죽음이 계기가 되어 유태 사람뿐만 아니라 이방 사람 가운데서도 양심을 가진 모든 사람들이 새롭게 결속되는 계기가 된 것은 사실이다. 가야바는 자기도 모르게 새로운 세계를 출현시키는 데 하나의 역할을 하게 되는 것이다. 악도 가끔 선을 위하여 일하는 때가 있다. 오케스트라에서 가끔 불협화음이 전체를 살리는 때가 있는 것이나 마찬가지다. 선도 악도 더 큰 선을 위해서는 도움이 될 수 있는 때도 있다. 그것을 성경에서는 "예언을 성취하기 위해서"란 말을 쓴다. 선과 악이 더 큰 선을 위해서 변증법적으로 지양된다는 것이다.

가야바의 발언은 결정적인 역할을 하였다. 최고의회에서 가야바의 제안이 받아들여져 예수를 죽이기로 정식 가결이 되는 것이다. 예수는 이제 법적으로 죽게 된다. 예수는 민족 반역자가 되었다. 민족을 살리기 위해서는 죽지 않으면 안 되게 법으로 정해지고 만 것이다.

예수는 몸을 피하여 사막을 건너 에보라임으로 가서 당분간 세월을 보낸다. 또 유월절 축제가 되어 사람들은 예루살렘으로 모여들었다. 누구든지 예수를 본 사람은 관에 고발해 줄 것을 부탁하는 방이 나붙었다. 이제 예수는 나타나기만 하면 붙잡혀 죽임을 당하는 운명에 처해지게 되었다. 예수는 어쩔 수 없이 잡혀 죽임을 당하게 되었다. 그러나 죽임을 당하는 것이 도리어 하나님의 큰 뜻을 이루는 데 도움이 될지도 모른다.

사람들은 간악하여 악을 행하지만 하나님은 그 악마저 큰 선을 위해서 쓰실 수 있는 것이 아닌가. 욥기에 하나님은 사탄을 이용하여 욥의 신앙을 연단鍊鍛하는 수단으로 쓰시지 않았는가. 금은 용광로에서 더욱 금이 되듯이 예수의 선은 가야바의 음모 속에서 더 높은 선으로 빛날 것이 아닌가. 아무리 악이 구름처럼 밀려와도 선의 태양은 영원히 빛날 것이다.

예수에게는 가야바도 문제가 아니요, 빌라도도 문제가 아니었다. 예수는 자기가 가지고 있는 선을 그대로 간직하는 것이 무엇보다도 중요했다. 자기의 선만 지켜 가면 악이 아무리 선을 방해해도 선은 더 선으로 드러날 것이다. 선이 악 때문에 없어지는 법은 없다. 선을 드러내는 방법은 도리어 악에게 붙잡히는 것인지도 모른다. 불은 어둠 속에서 더욱 빛나듯이 예수의 선은 유태 사람들의 간교와 사악 가운데서 더욱 빛나게 된다.

예수는 자기가 이렇게 유태 사람의 손에 잡혀죽는 것이 도리어 하나님의 뜻이라고 생각하게 된다. 그는 몇 번이고 몇 번이고 구약을 읽어 보았다. 그는 이사야에서 악인에게 잡혀 죽는 어린 양의 운명이 자기의 운명인 것을 생각하게 되었다. 내가 어린 양처럼 잡혀 죽는 것이다. 이것이 자기의 운명이다. 이사야 53장은 애절하게 예수의 운명을 묘사한다. 잡혀 죽는 것이 사람을 구원하는 길이다. 의를 위하여 피를 흘리는 것이 모든 성인들의 최후다. 그들은 정의를 지키다가 죽어갔다. 그러나 정의는 그 사람들 때문에 지금까지도 남아 있는 것이 아닌가. 그 사람들이 죽음으로 지켜내지 않았다면 정의의 나라는 멸망한 지 오래였을 것이 아닌가. 정의뿐만 아니라 진리도 마찬가지다.

진리의 세계와 정의의 세계는 죽음으로 지켜지는 것이다. 정의와 진리가 살아남아 있을 때 정의와 진리를 위하여 죽은 사람도 살아남는다. 그들은 정의와 진리의 나라에서 영원히 살아간다. 그것이 영원한 생명이다. 정의와 진리를 위하여 죽는 것이 정의와 진리와 같이 사는 길이다. 정의와 진리는 영원히 죽지 않는다. 그것은 하나님이 진리와 정의이기 때문이다.

하나님의 나라는 멸망하지 않는다. 진리와 정의가 멸망하면 인간도 멸망하기 때문이다. 진리와 정의는 영원히 살아있다. 그것이 인류의 유일한 소망이다. 이 소망을 위하여 예수는 죽는 것이다. 그러나 예수는 죽지 않는다. 정의와 진리가 살아 있는 한 예수는 죽을 수가 없다. 예수가 진리와 정의이기 때문이다. 예수는 죽어도 죽지 않는다. 예수는 천 번도 살아나고 만 번도 살아난다. 예수는 부활이요 생명이다. 진리가 생명이요, 정의가 부활이기 때문이다.

예수는 진리와 정의를 믿고, 자기가 진리가 되고, 자기가 정의가 될 것을 각오한다. 진리를 위해서 죽으면 진리가 되고, 정의를 위해서 죽으면 정의가 된다. 진리와 정의는 부활이요 생명이다. 진리가 있는 곳에 정의가 있고, 정의가 있는 곳에 진리가 있다. 부활과 생명은 하나다. 생명이 있는 곳에 부활이 있고, 부활이 있는 곳에 생명이 있다. 진리는 생명이요, 정의는 부활이다. 진리는 영원히 죽지 않지만 정의는 몇 번이고 죽었다가 또 살아난다. 진리는 태양 같고, 정의는 달과 같다. 예수는 태양같이 빛나고, 달과 같이 다시 살아난다. 태양은 낮의 빛이요, 달은 밤의 빛이다. 태양도 천체요, 달도 천체다. 예수는 땅을 초월한 천체다. 예수에게는 장차 올 죽음이 문제가 되지 않았다. 자기가 천체라는 것이 더욱 확실해졌기 때문이다.

나는 하나님의 아들이다. 나사로를 살린 후에 그는 더욱 더 자기가 빛임을 자각하게 되었다.

나는 언제나 함께 있지는 않을 것이다

그때 마리아가
매우 값진 순 나르드 향유
한 근을 가지고 와서
예수의 발에 붓고
자기 머리털로
그 발을 닦아드렸다.

예수께서는 이렇게 말씀하셨다.

이것은 내 장례 일을
위하여 하는 일이니
이 여자 일에
참견하지 말라.
가난한 사람들은
언제나 너희와 함께 있겠지만
나는 언제나
함께 있지는 않을 것이다.

    요한 12:1~19

향유

자, 며칠 있으면 죽는다.
어느 날 죽을 것인가.
어떤 형식으로 죽을 것인가.
어떻게 죽을 것인가.

    예수는 차차 자기의 죽음이 가까워지는 것을 의식했다. 유월절이 되기 엿새 전에 그는 베다니로 갔다. 죽기 전에 사랑하는 친구들을 만나기 위해서였다. 예수의 마음은 비장했지만 마리아 집안은 온통 축제 분위기다. 나사로가 살아났기 때문이다. 그들은 예수를 초청하여 큰 잔치를 베풀었다.
    마리아는 예수의 은혜에 한없이 감사하여 값진 기름을 예수의 발에 부었다. 그리고 자기의 머리털로 발을 닦았다. 동생의 생명을 구해준 은인에게 이 정도의 기름은 아무것도 아니었다.

마리아는 어떻게 그 고마움을 표시할지를 몰랐다. 머리를 풀어 발을 닦는 것이 최대의 경의라고 생각하여 한 것뿐이다. 마리아의 고마워하는 마음을 예수가 모를 리 없다. 그것은 순진하고 절대적인 것이다. 그것은 그대로 자연이요, 한 폭의 아름다운 그림이다. 붓는 대로 내버려 두어라. 닦는 대로 내버려 두어라. 인간의 가장 깊은 곳에서 나온 행동이기 때문이었다.

그러나 돈궤를 맡은 가룟 유다에게는 그것은 지나친 낭비였다. 향유 한 근을 돈으로 따지면 큰 돈이었다. 그것은 50만 원도 더하는 값진 기름이었다. 밤낮 가난한 사람을 도와주라고 하던 예수가 그것을 가만히 보고 있는 것은 무슨 탓일까. 예수도 마리아에게 홀린 것일까. 예수도 얼이 빠진 것일까. 가룟 유다는 돈이 그리웠다. 아깝다. 50만 원을 날려버리다니. 그것이 가룟 유다의 심정이었다. 예수도 그것이 아깝지 않다는 것은 아니다. 그러나 예수는 그것보다도 이상한 생각이 들었다. 아무것도 모르는 이 사람들의 하는 일이 마치 예수의 죽음을 준비하는 것같이 보였기 때문이다.

자기가 죽으면 아무도 자기를 돌보아 주는 이가 없을지도 모른다. 장례식도 없고 아무것도 없다. 그저 가마니에 싸서 땅 속에 묻어 버릴 것이다. 그렇다면 하나님께서 마리아로 하여금 나의 장례식을 치러 주도록 하는 것이 아닌가. 몸에 기름을 발라주는 것이 유태 사람의 장례 절차다. 나사로의 부활 축제는 예수에게는 장례 축제가 되었다.

　예수는 가롯 유다에게 이렇게 말했다. "아까울 것 없다. 내 장례식에 그만한 돈도 안 쓰겠느냐. 나의 장례는 이것으로 끝나지만 가난한 사람은 언제든지 도와줄 기회가 있을 것이다. 그러니 마리아가 하는 대로 내버려 두어라. 오늘의 사건은 오늘로 끝을 맺자." 그 후 예수의 장례 축제와 나사로의 부활 축제는 흥겹게 진행되었다.

　대제사장들은 예수와 같이 나사로도 죽일 결의를 하였다. 예수와 같이 나사로도 죽였는지 모른다. 예수를 죽이려는 제사장들의 마음은 더욱 어두워지고, 예수를 판 가롯 유다의 마음도 어두워지기 시작한다. 예수가 죽는다는 생각을 할 때 가롯 유다는 허무한 생각이 들었다. 예수는 자기를 특별히 사랑하고 신용하여 돈 전대를 맡기셨다.

　가롯 유다도 똑똑한 사람으로 예수의 말과 생각을 이해하려고 애쓴 사람이다. 그도 하나의 이상을 품고 예수에게 매혹되어 따라다닌 것은 사실이다. 그러나 예수의 이상은 그들에게는 너무나도 높았다. 그들에게는 무엇보다 유태 나라가 지상 목표이다. 유태 나라를 살리는 길은 없을까. 이것이 그들의 관심임에 틀림없었다. 유태는 너무도 가난하다. 유태는 너무도 약하다. 이것이 그들의 한탄이었다. 유태를 부강하게 하는 법은 없을까. 이것이 가롯 유다의 심정이었다.

가롯 유다는 돈 전대를 맡아 자기의 사복을 채우기도 하였다. 그러나 그것보다는 그는 나라를 사랑하는 사람이다. 나라의 부강을 위하여 그는 어떤 방법이 없을까 하고 예수를 따라 다녔는지 모른다. 그 당시의 청년으로는 그것이 상식일 것이다. 아무리 이상의 불이 탄다고 해도 그 당시의 현실을 무시할 수가 없었을 것이다. 로마와 유태 지도자들의 억압 하에 신음하는 가난한 사람들, 그 사람들을 살릴 길이 없을까 하고 그도 많이 생각하였다. 그때 가난한 사람에게 복음을 전한다는 것이 예수가 내세운 구호였다. 가난한 사람에게 복음이란 가난한 사람을 잘살게 해주는 것이 아닌가. 가롯 유다는 예수가 떡 다섯 덩이와 물고기 두 마리로 5천 명을 먹이는 데 놀라지 않을 수 없었다. 이 사람이다. 이 사람은 능히 경제문제를 해결할 수 있는 분이다.

예수는 누가복음 4장 18절에 얽매인 자를 풀어준다고 또다시 구호를 내세웠다. 예수는 정치적인 독립도 회복할 수 있는 사람이다. 예수는 바다도 잔잔케 한 사람이 아닌가. 제자들의 마음속에 이런 생각을 갖지 않은 사람은 아마도 없었을 것이다. 그들은 은근히 예수가 앞으로 왕이 되면 유태 나라가 다시 살아나 좋을 뿐만 아니라 자기네들도 그때는 한 자리 할 것을 생각하고, 속으로 자기는 무슨 장관이 될까 하고 꿈도 꾸어 보았을 것이다. 가롯 유다는 재무 장관임에 틀림이 없다. 그는 이런 꿈을 깊이 간직하고 이 꿈이 실현될 날을 기다리고 있었다.

그런데 예수의 태도는 자기의 생각대로 진행되지 않았다. 예수는 왕이 될 것 같은 준비를 하는 것 같지 않았다. 예수의 생각 속에도 유태 나라가 없는 것은 아니다. 그러나 그는 정치가요 혁명가이기보다는 교육가요 종교가였다. 그는 이제 나사로를 살려내는 무서운 힘을 가지고도 그 힘을 유태 나라의 독립과 부강을 위하여 쓸 생각을 하지 않았다.

유태 사람이 자기를 죽이려고 해도 그는 그들과 창을 겨누고 칼을 갈아서 싸울 생각은 없었다. 예수의 태도는 너무도 소극적이었다. 예수는 고작 에브라임으로 피해 가서 그곳에 있는 사람들을 가르치는 것뿐이다. 그는 아무런 준비 없이 또다시 베다니로 올라왔다. 아무리 마리아의 초청이라고 해도 이런 상황에서 유태에 들어온다는 것은 위험천만이다. 아무런 무장도 없이 온다는 것이 말이 되느냐.

그러나 예수에게는 무서운 힘이 있는 것만은 사실이다. 제자들은 그 힘을 믿고 예수를 또다시 쫓아온 것이다. 그런데 가롯 유다는 오늘 깜짝 놀랄 말을 들은 것이다. 그것은 예수가 죽을 각오를 하고 있는 것이었다. 그것은 마리아의 향유 사건에서 탄로 나게 되었다. 이 기름은 나의 장례를 치르는 기름이다. 기가 막힌 말이었다. 예수는 아무 손도 쓰지 않고 곱게 죽기로 결심한 모양이었다. 그렇다면 유태 국가의 독립을 희망하고 쫓아다닌 제자들의 꼴은 무엇인가.

　제사장들은 예수뿐만 아니라 나사로까지도 죽일 계획을 하고 있지 않느냐. 그렇다면 그들이 우리 제자들을 가만둘 성 싶으냐. 우리들을 절대 가만둘 리가 없다. 우리들도 다 잡아 죽일 것임에 틀림이 없다. 그렇다면 내가 이렇게 바보처럼 이 사람을 따라다닐 것이 아니라 내가 예수를 죽여서 공을 세우든지 그렇지 않으면 예수를 팔아 돈이라도 벌어야겠다.

　가룟 유다는 정치가가 아니고 경제가였다. 예수를 팔아먹는 쪽으로 기울어진다. 결국 우연의 일치겠지만 가룟 유다가 예수를 판 돈은 50만 원 정도이다. 마리아가 쏟은 기름 값을 가룟 유다는 대제사장들에게서 받은 것이다. 그 돈을 가지고 가룟 유다는 제가 쓰지도 못하고 길 가다가 쓰러져 죽은 사람을 묻을 묘지 수백 평을 살 수 있게 된 것뿐이다.

　이 일이 있은 후에 예수는 어처구니없게도 유태인의 왕 같은 태도를 취하였다. 예루살렘 입성이라는 것이다. 사람들은 종려나무 가지를 꺾어들고 이스라엘 왕 만세를 부르며 예수의 입성을 환영하였다. 예수는 새끼 나귀를 타고 예루살렘으로 들어갔다. 가룟 유다를 비롯하여 제자들의 가슴은 또 뛰기 시작했다. 정말 혁명을 하는 것일까. 바리새 사람들도 예수에게 기대를 걸기 시작했다. 무서운 힘을 가진 예수이다. 죽은 사람을 살리고 바다를 잔잔케 하는 예수라면 로마제국쯤은 문제없을지도 모른다. 사람들은 구약의 예언이 실현될 것을 기대했다.

15절, "보라. 시온의 딸들아, 너희 왕이 오신다. 작은 나귀에 몸을 싣고 오신다." 이스라엘 사람들은 만세를 부르기 시작했다. "주의 이름으로 오시는 자에게 복이 있으라. 이스라엘의 왕이여!" 이스라엘 사람들은 우리 8·15 해방 때와 같은 기분이었을 것이다. 이제라도 금방 독립이 오는 것 같은 환상에 싸였을 것이다. 사람들은 모여들기 시작했다. 구름같이 모여들어 예수를 환영하는 것이었다.

그러나 민중의 기대와 예수의 생각은 너무도 달랐다. 예수는 정치적인 왕이 아니었다. 자기는 나귀를 탄 평화의 왕이다. 자기는 부활한 후에 평화의 왕으로 세계에 군림한다. 그것을 상징적으로 보여준 것뿐이다.

그때 로마의 군인들이 달려들었다. 곧 민중은 흩어지고 예수는 어디론지 피해 버렸다. 제사장들의 결의는 더 확고해져 갔다. 그들은, 예수에게는 로마를 대적할 힘이 없는 것이라고 생각했다. 또한 예수에게는 그런 생각도 없는 것 같았다. 제사장들은 누가 예수를 악용하기 전에 빨리 잡아 죽이는 것이 평온을 위해서 가장 좋은 일이라고 생각했다. 그들은 서둘러 예수를 잡을 계획을 한다. 예수의 제자들과 접촉하기 시작한다. 예수를 잡아 줄 놈을 찾기 시작한다. 여기 걸려든 것이 가룟 유다다.

예수도 때가 가까워 온 것을 가슴 깊이 느끼기 시작했다.

자, 며칠 있으면 죽는다. 어느 날 죽을 것인가. 어떤 형식으로 죽을 것인가. 어떻게 죽을 것인가. 예수는 죽기 위해서 할 일을 계획하고, 바리새인들과 제사장들은 예수를 죽이기 위해서 할 일을 계획하였다. 하나는 죽기 위해서, 다른 하나는 죽이기 위해서, 이것이 하늘과 땅의 차이다.

제6장 나는 죽으러 온 것이다

많은 열매

밀알 하나가
땅에 떨어져 죽으면
많은 열매를 맺는다.

누구든지
자기 목숨을
미워하는 사람은
목숨을 보존하며
영원히 살게 될 것이다.

누구든지
나를 따라 오너라.
내가 있는 곳에
같이 있게 될 것이다.

누구든지 나를 섬기면
내 아버지께서
그를 높이실 것이다.

        요한 12:20~36

밀 알

나는 죽는다.
내가 죽어야
많은 내가 될 것이다.

　　예루살렘 축제에 올라온 사람 가운데 유태교로 개종한 희랍 사람들이 있었다. 그들이 예수를 찾아온 것이다. 그들은 진정으로 진리를 찾고 있었다. 예수는 그들의 태도에 깊은 감명을 받았다. 진리를 찾고 있는 것은 유태 사람만이 아니다. 외국 사람들도 찾고 있다. 아니 사람이면 누구나 다 찾고 있다. 진리를 찾는 것이 인간의 본성이다.
　　예수는 제자들에게 말하였다. 나를 알아주는 사람들이 있다. 어디나 있다. 나는 외롭지 않다. 진리는 세계적이다. 이제 진리를 드러낼 때가 왔다. 사람의 아들로 태어난 내가 정말 사람 노릇할 때가 왔다. 사람으로 나서 사람 되는 것 이상의 큰 기쁨은 없다. 사람으로 나서 진리를 위해 죽는 것처럼 인생의 영광은 없다.

자, 진리를 위해 죽을 때가 왔다. 진실로, 진실로 너희들에게 말해 두지만 나는 혼자가 아니다. 나는 하나님의 아들이다. 내가 죽으면 하나님께서 나를 그냥 버려두시지 않는다. 밀알 한 알이 땅에 떨어져 죽으면 태양이 싹트게 하여 많은 알곡을 맺게 하듯이 내가 죽으면 부활하여 많은 내가 나타나게 될 것이다. 나는 죽는다. 내가 죽어야 많은 내가 될 것이다. 내가 살아 있으면 나뿐이지, 많은 나는 없다.

이 세상을 사랑하는 사람에게는 하늘의 생명은 없다. 이 세상을 미워하는 자만이 하늘의 생명을 차지할 것이다. 세상의 목숨을 사랑하는 사람은 영원히 목숨을 잃을 것이며, 이 세상에서 자기 생명을 미워하는 자만이 자기의 생명을 보존하여 영원한 생명에 들어가게 될 것이다. 나를 섬기는 사람은 나를 따르고, 나와 같은 길을 걸어야 한다. 그러면 나를 섬기는 사람도 내가 있는 곳에 있게 될 것이고, 아버지께서도 나를 섬기는 사람에게 내가 받은 영광을 주실 것이다.

자, 내 가슴이 한없이 떨린다. 무어라고 기도하면 좋을까. 이 죽음을 피하게 해달라고 기도를 드릴까. 아니다. 나는 죽으러 온 것이다. 그것이 지금이다. 이때가 기회다. 이때를 놓치면 안 된다.

　예수는 이렇게 기도하였다. "아버지, 죽겠습니다. 당신의 영광이 드러나시기를 바랍니다." 그때 하늘에서 이런 소리가 들려왔다. "지금까지 너는 많은 일을 하였다. 그 일 때문에 내가 얼마나 빛나게 되었는지 모른다. 이제 또 네 죽음을 통해서 아버지가 한없이 빛나게 될 것이다." 옆에 섰던 제자들은 하나님의 말씀을 우뢰 소리라고 혼동하는 사람도 있었다. 또 어떤 사람은 천사의 말소리라고 하는 사람도 있었다. "하나님의 소리는 너희들을 위해서 들려온 것이다. 너희들의 신앙을 튼튼하게 하기 위해서 들려 온 것이다. 내가 죽는 것은 무의미하고 헛된 것이 아니다. 이것이 하나님의 뜻인 것을 너희들에게 알리기 위해서이다. 이제야말로 이 세상이 처벌을 받게 될 것이다. 지금이야말로 이 세상의 지배자인 악마가 이 세상으로부터 쫓겨나는 때이다. 이제 내가 하늘로 올라간다. 내가 땅에서 들리울 때 모든 사람을 내게로 끌어올 것이다."

　마치 소크라테스가 "너희가 나를 땅에 파묻는 것이 아니라 너희 자신을 파묻고 있다"고 하듯이, 예수는 "너희는 나를 심판하는 것이 아니라 너희 자신들을 심판하고 있다"고 한다. 너희들은 나를 처벌한다고 생각하지만 처벌받는 것은 너희들 자신이요, 너희들은 나를 내쫓는 줄 알지만 내쫓기는 것은 너희들 지배자 악마가 내쫓기는 것이다.

하늘을 향하여 침을 뱉으면 자기 얼굴에 떨어지듯이 하나님을 향해 하는 모든 처사는 모두 자기 자신에게 떨어진다. 하늘은 아무리 공격해도 공격받을 대상이 아니다. 하나님은 주체이기에 아무리 공격해도 공격을 받지 않는다. 공격의 대상은 객체지 주체는 아니다. 악마는 객체지 주체는 아니다. 주체에 대한 공격은 객체로 돌아갈 뿐이다. 악마는 쫓겨나고 예수가 세상을 지배하게 된다. 진 자가 이기게 되고, 이긴 자는 도리어 지게 된다. 이것이 '무저항 저항'이란 것이다. 무저항은 저항이 되고, 저항은 도리어 무저항이 된다. 그것이 사랑의 세계다.

사랑의 세계는 지는 자가 이기는 자이다. 부모님은 언제나 자식들에게 마치 허공처럼, 지면서 이기고 있다. 허공은 언제나 지면서 이기는 것이다. 아무리 침범되어도 허공은 만물을 감싸 준다. 만물은 허공을 넘어설 수는 없다. 언제나 허공 안에 포섭되고 만다. 이것이 포괄자요, 사랑의 세계이다. 지는 자가 이기는 진리를 알면 세상에 이렇게 살기 쉬운 것은 없다.

예수는 지면서 이겼다. 예수는 죽으면서 살아난다. 죽는 것이 곧 사는 것이다. 이것이 정신세계의 특징이다. 예수는 자기가 어떤 방식으로 죽게 될지도 알고 있었다. 예수는 억울하게도 정치범으로 몰려 죽게 될 것이다. 예수는 로마에 대한 반역자로 몰려 죽을 것이다.

정치범이나 반역자에게는 의례 십자가가 지워졌다. 수만 명이 벌써 처형되었다. 그 많은 죽음 속에 예수도 같이 끼워 죽게 되는 것이다. 마치 설익은 과일 속에 섞여서 죽게 되는 것이다. 그러나 그들의 죽음과 예수의 죽음은 다른 것이었다. 그들의 죽음은 설익은 과일처럼 익지 않은 죽음이다. 그러나 예수의 죽음은 무르익은 죽음이다.

설익은 과일은 떨어지면 썩을 뿐이다. 그러나 무르익은 과일은 땅속에 떨어지면 싹이 트고 많은 열매가 열린다. 예수의 죽음은 무르익은 과일의 죽음이다. 이런 죽음은 영원히 썩지 않는다. 봄이 되면 곧 싹이 트고 많은 열매가 맺힌다. 그것은 사랑의 죽음이기 때문이다. 세상에 사랑처럼 무서운 것은 없다. 세상에 사랑처럼 강한 것은 없다. 사랑은 가끔 죽음으로 나타난다. 그 죽음은 설익은 과일이 아니다. 무르익은 과일이다. 세상에는 설익은 죽음이 얼마나 많은가. 남을 원망하고 저주하고 죽지 않겠다고 악을 쓰다가 할 수 없이 죽는 죽음이 얼마나 많은가. 그런 것은 다 설익은 죽음이다.

그러나 세상에는 사랑하고 사랑하다가 죽는 죽음이 있다. 어머니의 죽음이다. 자식을 위하여 전부를 바치고 거미처럼 죽고 마는 것이 어머니의 사랑이다. 어머니의 사랑은 영원히 죽지 않는다. 아무것도 남는 것이 없기에 죽을 것도 없다. 어머니의 사랑은 영원하다. 어머니의 무덤 앞에 모든 자식들이 모이듯이 예수의 죽음 앞에 온 인류가 모이게 된 것이다.

예수는 정치범으로 몰려서 죽지만 오늘날 예수를 정치범으로 생각하는 사람도 없고, 십자가를 형틀로 생각하는 사람도 없다. 예수는 속죄의 제물이 되고, 십자가는 하나님의 사랑을 표시하는 표상이 된다. 십자가는 어느새 하늘과 땅을 잇는 중보가 되고, 정치범은 변하여 종교적 구세주가 된다. 이상한 일이다. 이것이 사랑의 비밀이며 하나님의 구세의 대업이다.

예수께서 자기의 죽음을 암시하자 군중은, 성경에 그리스도는 영원히 산다고 들었는데 당신은 어찌하여 죽는다는 것이냐고 물었다. 또 사람의 아들이 높이 들린다는 말이 무슨 말인가. 당신이 인자니, 사람의 아들이니 하는 것이 무슨 뜻이냐고 물었다. 예수는 그런 질문에 흥미가 없었다. 사랑은 말로 알아지는 세계가 아니다. 사랑은 보여 주는 것이다.

그리스도는 구세주이다. 구세주는 구원하는 것뿐이다. 구원은 말이 아니다. 사랑은 설명해서 알 수 있는 것이 아니다. 아이들은 사랑을 모른다. 사랑은 어머니가 되기 전에는 모른다.

어머니와 아이들은 차원이 다르다. 아이들은 밝을 때만 놀아야 한다. 어두워지면 위험하다. 어두운 데 다니다가는 어디로 가게 될지 모른다. 밝을 때 밝음의 아들이 되어야 한다. 빛이 이제 곧 멀어질 것이다. 빛이 있을 때 빛의 아들이 되어라. 예수는 자기를 빛이라고 한다. 진리의 빛이다. 진리의 빛이 비칠 때 진리의 아들이 되어야 한다. 빛이 있을 때 빛을 이용해야 한다. 이제 곧 빛이 서산으로 넘어가고 어두운 밤이 온다. 그때까지 열심히 배워야 한다. 이것이 예수의 가르침의 마지막이다. 예수의 전도도 이것으로 끝난다. 이제 곧 예수는 공생애公生涯를 끝마치게 된다.

예수의 마지막은 마지막이 아니다. 세상에 마지막은 없다. 마지막은 곧 새로운 시작이다. 밀알 한 알이 땅에 떨어지면 많은 열매를 맺는다. 죽음이 더 큰 삶으로 탈바꿈을 한다. 이것이 예수의 마지막 전도다. 죽는 것이 죽는 것이 아니라는 것, 물은 땅 속에 들어가야 깨끗한 샘물이 된다는 것, 죽음은 하나의 빨래 같은 것이다. 죽음은 변화요 없어지는 것이 아니다.

세상에 애착을 가진 욕심꾸러기의 죽음은 설익은 죽음이다. 그러나 세상에 욕심이 없는 깨끗한 죽음은 익은 죽음이다. 익은 죽음은 밀알 하나가 땅에 떨어지는 것과 같다. 그것은 하늘에 올라가는 푸른 나무와 같다. 익은 죽음은 하늘에 올라가는 새싹과 같다. 많은 열매를 맺을 것이다.

이 세상에서 자기를 미워하는 자는 영원한 생명에 들어갈 수 있다. 예수를 사랑하는 자는 누구나 예수와 같은 열매를 맺을 수 있다. 예수를 사랑하는 사람은 예수와 같은 길을 걷고, 예수가 있는 데 있을 수 있다. 그리고 하나님께서 예수와 같이 영광을 주실 것이다. 예수의 앞에는 죽음이 없고, 다만 하나님의 뜻과 영광이 있을 뿐이다.

아버지의 명령

주께서 그들의 눈을
멀게 하시고,
그들의 마음을
둔하게 하셨으니,
이는 그들이
눈을 가지고도 알아보지 못하고
마음으로도 깨닫지 못하여
끝내 나에게로 돌아오지 못하고
나한테서 온전히 고쳐지지 못하게
하시려는 것이다.

나는 아버지께서
명령하시는 대로
말하였다.
그 명령이
영원한 생명을
준다는 것을 안다.

요한 12:37~50

전 도

그리스도란
모든 사람으로 하여금
내가 나 되게 하는 것이다.

　　예수의 전도를 총결산해보면 한마디로 실패라는 것이다. 아무리 하나님의 힘을 보여 주기 위해서 기적을 행해도 그들은 아무 관심이 없었다. 옛날 이사야의 말이나 마찬가지다. "주님, 누가 내 말을 좇습니까. 누가 주님의 능력을 대견하게 생각합니까." 마치 어린애처럼 먹이면 먹일수록 불평만 하는 것이 유태 사람들이었다.

　　옛날 이사야는 그리스도를 환상 속에서 보고 그리스도에 대해서 이렇게 말했다. 그리스도는 일부러 그들의 눈을 보이지 않게 만들고, 그들의 마음을 완고하게 하였다. 그것은 그들이 눈으로 보고, 마음으로 이해하고, 생각을 바꾸어 먹어 그리스도에게 구원받는 것을 못하게 하기 위하여 일부러 그렇게 만든 것이다.

옛날 애급 왕은 종래 모세의 말을 듣지 않고 계속 이스라엘 사람들을 괴롭혔다. 그때 모세는 하나님께서 일부러 그들의 마음을 완악하게 하여서 그렇다고 생각했다. 그들은 유태 사람들을 위한 하나님의 채찍이기 때문이다. 유태 사람들은 그들의 채찍을 맞고 정신을 차리기 시작했다. 유태 사람에게는 일체가 하나님의 사랑이다. 애급 사람의 학대도, 바빌론의 천대도 유태 사람을 깨치기 위한 하나님의 사랑의 발로이다. 금광석을 위해서는 용광로가 그대로 하나님의 사랑이다. 바빌론과 애급의 학대는 유태 사람들을 순금으로 만들기 위한 하나님의 사랑이다.

정신을 위해서는 일체가 사랑이다. 십자가도 사랑이요, 빌라도도 사랑이요, 가야바도 사랑이요, 일체가 하나님의 사랑이다. 모세의 생각으로는 애급 사람의 잔인과 애급 왕 바알의 완고는 그 사람들의 뜻이 아니고 하나님께서 그렇게 만드셨다는 것이다. 그들이 사랑스럽고 자비스러워 이스라엘 사람들을 동정하고, 모세에게 후하게 하지 않게 하기 위해서라는 것이다.

그리스도를 박해하는 사람들, 바리새교인들의 옹고집, 제사장들의 간교, 빌라도의 잔꾀, 로마군의 잔인, 유태 민중의 변심,

생각해보면 어느 것 하나 악마의 소행이 아닌 것이 없지만 이 악마의 소행을 용납한 이는 누군가. 하나님이라는 것이다. 욥을 괴롭히는 것은 악마지만 악마를 용납한 이는 하나님인 것이나 마찬가지다. 왜 하나님이 이것을 용납했는가. 하나님의 아들을 금으로 만들기 위해서다.

불은 절대 식어서는 안 된다. 불은 물이 되면 안 된다. 불은 끝까지 불이어야 한다. 애급 왕 바알은 계속 고집불통이어야 한다. 그들의 마음이 달라져서 그리스도에게 고쳐지게 되면 안 된다.(40절) 그들의 눈이 뜨이면 안 된다. 그들의 마음이 풀리면 안 된다. 그들의 마음이 바뀌면 안 된다. 그리스도에 의지해서 구원되면 안 된다. 왜냐? 그들은 그리스도보다도 더 강해야 한다. 그리스도에 지면 안 된다. 왜냐? 그들은 그리스도를 단련하기 위한 용광로이기 때문이다. 그리스도보다 더 뜨거워야 금은 녹아서 순금이 된다. 세상의 악이 더 악해야, 그리스도의 순금은 더 순금이 된다. 어두움이 더해야 빛이 빛나듯이 악마의 악은 그리스도의 선을 드러내는 도구에 불과하다. 그들의 고집 때문에 그리스도의 선은 한없이 드러난다.

이제 마지막 그들의 최고 악 때문에, 아무 죄도 없는 그리스도를 십자가에 못 박는 인간 최고의 악 때문에, 그리스도의 최고선이 더욱 드러나게 되는 것이다. 이것이 하나님의 뜻이요, 예언의 성취다.

그리스도를 위해서 일체가 도움이 된다. 악도 선의 수단이요, 악마도 하나님의 보조자에 불과하다. 하나의 밀알이 많은 열매를 맺기 위해서는 땅에 떨어져 죽어야 한다. 실존을 위해서는 땅이 필요하다. 땅은 실존에 대해서는 견딜 수 없는 고통이지만, 땅은 실존을 위한 어머니에 불과하다. 이 세상은 실존을 위해서는 한없는 고통이지만 그것이 실존의 어머니요, 그것이 사랑이라는 것이다. 실존을 위해서는 일체가 사랑이다. 사랑을 수행하기 위해서 악은 여전히 악으로 남아야 한다. 겨울의 바람은 차고, 땅은 얼어붙고, 눈은 내리고, 무서운 십자가의 비극이 전개되어야 한다. 그리하여 밀알 한 알이 죽어야 봄에 많은 열매가 열리게 된다. 십자가 없이 부활은 없다. 십자가가 하나님의 사랑이다.

밀알 한 알이 땅에 떨어지는 것이 하나님의 사랑이다. 광석을 용광로에 집어넣는 것이 하나님의 사랑이다. 이 사랑을 위해서 불은 뜨겁고, 가야바는 간교하고, 제사장은 잔인하고, 이 모든 것이 이사야의 예언을 성취하는 것이고, 하나님의 계획을 실천하는 것이요, 하나님의 사랑을 증명하는 것이다.

일체가 하나님의 사랑인데, 일체가 명명백백하게 이루어지는데 이제 전도는 해서 무엇하리. 이것으로 전도는 끝내고, 이것으로 설명은 끝내고, 다만 하나님의 역사를 보여주는 실험이 남은 것이다. 그것이 십자가다.

십자가란 광석이 용광로에 들어가는 것, 밀알 한 알이 땅에 떨어지는 것, 이것이 자연이요, 이것이 운명이요, 이것이 천명이요, 이것이 하나님의 사랑이다. 예수는 하나님의 사랑을, 하나님의 역사를, 자연을, 쇠를 용광로에 넣어 제련하는 과정을 보여주고 싶은 것이다. 이것이 예수의 전도의 전부요, 예수의 전도의 집약이다.

예수는 이렇게 외친다. "나를 믿는 사람은 나를 믿는 것이 아니다. 나를 보내신 하나님을 믿는 것이다. 또 나를 보는 사람은 나를 보는 것이 아니라 나를 보내신 하나님을 보는 것이다. 내가 빛으로 온 것은, 나를 믿는 자들이 누구나 어둠속에 머물지 않게 하기 위해서다." 예수의 사명은 태양이다. 태양의 사명은 만물을 비추는 것이다. 만물을 자라게 하는 것이다. 만물을 어둠 속에 두지 않는 것이다.

그러나 이 사명을 달성하게 하는 이는 하나님이다. 자기는 하나님의 섭리대로 진행하는 것뿐이다. 나를 보는 사람은 하나님의 섭리를 보고 있는 것이다. 내가 순금이 되는 것을 보는 동안에 나를 순금이 되게 하는 하나님의 섭리를 보는 것이다. 나는 순금만 되면 된다. 나는 그리스도만 되면 된다. 내가 순금이 되는 것, 이것이 내가, 내가 되는 것이다. 내가 나 되는 것이, 내가 그리스도가 되는 것이다.

그리스도란 모든 사람으로 하여금 내가 나 되게 하는 것이다. 꽃은 꽃이 되게 하고, 아버지는 아버지가 되게 하고, 물은 물이 되게 하고, 있는 것은 있는 것이 되게 하는 것, 그것이 그리스도다. 태양이, 태양이 되는 것, 만물로 하여금 만물이 되게 하는 것이 구원인 것이다. 나는 내 말을 듣지 않는 사람들을 처벌할 생각은 없다. 나는 빛이니까 밝히면 되지, 나는 세상을 처벌하러 온 것이 아니다. 나는 세상을 구하러 왔지, 벌하러 온 것이 아니다.

그러나 나를 배척하고 나의 말을 받아들이지 않는 자들을 벌하는 자가 따로 있다. 그것은 내가 한 말이다. 그 말이 마지막 날에 그 사람을 벌할 것이다. 왜냐하면 나는 내 마음대로 말한 것이 아니다. 나를 보내신 아버지가 말할 내용을 나에게 알려주었기 때문이다. 내 말을 듣지 않는 자들은 내 말을 듣지 않는 것이 아니라 하나님의 말을 듣지 않는 것이다.

그런데 하나님의 말은 진리라는 것을 알고 있다. 그것은 있다가 없어지는 것이 아니다. 계속 그들에게 들려질 것이고, 그 말을 듣지 않으면, 그들은 결국 진리에 거역하게 되고, 진리에 부딪치게 되어 어쩔 수 없이 파멸하게 되고 말 것이다. 그러니까 그들을 쳐부수는 것은 진리가 쳐부수는 것이다. 진리가 쳐부수기보다는 그들이 진리라는 절벽에 부딪쳐 스스로 멸망하고 마는 것이다. 진리가 하나님의 명령이요, 진리를 따르면 살고, 진리를 거역하면 죽는다. 진리가 영원히 살리는 법이다. 영원히 잘 살려면 진리에 복종하면 된다. 진리가 영원한 생명이다.

내가 말한 것은 아버지의 말씀을 조금도 가감 없이 그대로 말한 것뿐이다. 예수의 말만 진리가 아니라 구약의 모든 말이 진리다. 모든 예언은 진리이기에 예언은 성취되는 것이다. 이제 마지막 예언이 하나 남아 있다. 이사야 59장이다. 이사야는 요시야 왕이 죽는 해에 그리스도의 영광을 본 것이다. 이 영광을 이루게 하기 위하여 세상은 더욱 어두워졌다. 마치 영화 상영을 위해서 온 방안이 어두워지는 것처럼, 이 빛을 드러내기 위하여, 하나님의 아들의 영화를 돌리기 위하여 온 세상은 바야흐로 암흑이 되었다. 마치 예수가 십자가에 달릴 때 태양이 그 빛을 잃고, 대낮에 별이 나타나고, 무덤이 열리고, 많은 사람들이 부활했다고 기술하듯이 세상은 암흑 세상이 되는 것이다.

이제 새로운 영화가 상영되기 위해서, 이제 새 시대가 나타나기 위해서, 세상은 더욱 어두워져 가고 있다. 지금까지는 예수가 말을 했지만 이제부터는 예수가 직접 연기를 한다. 지금까지는 말을 들려 주었지만 백 번 들어도 한 번 보는 것만 못하다. 지금까지는 모든 구약의 예언이 하나님의 사랑을 말로 표현해 왔지만 이제부터는 하나님의 사랑을 직접 실천하는 연극이 시작된다. 그 연극이 십자가 연극이다. 이 연극의 주연은 예수이고 그밖에 많은 인물이 등장한다. 이 연극이 나타내려고 하는 것은 하나님의 사랑이다. 왜 하나님의 사랑이 이런 식으로 표현

되어야 하나. 밀알 한 알이 땅에 떨어지지 않으면 많은 열매를 맺을 수 없기 때문이다. 예수의 전도가 실패하지 않으면, 예수의 생명이 끝나지 않으면 무대의 휘장은 올라가지 않기 때문이다.

나와 함께 빵을 먹는 자

목욕을 한 사람은
온 몸이 깨끗하니
발만 씻으면
그만이다.
너희도
그처럼 깨끗하다.
그러나
모두가 다
깨끗한 것은 아니다.

나와 함께
빵을 먹는 자가
나를 배반하였다.

요한 13:1~20

가룟 유다

나는 악마도 믿는 것이다.
그 놈인들 별 수 있나.
그가 아무리 악해도
하나님의 선을 넘을 수는 없다.

유월절이 오기 전에 예수는 자기가 이 세상을 떠나서 하나님 아버지께로 옮겨갈 때가 된 것을 알았다. 그때 예수의 나이 서른 셋이다. 우리들의 상식으로 보면 한창 살 나이다.

니체가 예수는 너무 일찍 죽었다고 한탄할 만큼 그는 너무 일찍 죽었다. 그러나 그는 자연을 산 것이 아니라 하나님을 산 것이다. 하나님에게는 시간이 없다. 그는 33년을 살았어도 영원을 산 것이다.

그의 나이 33세에 죄수의 옷을 입고 골고다 언덕에서 마지막 숨을 거두었으니 예수처럼 인생의 실패자는 없을 것이다. 그러나 그에게는 사랑이 있었다. 제자들을 끝까지 사랑한 것이다.

아무리 극진히 사랑해도 가롯 유다의 마음에는 예수보다도 악마의 손길이 더 부드러웠다. 바리새 사람들의 앞잡이가 예수를 팔라는 흥정을 해온 것이다. 가롯 유다의 마음에는 예수를 팔아먹을 생각으로 가득했다. 예수는 유다의 마음을 알고 있었다. 그러나 그것이 악마의 계획이기에 유다와 싸울 마음은 없었다. 악마에게 지는 것이 이기는 것이기 때문이다.

예수는 아버지께서 일체를 자기 손에 맡겨 주신 것을 알게 되었다. 자기는 이제 이 우주를 상속받기 위하여 아버지의 고향으로 돌아가야 한다는 것을 알고 있었다. 오랫동안 집을 떠나 이 세상에 와서 고생을 했지만 그러나 많은 것을 배우고 많은 친구를 사귀었다. 이제 이 세상을 떠나서 아버지의 왕권을 상속받기 위하여 떠나가지만 친구들과 헤어지는 것이 가슴 아픈 일이었다.

예수는 저녁식사 시간이 되자 일어서서 저고리를 벗고, 손수건을 들어 허리에 동여매고 세수 대야에 물을 부은 후, 한 사람 한 사람 제자들의 더러운 발을 씻어 주었다. 그리고는 허리에 감은 수건으로 발을 닦아 주었다. 차례차례 씻어 주다가 베드로의 차례가 되었다. 베드로는 거절하며 이렇게 말했다. "선생님이 제 발을 씻다니 말이 됩니까?" 이때 예수가 말했다. "내가 왜 이런 일을 하는지 너희들은 지금은 모른다. 그러나 내가 죽은 후에는 그것을 깨닫게 될 것이다." 베드로는 "선생님, 제

발을 절대 씻으면 안 됩니다." 그러자 예수는 이렇게 말했다. "나한테 발을 씻기지 않으면 너는 나와 인연이 끊어진다."

그때 베드로는 겁이 나서, 그렇다면 발뿐만 아니라 손도 머리도 씻어 달라고 했다. 예수가 대답했다. "오늘 아침에 목욕을 했으니까 발만 씻으면 된다. 몸이 깨끗한 것처럼 너희들은 깨끗하다. 발은 더럽다. 그러나 모두가 다 깨끗한 것은 아니다." 그 말은 가롯 유다를 두고 하는 소리였다. 유다가 이 말을 듣고 마음을 고쳐먹기를 바랐겠지만 가롯 유다는 그렇게 쉽게 마음을 바꿀 사람이 아니었다.

예수는 제자들의 발을 씻어 주면서 동시에 가롯 유다의 마음을 씻어 주고 싶었겠지만 유다의 발은 악마의 발이어서 씻어지지가 않았다. 예수는 제자들의 발을 다 씻고 나서 저고리를 입고 다시 자리에 앉았다.

그리고는 이렇게 말하였다. 너희들은 내가 너희들의 발을 씻어준 의미를 알겠는가. 나는 선생이요 주님인데도 너희들의 발을 씻어 주었다. 그러니 너희들은 으레 너희들의 발을 서로 씻어 주어야 한다. 나도 나를 파는 반역자, 배신자인 가롯 유다의 발도 씻어 용서해주는데, 너희들은 친구끼리 조금 잘못 했다고 해서 그것을 용서 못해 줄 이유는 없다. 서로 용서해주는 것이다. 실수 없는 사람이 어디 있느냐. 발은 으레 더러워지는 것이다. 사람들은 배신도 하고, 반역할 수도 있다. 선생님에게도 배신하고, 친구에게도 배신한다. 그러나 내가 발을 씻어 주듯이 그들을 용서해주어라. 그래서 내가 그 견본을 보여준 것이다.

　나는 가롯 유다를 원망하지 않는다. 어리석어서 그런 것이다. 가롯 유다도 장차 자기가 하는 짓이 잘못이라는 것을 알게 될 것이다. 가롯 유다는 바리새인에게 이용당한 것뿐이고, 악마에게 농락을 당한 것뿐이다. 불쌍한 인간이다. 내가 그를 구해 줄 수가 있으면 좋겠는데 내 힘으로 어떻게 할 수 없는 것이다.

　나를 죽이는 놈이 내 제자 속에서 나오게 되었다는 것은 기가 막힌 일이지만 그것이 세상이요, 그것이 악마의 계획이요, 동시에 그것이 하나님의 계획이다. 가롯 유다에게는 안 되었지만 나는 가롯 유다를 원망할 생각은 추호도 없다. 성서에 "언제나 원수는 문 안에 있고, 나하고 밤낮 같이 밥을 먹는 가장 가까운 자가 발길로 나를 찰 것이다" 하는 말이 있다. 그것은 물론 다윗 왕의 말이다. 다윗을 배반하는 자는 다윗의 아들이었다. 이제 나를 배반하는 자는 나의 가장 가까운 제자가 되었다. 다윗이 자기를 반역한 압살롬의 죽음을 슬퍼하듯이 나는 나를 반역한 가롯 유다의 마음을 기막히게 생각하지만, 나는 그를 미워하거나 나무라거나 하지는 않는다. 그도 그의 생각이 있어서 그러는 것이고, 또 하나님의 큰 뜻을 이루고 성서를 이루기 위해서 그렇게 한다고 봐야 되겠다. 나는 가롯 유다를 용서한다. 이것을 너희에게 보여주고 싶어서 발을 씻어 주는 것이다.

너희들은 내 말을 들어야 한다. 종이 주인보다 더 클 수는 없다. 너희들은 나보다 더 높을 수는 없다. 너희들은 나를 닮아야 한다. 너희들도 나처럼 원수도 용서해주고, 원수도 사랑하게 되면 행복할 것이다. 너희들이 다 나 같은 경우를 가지게 된다는 것은 아니다. 그런 경우를 당할 때에 나처럼 되라는 것이다.

너희들은 내가 어째서 가롯 유다 같은 사람을 택했나 하고 나를 의심하는 사람도 있을 것이다. 그러나 나는 알고도 택한 것이다. 내가 택한 것은 좋은 사람만 택한 것이 아니다. 나쁜 놈도 택한 것이다. 물론 그 가운데는 나를 반역하는 놈도 있다. 그러나 나는 그런 것을 알고도 택한 것이다.

나는 믿을 수 있는 사람도 믿고, 믿을 수 없는 사람도 믿는 것이다. 나는 누구나 다 믿는 것이다. 내가 믿지 않으면 누가 믿겠느냐. 나는 악마도 믿는 것이다. 그 놈인들 별 수 있나. 그가 아무리 악해도 하나님의 선을 넘을 수는 없다. 아무리 독수리가 높이 날아도 하늘을 넘어설 수는 없다. 악마가 아무리 간교해도 하나님의 나라를 무너뜨릴 수는 없다. 악마가 간교하다고 해도 간교한 놈은 제 꾀에 제가 걸려 넘어가게 되는 것이다. 악마더러 마음대로 춤추어 보라고 하면 제 힘에 제가 딸려 쓰러지고 말 것이다.

예수는 선악을 넘어서서 있다. 예수에게는 악마도 문제가 안 된다. 악마는 어둠처럼 빛을 더 드러내는 데 도움이 될 것이다. 가롯 유다가 아무리 간교해도 예수의 거룩함을 어떻게 할 수는 없을 것이다. 오히려 예수의 거룩함을 드러내는 역할밖에 되지 않는다. 그것이 예수의 마음이다. 그 마음을 제자더러 닮으라는 것이다.

절대 낙관, 이것이 예수의 마음이다. 그는 아버지와 같이 있기 때문이다. 엄마 품에 안긴 어린애에게는 아무 문제가 없다. 진실로 너희에게 말한다. 아버지를 받아들이는 사람은 나를 받아들이는 사람이요, 나를 받아들이는 사람은 나를 보내신 이를 받아들이는 것이다.

그리고 나서 예수는 흥분한 어조로 제자들에게 이렇게 말했다. "진실로, 진실로 너희에게 이르노니 너희 가운데 한 사람이 나를 원수에게 팔려고 하고 있다." 제자들은 무슨 말을 하고 있는지 알 수가 없어서 깜짝 놀라 서로 바라보았다. 예수의 가슴에 머리를 파묻은 제자가 있었는데 베드로가 그 제자에게 소근거렸다. "누가 예수를 팔려는지 너는 알고 있느냐?" 그때 그 제자는 머리를 들고 예수에게 물었다. "주님 누구지요?"

그때 예수는 "이제 내가 빵을 주는 사람이 그 사람이다." 예수는 빵에 정성스럽게 버터를 발라서 가롯 유다에게 건네주었다. 가롯 유다가 빵을 받아먹는 순간 악마가 유다 속으로 들어갔다. 유다의 때는 온 것이다. 예수는 유다에게 말했다. "네가 하려는 계획을 빨리 진행시키는 것이 좋을 것이다. 내가 갈 때도 얼마 남지 않았다." 예수는 마치 배를 타고 가는 나그네처럼, 배를 저어 가는 뱃사공에게 빨리 배 떠날 준비를 시키는 것이다. 이제 가롯 유다는 예수를 천국으로 날라다 주는 뱃사공, 악마의 보조 역할을 하게 되었다. 예수에게는 악마도 예수를 돕고야 말았다. 예수는 사탄을 이긴 것이다. 그리고 자기 수단으로 쓰는 것이다.

가롯 유다에게 하는 말을 제자들은 못 알아들었다. 가롯 유다를 내보내는 것은 축제에 필요한 물건을 사기 위해서 시장으로 내보내는 줄 아는 사람도 있었고, 빈민 구제를 위하여 내보낸다고 생각하는 사람도 있었다. 가롯 유다는 빵을 먹고 곧 나갔다.

어두운 밤이었다. 하늘에는 그래도 달이 빛나고 있었다. 그러나 유다의 마음은 캄캄한 밤이었다. 역사는 바야흐로 무르익어가고 있다. 캄캄한 밤을 맞이하고 있는 것이다. 그러나 역사는 어쩔 수 없이 또 흘러갈 것이다. 밤이 지나가고 멀지 않아 아침이 올 것이다. 밤이 어두움은, 새벽의 밝음을 알리기 위함이다.

예수의 얼굴은 갑자기 환해지기 시작한다. 촛불은 언제나 꺼질 무렵에 한 번 환하게 그 빛을 발하는 법이다. 이제 낡은 시대가 지나가고 새 시대의 동이 트려고 한다. 인류의 역사는 가롯 유다를 전환기로 해서 새로운 역사로 흘러 들어가고 있었다.

제7장 사람의 아들 그리스도

서로 사랑하여라

이제
사람의 아들이
영광을 받게 되었고
또 사람의 아들로 말미암아
하나님께서도
영광을 받으시게 되었다.

나는 너희에게
새 계명을 주겠다.
서로 사랑하여라.
내가 너희를
사랑한 것처럼
너희도
서로 사랑하여라.
        요한 13:31~38

새 계명

너희들이 서로 사랑하면
사람들은 너희들을
예수의 제자답다고
칭찬할 것이다.

유다가 나간 후에 예수는 얼굴이 환해지면서 작별 인사를 하게 되었다. 이제 인자는 하나님께서 부탁하신 일을 마치고 하나님께로부터 칭찬을 받았다. 하나님도 내가 한 일 때문에 영광을 받게 되었다.

예수는 자기를 인자라고 한다. 사람이라는 가면을 쓰고 연극하는 신이기 때문이다. 그는 하나님의 아들인 신으로서 사람의 아들이라는 옷을 입고 있다. 그의 배역은 인간이다. 그는 인간이 어떤 것인지를 보여주기 위해서 지금까지 멋진 연기를 보여주었다. 이 연기를 보고 하나님께서도 무척 기뻐하셨다. 그리스도 때문에 하나님께서는 영광을 받으셨으니 하나님께서도 그리스도에게 영광을 주시지 않을 수 없다. 그리스도에게 주는 영광은 하나님께로 불러들이는 일이다. 하나님께로 가는 것 이상의 영광이 없고, 그 이상의 기쁨이 없다. 오래 집을 떠나 있다가 집에 돌아가는 일처럼 기쁨은 없을 것이다. 이제 곧 돌아가게 된다. 이것은 예수의 분신이다.

그러나 객지에서 사는 친구들이 있다. 그들과 헤어질 생각을 하면 섭섭하기도 하다. 집에 가니 한없이 기쁘지만 길가에서 사귄 친구와 헤어지는 것은 또한 섭섭한 일이기도 하다. 인생은 언제나 희비쌍곡선이다. 기쁜 곳에는 언제나 슬픔이 있고, 슬픔에는 언제나 기쁨이 있는 법이다.

나는 이제 얼마 있다가 너희들과 작별해야 한다. 나하고 작별한 후에 너희들은 내 생각을 하겠지만 너희들은 내가 가는 곳에는 갈 수가 없다. 그것은 내가 옛날에 유태 사람에게도 한 이야기였다. 떠나게 되어서 섭섭하지만 이제는 너희들끼리 살아야 한다. 서로 사랑하라. 내가 너희들을 사랑한 것처럼 너희들은 서로 사랑하라. 너희들이 서로 사랑하면 사람들은 너희들을 예수의 제자답다고 칭찬할 것이다.

그때 베드로가 물었다. "선생님은 어디로 간다는 것입니까?" 예수는 이렇게 대답했다. "너는 지금 나를 따라올 수는 없다. 나중에는 가능하게 될 것이다. 그때는 싫어도 좋아오지 않으면 안 될 때가 있다." "주님, 지금은 어째서 따라갈 수가 없습니까? 저는 당신을 위해서는 목숨이라도 버릴 수 있습니다." 예수는 그 소리를 듣고 웃음을 금할 수가 없었다. "진실로, 진실로 너에게 말하노니 너는 닭이 울기 전에 세 번 나를 모른다고 할 것이다." 예수가 붙잡힌 날 새벽 베드로는 세 번 예수를 모른다고 하였다. 베드로의 인간됨이 그 정도였다. 그러나 베드로도 말년이 되면 예수를 위하여 목숨을 버리게 된다.

센케비치(Henryk Sienkiewicz)가 『쿼바디스』에 쓴 대로 그는 네로의 박해를 피하여 로마를 빠져 나가다가 순교하게 된다. 부활하신 예수를 만나 억지로 다시 로마로 돌아가 책임상 죽지 않을 수가 없었다.

죽는다는 일처럼 어려운 것은 없다. 80세 난 노인 보고 죽으라면 싫어한다. 생명을 타고난 인생이 죽기를 좋아할 까닭이 어디 있겠는가. 인생은 지식으로는 죽을 수가 없다. 결국 예수를 만나기 전에는 죽을 수가 없을 것이다. 그것도 부활하신 예수를 만나기 전에는 죽을 수가 없을 것이다. 죽음이 본체의 세계에 들어가는 문인 것을 알기 전에는 인생은 죽을 수가 없을 것이다.

그러나 진리란, 죽음이 본체의 세계에 들어가는 문이라는 것을 보여 주는 것이다. 하나님의 말씀이란, 죽음이 본체의 세계로 들어가는 말인 것을 가리킨다. 죽음이 끝이 아니고, 죽음이 변화의 계기라는 것을 가리키는 것이다.

애벌레가 고치가 되듯이 관 속에 들어가는 것이 죽음이다. 그리하여 고치가 나비가 되듯이 사람은 부활하여 영체로 사는 것이다. 이것이 예수의 영광이다. 죽으면 썩는다는 것이 인간의 상식이다. 그러나 썩는 것은 없어지는 것이 아니고, 많은 열매를 맺는다는 것이 예수의 생각이다.

밀알 하나가 땅에 떨어져 죽으면 많은 열매가 맺어진다는 것이다. 땅속에 들어가는 것은, 끝이 아니고 하늘로 올라가는 것의 시작이라는 것이다. 옛날부터 천天 지地 인人 삼재三才라고 한다. 사람이 땅에 묻히는 것이, 애벌레가 고치가 되는 것이요, 땅에서 하늘로 올라가는 것은, 고치가 나비가 되는 것이다. 이것을 삼전신三轉身이라고 한다.

땅에 들어가 썩어서 없어지는데 그것을 고치라고 할 사람이 누구냐. 바울의 말대로 육에 속한 사람은 육밖에 보지 못한다. 애벌레는 애벌레밖에 볼 수가 없다. 고치를 볼 수 있는 것은 나비뿐이다. 나비만이 고치를 볼 수가 있다. 영만이 죽음이 무엇인지 안다. 육에 속한 사람은 십자가가 무엇인지 모른다. 십자가란 애벌레가 높이 올라가서 고치를 다는 곳이다. 보라, 얼마나 많은 애벌레들이 높은 곳에 기어오르고 있는가. 땅을 기어다니던 애벌레가 한 길, 두 길, 높이 높이 오르는 것은 무슨 연고인가.

　올라가는 것이 애벌레의 본성이다. 사람은 왜 산으로, 산으로 올라가는 것일까. 그것이 사람의 본성이 되어서 그렇다. 사람은 왜 그런 본성을 가지게 되었을까. 사람은 본래 하늘에서 와서 그렇다. 사람이 본래 하늘에서 왔다는 것은 무슨 말인가. 사람은 본래 나비라는 것이다.

　장자莊子는 꿈에 나비가 되었다. 마음대로 날아다녔다. 그 즐거움은 말할 수 없었다. 그러나 깨어보니 꿈이었다. 여전히 꿈틀꿈틀하는 사람이다. 사람이 꿈에 나비가 되었던가. 나비가 꿈에 사람이 되었던가. 예수는 나비가 꿈에 사람이 되었다는 것이다. 인생의 본체는 나비라는 것이다. 인생의 본체는 천사라는 것이다. 사람은 부활하면 어떻게 되느냐고 묻는 유태인에게 사람은 부활하면 천사처럼 된다는 것이다.

　사람의 본체는 하나님의 아들이다. 하나님의 아들이 이 세상에 온 것이 사람이라는 것이다. 예수는 사람의 본체를 신이라고 한다. 신이 사람이 된 것이 사람이라는 것이다. 사람은 신의 아들이라는 것이다. 애벌레가 나비의 아들이라는 것이다. 나비가 본체요, 애벌레가 현실이다. 닭이 본체요, 계란이 현실이다. 그 증거는 사람이 자꾸 올라가는 것이다. 애벌레가 나무로 올라가는 것이 인간의 본성이요, 이것이 사람이 본래 하늘에서 온 증거다.

예수가 골고다로 올라가서 십자가를 지는 것은 애벌레가 나무꼭대기로 올라가는 인간의 본성 때문이다. 예수의 정의감 때문에 예수는 십자가를 지게 되는 것이다. 한없이 옳게 살겠다는 마음 때문에 예수는 십자가를 진다는 것이다. 십자가는 인간의 본성이지 그밖에 아무것도 아니다. 오르고 또 오르는 것이 정의요 십자가다.

정의는 인간의 본성이요, 십자가는 최고의 정의가 구현되는 구체적인 증거. 믿음은 바라는 것의 실상이요, 보지 못하는 것의 증거라고 한다. 인간이 바라는 것이 무엇인가. 나비라는 것이다. 보이지 않는 것이 무엇인가. 고치라는 것이다. 그러면 바라는 것의 실상은 무엇인가. 나무꼭대기다. 보이지 않는 것의 증거는 무엇인가. 올라간다는 것이다. 올라가는 것이 믿음이다.

허리를 펴고 하늘을 쳐다보는 것이 신앙이다. 왜 쳐다보는가. 올라가려고 쳐다본다. 왜 올라가는가. 그것이 인간의 본성이기 때문이다. 예수의 생각은 그것뿐이다. 지극히 단순하다. 신앙은 단순한 것이다. 이것은 나비가 아니면 알 수 없는 것이다. 그래서 성령이라고 한다. 성령이란 나비란 말이다. 나비가 아니고는 알 수 없기 때문이다.

창세기에는 형상이란 말을 쓴다. 나비는 형상이다. 하나님의 형상이다. 인간은 하나님의 형상대로 지음을 받았다고 한다. 하나님의 형상을 이루는 것이 인간의 목적이다. 인간은 현재로 만족할 수 없다. 현재는 애벌레지 나비가 아니기 때문이다.

애벌레는 기를 쓰고 올라가려고 한다. 나무가 태양을 좇아 줄기를 뻗어가듯이 사람은 하나님을 향해 힘차게 올라가는 것이다. 십자가는 사람이 올라가는 인간의 모습을 그린 것이다. 사람은 30에 입立이라고 한다. 예수가 십자가를 지는 것이 30세다. 인간은 30에 지적知的으로 최고에 도달한다. 십자가는 그리스도의 상징이요, 스승의 상징이다. 사람이 스승을 찾는 것이 29세다. 예수가 요한을 찾아가고, 석가가 출가함도 나무에 오르는 애벌레의 심정일 것이다. 요한을 찾아간 예수는 세례를 받는다. 하늘 문이 열리고 "이는 내 사랑하는 아들이요, 기뻐하는 자"라고 한다. 바라는 것의 실상이다.

나무 끝에 올라간 애벌레는 이제 깊은 잠 속에 빠져 들어간다. 그것이 고치다. 그것이 40일 금식기도다. 아무것도 보이지 않는다. 그러나 이때 무서운 활동이 진행된다. 악마와 싸움이 계속된다. 애벌레와의 싸움이 계속된다. 애벌레를 벗어 버려야 한다. 헌 옷을 벗어 버려야 한다. 육적인 것을 벗어 버려야 한다. 그리고 영체가 되어야 한다. 나비가 되어야 한다. 인간의 최대 노력이 진행되고 있다. 보이지 않지만 이제 40일이 지나면 나비가 되어서 나오는 것이 실상이다. 고치는 가만히 있는 것이 아니다. 무서운 싸움이 진행되고 있다. 이것이 증거다. 나비는 부활이다. 십자가는 고치다. 믿음은 나비의 실상과 고치의 증거다. 실상은 부활이요, 증거는 십자가다. 이리하여 인간은 인간이 된다. 인간은 죽음으로부터다. 죽은 후 부활해야 인간이 된다. 인간의 본체는 나비이기 때문이다. 나비, 그것이 자유다.

너희가 있을 곳

너희는
걱정하지 말라.
하나님을 믿고
또 나를 믿어라.
내 아버지 집에는
있을 곳이 많다.
그리고
나는 너희가
있을 곳을
마련하러 간다.

가서
너희가 있을 곳을
마련하면
다시 와서
너희를 데려다가
내가 있는 곳에
같이 있게 하겠다.

요한 14:1~4

걱정하지 말라

하늘에는 나비가 날 수 있는
무한대의 공간이 있다.

예수는 내가 이제 너희들이 갈 수 있는 곳으로 간다고 말한다. 그곳이 하늘나라다. 너희들은 마음을 차분히 가라앉혀야 한다. 어려운 일을 당하면 당할수록 마음을 가라앉혀야 한다. 그래야 정신을 잃지 않기 때문이다. 이런 때야말로 하나님을 믿어야 한다. 그리고 나를 믿어야 한다.

애벌레가 고치가 되었다가 나비가 되는 것처럼 사람은 그리스도를 통해서 하나님께 도달하는 것이다. 언제나 하나님을 바라보는 것이 가장 중요한 것이다. 하나님은 우리가 바라는 실상이기 때문이다.

그러나 하나님께 도달하기 위한 증거를 잡아야 한다. 그리스도란 하나님께 도달하기 위한 보이지 않는 증거다. 우리는 나비를 바라보아야 한다. 그것이 바라는 것의 실상이다. 그러나 우리는 보지 못하는 것의 증거를 잡아야 한다. 그것이 고치라는 것이다. 하나님이 실상이요, 그리스도가 증거다. 이것이 신앙이다.

학문을 실상이라고 하면 선생이 증거다. 우리에게 있어서 제일 중요한 것은 증거다. 증거를 붙잡는 것이다. 나비가 되기 전에 고치를 붙잡는 것이다. 목적을 붙잡기 전에 수단을 붙잡는 것이다. 미국가기 전에 비행기를 붙잡는 것이다. 비행기를 붙잡으면 미국에 간 것이나 마찬가지다. 부활을 붙잡기 전에 십자가를 붙잡는 것이다. 하나님을 붙잡기 전에 그리스도를 붙잡는 것이다. 그리스도를 붙잡기 전에 스승을 붙잡는 것이다. 세상에서 제일 중요한 것은 스승을 붙잡는 것이다. 병을 고치기 전에 의사를 붙잡는 것이 무엇보다도 중요하다. 방법론이 중요하다. 방법을 붙잡는 것이다.

예수는 하나님을 믿고 나를 믿으라고 한다. 목적을 가지고 수단을 가져야 한다. 인생에 있어서 목적을 가지는 것처럼 중요한 것은 없다. 목적이 없으면 인생의 방향은 정해질 수 없다. 부산이 없으면 남쪽으로 갈 수가 없다. 우선 목적을 정하고 인생의 방향을 잡는 것이다. 그리고 그 목적에 도달하는 수단을 구하는 것이다. 기차를 타든지, 고속버스를 타든지, 비행기를 타든지, 수단을 붙잡는 것이다.

세상에는 인생의 목적을 모른다고 하는 사람이 참 많다. 인생의 목적은 나비가 되는 것이다. 자유를 얻는 것이다. 나비의 특징은 자유다. 나비가 훨훨 날아다닌다. 우리는 자유를 하나님이라고 한다. 하나님이 아니면 어떻게 자유가 있단 말인가. 인간은 자유가 되어야 한다. 인간은 나비가 되어야 한다. 인간은 신이 되어야 한다. 이것이 인간의 목적이다.

그러나 자유가 되기 위하여서는 수단을 붙잡아야 한다. 이 수단을 방법이라고 한다. 어떤 방법이 있어야 한다. 그것을 우리는 진리라고 한다. "진리가 너희를 자유롭게 하리라"라는 말이 그 말이다. 그 진리가 그리스도다. 인생에 있어서 목적과 수단처럼 중요한 것이 없다. 인생에 있어서 자유와 진리보다 더 중요한 것이 없다.

인생은 자유란 말 대신에 가치라는 말을 쓴다. 인생이 찾는 가치는 진선미성眞善美聖이다. 진선미성을 달성하기 위해서 과학이 있고, 철학이 있고, 예술이 있고, 종교가 있다. 이것이 문화다. 가치를 실현하는 수단이다. 인간은 가치를 실현하기 위하여 문화를 가지고 있다. 가치는 하나님이요, 문화는 그리스도다. 어떻게 말하나 다 마찬가지다. "하나님을 믿으니 나를 믿으라." 인생에서 이 말처럼 복스러운 말이 없다. 나비를 믿고 고치를 믿으라는 것이다.

　인간은 애벌레다. 애벌레이기 때문에 고치를 믿지 않을 수 없고, 나비를 믿지 않을 수 없다. 그것이 나의 본체요, 그것이 나의 본성이기 때문이다. 예수는 이렇게 말한다. "아버지의 집에는 있을 곳이 많다. 하늘에는 나비가 날 수 있는 무한대의 공간이 있다. 너희들은 누구나 거기에 살 수가 있다. 그렇기 때문에 내가 너희의 있을 곳을 마련하기 위하여 간다. 내가 가서 너희들이 있을 곳을 준비해 놓고는 다시 와서 너희들을 나 있는 곳으로 데리고 간다. 나 있는 곳에 너희들이 있기 위해서다. 그러면 너희는 내가 어디로 가는지, 그 길이 어떤 길인지 알 수가 있을 것이다." 이것이 죽으러 가는 사람의 말이다. 그이가 예수다.

　예수는 죽음을 길이라고 한다. 그리고 영생을 아버지의 집이라고 한다. 예수는 고치를 죽음이라고 하고, 나비를 아버지의 집이라고 한다. 그에게는 죽는 것이 아버지께로 가는 유일한 길이다. 죽음은 인생의 종점이 아니다. 죽음을 넘어서 영생이 기다리고 있다.

　인간에게는 영성이 있다. 인간에게는 이성이 있다. 인간에게는 오성이 있다. 인간은 오성을 통하여 경험의 세계를 살고 있다. 그리고 인간은 이성을 통하여 합리의 세계를 꿈꾸고 있다. 인간은 영성을 통하여 형이상의 세계를 직관할 수 있다. 과학에서 살면서 철학에서 생각하고, 종교에서 직관한다. 이것이 인간의 지성이다. 오성과 이성과 실천이성, 이런 인간의 지성 때문에 인간은 자유를 구하고, 진리를 구하고, 행복을 찾는 것이다.

철학은 죽음의 연습이다. 합리적 사고는 인간이 고치임을 알려준다. 죽음이 철학이다. 지금까지의 모든 철학은 죽음의 연습이다. 지금까지의 모든 말은 인생이 죽는다는 것이다. 태초부터 있어온 말씀은 인간이 죽는다는 것이다. 이렇게 명백한 사실이 어디 있는가. 그러나 죽음이 다가 아니다. 죽음은 문門에 불과하다. 죽음을 넘어서 거기에 집이 있다. 아버지가 있다. 하나님이 있다. 신비의 세계가 있다. 자유의 세계가 있다. 영의 세계가 있다. 그것이 나의 세계다. 내가 본래 영이었다. 지금 내가 육을 쓴 것은 내가 또다시 영이 되기 위해서다.

육이 본체가 아니다. 육은 임시요 수단이다. 닭이 본체지 계란이 본체가 아니다. 계란은 닭에서 나오고, 계란은 또 닭이 되어야 한다. 그러기 위해서는 계란은 깨어야 한다. 계란이 깨는 것이 철학이요, 계란이 깨는 것이 죽음이다. 죽음은 깨어남이지 깨지는 것이 아니다. 계란이 깨지는 것과 계란이 깨어나는 것과는 다르다.

사람들이 걱정하는 것은 깨질까봐 걱정하는 것이다. 그러나 너희들은 걱정하지 말라. 너희들은 어미닭 품에 안긴 계란 같아서 아무런 걱정을 할 필요가 없다. 그것이 하나님을 믿으라는 것이다. 계란은 보금자리 속에 있다. 그것이 나를 믿으라는 것이다. 너희들은 절대 깨지지 않는다. 너희들은 꼭 깨어나고야만다. 그래서 병아리가 된다. 그러면 너희도 닭장으로 들어갈 수 있다. 너희들이 죽으면 닭장으로 간다. 그것을 나는 준비하러 가는 것이다. 죽음이 깸이라는 것을 믿으라는 것이다.

죽음은 육체를 중심한 생각이다. 육체가 죽는 것이다. 그것은 껍질에 붙은 생각이다. 깸은 정신에 붙은 생각이다. 정신은 깨는 것이지 죽는 것이 아니다. 지금 예수는 정신을 중심해서 생각하고 있다. 죽는 것이 육체요, 깨는 것이 정신이라는 것이다.

그런데 나는 누구냐. 내가 육체냐. 내가 정신이냐. 내가 정신이라는 것이다. 내가 물이냐. 내가 불이냐. 내가 불이라는 것이다. 여기에 나무가 있다. 나무가 물이냐. 나무가 불이라는 것이다. 나는 불이다. 태초에 나무가 있으니 나무가 불과 같이 있으니 나무가 곧 불이다. 이것이 요한복음 1장 1절이요, 요한복음 전체에 흐르는 기조다.

키르케고르는, 인생은 무엇이냐. 인생은 나다. 나는 무엇이냐. 나는 정신이다. 예수가 여기서 말하는 것도 마찬가지다. 나는 정신이다. 나만 정신이 아니다. 너희들도 정신이다. 그런데 무엇을 무서워 하느냐. 무서워 할 것이 없지 않느냐.

불이 불 되는데 무엇이 무서우냐. 나무가 불이 되는데 무엇이 무서우냐. 너희들은 무서워 할 것이 없다. 이만큼 내가 설명했으면 너희들도 알아들어야지.

죽음이란 정신이 깨는 것이다. 사람은 죽음을 만나야 정신이 깨게 된다. 그러나 세상에는 죽지 않고도 정신이 깬 사람들이 있다. 그런 사람들은 이미 죽은 사람이다. 그런 사람에게는 죽음이 없다. 나는 부활이요 생명이니 나를 믿는 자는 죽어도 살고, 살아서 믿는 자는 영 죽지 않을 것이다. 깬 사람에게는 죽음이 없다. 이미 죽어 두었기 때문이다. 죽어서 사는 사람을 깬 사람이라고 한다. 예수는 죽어서 사는 사람이다. 예수는 40일 기도를 끝내고 깬 사람이다. 예수에게는 죽음이 없다. 십자가를 지는 것도 예수의 죽음이 아니다. 그것은 죄인의 죽음을 대신하는 것이다. 그것은 인류의 죽음을 대신한다. 그것은 남의 죽음이다. 깨지 못한 놈들의 죽음을 대신 죽고 있는 것이다.

예수의 죽음은 죽음을 초월한 죽음이다. 죽음을 초월한 모습을 보여주는 것이다. 이제 당장 죽을 사람이 이렇게 태연할 수가 있을까. "너희는 마음에 근심하지 말라. 하나님을 믿으니 나를 믿으라." 오히려 죽는 예수가 죽지 않는 제자들을 위로하고 있는 것이다. 생각해보면 말도 안 되는 것이다. 어떻게 죽는 사람이 죽지 않는 사람을 위로할 수 있을까. 그러나 또다시 생각해보면 죽는 사람이 죽지 않는 사람을 위로하고 있는 것이 아니라 깬 사람이 깨지 못한 사람을 깨우치고 있는 것이다. 깨지 못한 사람, 그들이 죽은 사람들이요, 깬 사람들은 죽음이 없다. 그들은 영원히 산 사람들이다.

정신적으로 죽은 사람과 정신적으로 산 사람의 대화가 이제부터 벌어진다. 그것이 요한복음 14장에서 17장까지의 유명한 예수의 유언이라는 것이다. 예수의 유훈은 14장, 15장, 16장의 설교와 17장의 기도로 끝이 난다. 누구나 한 번 읽어야 할 곳이다.

그 길

주님,
저희는 주님이 어디로
가시는지도 모르는데
어떻게 그 길을 알겠습니까.

나는 길이요
진리요 생명이다.

나를 보았으면
곧 아버지를 본 것이다.
내가 아버지 안에 있고,
아버지께서 내 안에 계시다.

나를 믿는 사람은
내가 하는 일을 할 뿐만 아니라
그보다 더 큰 일도
하게 될 것이다.

요한 14:5~14

길

'나'라는 길을 가지 않으면
'아버지'라는 집에는 들어갈 수가 없다.

예수는 "내가 어디로 가는지 이제는 알았을 것이고, 가는 길도 이해가 되었을 것이다"라고 말했다. 그때 도마가 "주여, 어디로 가시는지 나는 통 모르겠습니다. 어떻게 하면 그 길을 알 수가 있습니까?"

여기서 깬 예수와 자는 제자의 논리의 갈등이 일어난다. 예수는 영적인 이야기를 하는데 도마는 육적인 이야기를 하고 있다. 공간을 초월한 사람과 공간 속에 갇혀 있는 사람의 차이다. 어디를 가느니 오느니 하는 것은 공간적인 망상 때문이다. 천당에 가느니 오느니 하는 것은 비유로 말한 것이다. 가길 어디를 가고, 오길 어디를 오나. 가는 것도 아니고, 오는 것도 아니다. 깨는 것뿐이다. 잠에서 깨어나듯 깨는 것뿐이다. 육체의 옷을 벗는 것뿐이다.

시간이나 공간이란 육체에 붙은 망상이다. 영원한 생명이라고 하고, 하나님 나라에 간다고 한다. 그것은 그렇게 밖에 말할 수가 없으니까 하는 말이다. 하나님 나라가 어디에 있고, 영원한 생명이 어디에 있나. 영원도 시간에 사로잡힌 개념이요, 나라도 공간에 사로잡힌 개념이다. 그것은 모두 육체에 붙은 개념이다. 사느니 죽느니 하는 것도 모두 육체에 붙은 개념이다. 정신에는 사는 것도 없고, 죽는 것도 없다. 사는 것도 없으니 나라가 있을 리 없고, 죽는 것도 없으니 영원이 있을 리 없다. 다만 있는 것은 정신뿐이요 깸뿐이요 초월뿐이다. 육체적인 개념을 초월하는 것뿐이다.

예수는 이렇게 말한다. 내가 길이요 진리요 생명이다. 내가 초월이요, 내가 깸이요, 내가 정신이다. 내가 나다. 누구나 깬 사람은 나다. 깬 사람은 누구나 나다. 자는 사람은 누구나 저다. 저는 졌다는 말이다. 깬 사람은 승리자다. 한 사람의 깸은 자는 사람 만 명을 당할 수 있다. 영국 사람 십여 명이 인도를 점령한다. 깼기 때문이다. 우리가 왜 일본한테 먹혔는가. 깨지 못해서 그렇다. 짐승은 왜 사람한테 먹히는가. 깨지 못해서 그렇다. 정신은 육을 먹고 산다. 내 살은 먹을 것이요, 내 피는 마실 것이다. 자기의 살을 먹고, 자기의 피를 마시는 사람이 깬 사람이다. 정신은 육체가 아니다. 육체는 밥이다. 육체는 종이다. 정신은 주어다. 주어가 되고 술어가 될 수 없는 것이 정신이다. 정신은 깨는 것뿐이다, 깬 정신, 이것이 예수의 정신이다.

나는 초월이다. 나는 깸이다. 나는 정신이다. 길은 초월이란 말이다. 일도출생사一道出生死다. 생사를 초월한 것이 정신이란 말이다. 나는 진리다. 정신은 깬 것이다. 진리는 깬 것이다. 깬 정신을 진리라고 한다. 나는 생명이다. 정신은 죽지 않는다. 죽으면 육체지 정신이 아니다. 정신은 영원히 살아 있다. 영원한 승리자다. 영원한 지배자다. 영원한 왕이다. 정신은 명령을 내리는 존재다. 생명은 명령을 내놓는 존재, 승리자, 왕이다. 길은 초월자, 자유자다. 생사를 초월하면 생사에서 자유롭다. 진리는 깨는 것이다.

옛날에는 승리자를 왕이라고 하고, 초월자를 제사장이라 하고, 깬 사람을 예언자라고 했다. 그리스도는 제사장과 왕과 예언자의 합친 말이다. 이들은 모두 민족의 지도자들로서 존경을 받은 사람이요, 이런 사람들을 찬양하기 위하여 기름을 부어주었다. 그리스도는 기름부음을 받았다는 말이다. 민족의 지도자요, 인류의 지도자다.

사람들은 지도자를 기다렸다. 깬 사람을 기다렸다. 깬 사람이 왕이 되든지, 왕이 깨든지, 이것이 플라톤의 이상이다. 언제나 세상은 눈 뜬 사람이 지도해주기를 바란다. 장님들이 서로 지도하느라고 해보았댔자 혼란만 더 심하다. 사람들은 눈 뜬 사람을 기다렸다. 이것이 메시아 사상이다. 메시아나 그리스도나 같은 말이다. 다 같이 지도자란 말이다. 눈이 뜬 사람, 힘이 센 사람, 세상을 초월한 사람이다. 눈이 뜬 사람이 예언자요, 힘이 센 사람이 왕이요, 세상을 초월한 사람이 제사장이다. 이들이 그리스도요, 이들이 메시아다.

이제 사람들은 오랫동안 메시아를 기다렸다. 언제 왕이 올 것인가. 그들의 왕은 다윗이다. 언제 예언자가 올 것인가. 그들의 예언자는 모세다. 언제 제사장이 올 것인가. 그들의 제사장은 아브라함이다. 그들은 다윗을 기다리고, 모세를 기다리고, 아브라함을 기다렸다. 그런데 여기 다윗이 기다렸고, 모세가 기다렸고, 아브라함이 기다린, 다윗보다도 위대하고, 모세보다도 위대하고, 아브라함보다도 위대한, 진짜 깬 사람, 진짜 센 사람, 진짜 큰 사람이 나타난 것이다. 그가 예수라는 것이다.

동양식으로 말하면 군사부君師父다. 하나님은 아버지요 스승이요 임금이다. 그것이 인간의 목적이요, 인간의 뿌리다. 집의 아버지, 나라의 임금, 세계의 스승, 이 세 사람을 사람들은 기다리는 것이다. 그런데 예수가 깬 사람이 되었다. 예수가 센 사람이 되었다. 예수가 큰 사람이 되었다. 예수가 그리스도다. 가장 큰 것이 정신이다. 가장 깬 것이 정신이다. 가장 센 것이 정신이다. 그리스도는 정신이란 말이다. 정신이 아버지요, 정신이 임금이요, 정신이 스승이다. 정신이 없다면 아버지도 없고, 스승도 없다. 나는 길이요 진리요 생명이다. 나는 스승이요 왕이요 아버지다. 나는 정신이다. 그런데 정신은 수단이다. 목적은 신이다. 하나님이 목적이요, 나는 수단이다. 정신을 거치지 않으면, 왕을 거치지 않으면, 아버지를 거치지 않으면, 스승을 거치지 않으면 하나님의 세계로 들어갈 수가 없다. 길과 진리와 생명은 수단이요, 하나님의 세계는 목적이다.

하나님의 세계는 우리로서는 생각할 수가 없다. 하나님의 세계는 사랑의 세계다. 사랑의 세계는 우리의 생각이 끊어지는 자리다. 형이상의 세계다. 하나님의 나라는 생각할 수 없다. 예수는 간단하게 아버지라고 한다. 아버지에게로 가는 길, 그것이 '나' 다. '나'라는 길을 가지 않으면 '아버지'라는 집에는 들어갈 수가 없다. 쉽게 말하면 정신이 깨지 않으면 하나님의 소리를 들을 수가 없다. 정신이 깨면 하나님의 소리가 들린다. 믿음은 바라는 것의 실상이라고 한다. 바라는 것의 실상이 하나님의 소리다. 그리고 보이지 않는 것의 증거가 정신이 깨는 것이다.

예언자들은 그들의 정신이 깰 때에 하나님의 소리를 들었다. 정신이 깨지 않고는 하나님의 소리를 들을 수 없다. 누구든지 나로 말미암지 않고는 하나님께 갈 수가 없다. 누구든지 자기의 정신이 깨지 않으면 하나님의 소리를 들을 수 없다.

나는 그리스도의 나요, 동시에 그리스도에게 동참하는 나다. 그리스도가 깨듯이 나도 깨면, 나에게도 하나님의 소리가 들린다. 공자는 50에 깬 사람이다. 그리고 60에는 하나님의 소리가 들린다고 한다. 예수는 "너희들도 깨면 하나님의 소리가 들릴 것이다. 너희들도 보이지 않는 것의 증거를 잡으면 바라는 것의 실상을 얻을 수 있다. 너희들은 나를 알았으니까 나의 아버지도 알 수 있을 것, 벌써 너희는 아버지를 알았을 것이고 또 아버지를 보았을 것이다."

그러나 제자들은 계속 잠꼬대를 한다. "저희들은 아버지를 본 일이 없습니다." 예수는 "내가 너희들과 이렇게 오래 있었는데도 너희는 아버지를 못 보았단 말인가. 내가 하는 기적, 이 것은 내가 하는 것이 아니다. 아버지가 하는 것이다. 내가 하는 말, 이것은 내가 하는 말이 아니다. 아버지가 하는 것이다. 나와 아버지는 하나다. 말씀이 곧 하나님이다. 나를 본 자는 아버지를 본 것이다. 왜 아버지를 보여 달라는 것이냐. 내가 아버지 안에, 아버지가 내 안에, 아버지와 나는 하나인 것을 너희들은 아직도 모른다는 말이냐. 너희들은 떡 다섯 덩이로 5천 명을 먹이는 것을 못 보았단 말이냐. 너희들은 내 말을 듣지 못했단 말이냐. 내 말은 내가 마음대로 하는 것이 아니다. 이적은 내가 하는 것이 아니다. 하나님께서 하시는 것이다. 너희들은 나와 하나님이 하나라는 것을 알아야 한다."

12절, 진실로, 진실로 내가 너희들에게 말한다. 나를 믿는 사람은 내가 하는 일을 너희도 할 수 있다. 아니 더 큰 일도 할 수 있다. "너희가 나한테 부탁하면 내가 하나님께 가서 무엇이나 갖다 줄 것이다. 아버지를 내가 빛나게 했으니까 아버지는 내 말이면 무엇이든지 들어줄 것이다. 너희들은 내 이름을 부르고 나에게 부탁하는 것이다. 그러면 내가 꼭 이루어줄 것이다." 이것이 제자들에게 마지막 하는 최대의 예언이요, 최대의 선물이었다. 예수의 사랑은 한이 없다. 마치 어머니가 장보러 가면서 어린애를 위로하는 것이나 같다. "내가 장에 가서 맛있는 것을 많이 사다 줄께 문 꼭 잠그고 집에서 기다리고 있어라" 하고 부탁하는 어머니의 심정과 같다.

예수의 말은 진실 그대로다. 누구나 예수를 믿으면 예수보다 더 큰 일도 할 수 있다. 그것은 예수가 가서 보혜사 성령을 보내주기 때문이다. 이천년의 기독교 역사는 무엇보다도 그것을 잘 보여준다. 예수를 믿는 사람은 성령의 역사를 어떻게 할 수가 없기 때문이다. 성령이라고 해도 좋고, 하나님의 역사라고 해도 좋다. 이 세상에 하나님의 역사가 일어나고 있는 것은 사실이다. 다만 이 역사는 그리스도를 믿는 사람의 눈에는 명백한 사실이다. 이 역사는 어디에서나 일어나고 있다. 그것은 죄인이 변하여 의인이 되는 역사다.

제8장 예수의 유훈遺訓

나를 사랑하는 사람

내가 아버지께 구하면
다른 협조자를 보내 주셔서
너희와 영원히 함께
계시도록 하실 것이다.

그분은 곧
진리의 성령이시다.

내 계명을 받아들이고
지키는 사람이
바로 나를 사랑하는 사람이다.

나를 사랑하는 사람은
내 아버지에게
사랑을 받을 것이다.

　　　　요한 14:15~24

계戒

나를 사랑하려면 우선 악마와
인연을 끊어야 한다.
그것이 나를 사랑한다는 것이다.

예수는 슬퍼하는 제자들에게 이렇게 말했다. 정말 너희들이 나를 사랑한다면 내 戒를 지켜야 한다. 그리하면 나도 아버지에게 부탁하여 내 대신 수호령을 너희에게 보내줄 것이다. 이 수호령은 너희들과 언제나 같이 있게 될 것이다. 수호령이란 진리의 영이다. 이 세상 사람들과는 아무 상관도 없다. 그러나 너희들은 그분이 너희들과 같이 있다는 것을 느낄 수 있을 것이다. 진리의 성령은 언제나 너와 같이 그리고 네 안에 있을 것이다. 그러니까 너희들은 절대 고독하지 않을 것이다. 이제 얼마 있으면 세상 사람은 나를 볼 수 없지만 너희는 언제나 나를 볼 수가 있다. 나는 죽는 것이 아니다. 너희들도 죽는 것이 아니다. 인생에게는 죽음이란 없다.

　죽는다고 생각하는 것은 망상일 따름이다. 영에는 죽음이 없다. 성령이 오시면 내가 아버지 안에, 너희들이 내 안에 있는 것을 알게 될 것이다. 아버지도 영이고, 나도 영이고, 너희들도 영이다. 모두 거룩해지는 것이다. 욕심 없는 사람에게는 죽음이 없다. 죽음이란, 욕심이 죽음이다. 욕심 없는 사람에게는 언제나 성령이 충만하다. 성령이 충만하면 하나님과 통할 수 있고, 나와 통할 수도 있고, 너희끼리 통할 수도 있다. 성령에는 제한이 없다. 마치 물에 물이 섞이듯 빗물이나 강물이나 샘물이나 깨끗하면 다 하나다. 마음이 깨끗한 사람은 하나님을 볼 수 있는 것이다. 그리고 나도 볼 수 있을 것이다. 그것은 내 마음이나 너희 마음이나 다 같이 깨끗하기 때문이다. 그러니까 제일 중요한 것은 마음을 깨끗하게 하는 방법을 하나 가지는 것이다. 그래서 언제나 더러운 물이 못 들어 오게 둑을 쌓는 것이다. 그것을 계戒라고 한다.

　이 둑을 쌓는 사람이 나를 사랑하는 사람이며, 둑을 쌓기만 하면 언제나 물을 깨끗하게 할 수 있고, 그러면 성령은 언제나 너희들과 같이 있게 되는 것이다. 성령은 깨끗한 물과 마찬가지다. 더러운 물만 안 들어오면 물은 언제나 맑기 마련이다. 물이

맑으면 아버지도 기뻐하시고 자기의 그림자를 그 물 위에 비추어 주실 것이다. 그러면 나만 보는 것이 아니고 아버지도 볼 수 있는 것이다. 그래서 "마음이 깨끗한 자는 복이 있다. 저희가 하나님을 볼 수 있다"고 한 것이다. 햇빛이 물에 비치듯이 아버지가 비칠 것이다. 그리고 달빛이 물에 비치듯이 나도 비칠 것이다. 그리고 별이 물에 비치듯이 너희들끼리도 만나게 될 것이다. 물을 언제나 깨끗하게 하는 방법도 사랑밖에 없다.

아버지를 사랑하면 아버지의 계명을 지킬 것이다. 나를 사랑하면 나의 계명을 지킬 것이다. 너희들끼리 사랑하면 너희들끼리의 계명을 지킬 것이다. 그러니까 너희들이 계명을 지키느냐, 못 지키느냐는 너희들이 아버지를 얼마만큼 사랑하느냐, 나를 얼마만큼 사랑하느냐, 너희들끼리 얼마만큼 사랑하느냐, 그 사랑의 강도에 달려 있는 것이다.

너희들은 마음이 약하다고 한탄하면 안 된다. 마음이 약한 것이 아니라 사랑이 약한 것이다. 사랑이 강하면 계명을 지킬 것이고, 사랑이 약하면 계명을 못 지킬 것이다. 계명이란 사랑을 유지하기 위한 방법이요 수단이며, 물을 깨끗하게 하기 위해서 쌓아 놓은 둑일 뿐이다. 만일 이 둑이 무너지면 곧 더러운 물이 흘러 들어온다. 그러면 물은 곧 더러워져서 성령은 달아나고 악령이 너희 마음을 지배하게 될 것이다. 그때 너희는 악마는 볼 수 있어도 나는 볼 수가 없다.

너희가 나를 볼 수 있는 길은 너희의 마음의 물을 맑게 하는 것이다. 너희들의 마음의 물을 맑게 하기 위해서는 너희들이 계명을 지키는 것이다. 너희들이 계명을 지킬 때면 나를 사랑하는 것이다. 나에 대한 사랑이 일체를 결정짓는 것이기 때문이다. 너희들은 나를 사랑하면 나를 볼 수 있게 되는 것이고, 나를 사랑하지 않으면 나를 볼 수 없을 것이다.

문제는 너희들의 사랑이다. 하나님은 사랑을 통해서 보는 것이다. 너희들이 사랑만 한다면 언제나 하나님을 볼 수 있는 것이다. 너희들이 하나님을 보여 달라고 하는 것은 너희들이 사랑이 없는 탓이다. 그러니까 너희들이 하나님을 보고 싶거든 하나님을 사랑하면 된다. 하나님을 사랑할 수 없거든 나를 사랑하는 것이다. 나는 하나님을 사랑하고 있기 때문이다. 나를 사랑하면 너희도 나처럼 하나님을 사랑하게 될 것이다.

그때 가룟 유다 아닌 유다가 주님은 왜 우리에게만 보여주고, 세상 사람에게는 보여주지 않는 것입니까, 하고 물었을 때 예수는 또다시 끈질기게 대답하셨다. 내가 이제 말하지 않더냐. 나를 사랑하지 않는 사람은 나와는 상관이 없다. 그러니까 그 사람은 나를 볼 수가 없는 것이다. 왜냐하면 나를 사랑하지 않는 사람은 계명을 지키지 않을 것이고, 계명을 지키지 않으면 마음이 깨끗할 수 없고, 마음이 깨끗하지 않으면 성령을 받을 수 없고, 성령을 받지 못하면 나를 볼 수 없기 때문이다.

나를 사랑하는 자는 나의 계를 지킬 것이며, 나도 아버지도 다 그 사람과 같이 살게 될 것이다. 그러나 나를 사랑하지 않는 사람은 나의 계를 지키지 않을 것이고, 나를 사랑하지 않을 것이며, 나를 볼 수 없을 것이다.

지금 너희들이 듣는 내 말이란 사실은 내 말이 아니고, 나를 보낸 아버지의 말이다. 그러므로 너희들은 내 말을 단순한 나의 사견이라고 생각하면 안 된다. 내 말은 진리다. 왜냐하면 그것은 하나님의 말씀이기 때문이다.

너희들이 나를 보는 것은 진리를 통해서 나를 보는 것이요, 진리가 있는 곳에는 성령이 있다. 성령은 진리의 영이다. 진리는 너희를 자유롭게 한다. 진리가 있는 곳에 네가 있고, 진리가 없는 곳에 너는 없다. 진리가 너의 존재의 근거다. 마치 거울이 너희 얼굴을 비춰 주듯이 진리의 거울이 너를 드러내 주는 것이다. 진리가 없으면 아무것도 없다. 진리가 너를 있게 만드는 것이다. 진리는 너만 있게 하는 것이 아니다. 너의 뿌리도 있게 하는 것이다. 자유란 너의 뿌리다. 진정한 자유는 하나님이다. 하나님이 너의 뿌리가 되는 것이다. 그러니까 하나님도 진리가 있는 곳에 있게 되는 것이다.

태초에 진리가 있었다. 진리가 하나님과 같이 있었다. 진리가 곧 하나님이다. 태초에 거울이 있었다. 거울이 하나님과 같이 있었다. 거울이 곧 하나님이다. 거울에 하나님이 비추어졌다는 말이다. 그러니까 하나님을 보고 싶으면 거울을 깨끗하게 밝히는 것이다.

동양 사람들은 마음을 거울이라고 하지만 마음은 진리와 일치한다. 진리와 일치하는 마음은 거울 같은 마음이다. 그러니까 거울 같은 마음을 만들려면 계를 지켜야 한다. 계란 하나님의 말씀이다. 하나님의 말씀을 사랑하는 사람은 계를 지키는 사람이다. 계를 지키는 사람은 진리를 통하여 하나님을 보게 될 것이다.

내가 하는 말은 하나님의 말과 다른 것이 아니다. 나는 하나님의 말을 쉽게 풀어 말하는 것뿐이다. 너희들은 내 말을 알아들을 수 있다. 내 말을 알아들을 수 있으면 하나님의 말도 알아들을 수 있을 것이다. 그러니까 내 말부터 알아들으려고 애써야 한다. 내 말부터 이해하려고 애써야 한다. 너희들은 지금 내가 무슨 말을 하려는 것인지 알아들을 수 있을 것이다.

내가 지금 말하는 것은 너희들이 진리를 깨닫기 위해서 실천해야 할 것이 있다는 것이다. 그것이 계명이라는 것이다. 이 계명이란 별 것이 아니다. 너희들의 욕심을 줄이는 것이다. 욕심이 많으면 생각을 할 수 없기 때문이다. 욕심이 많으면 잡초가 많이 자란 밭에 곡식이 자라지 않는 것이나 마찬가지다. 우선 곡식을 자라게 하기 위하여 잡초의 욕심을 뽑으라는 것이다.

그러니까 계명이란 금욕생활을 하라는 것이다. 내가 40일

동안 금식하고 생각하였다는 것을 너희도 듣지 않았느냐. 계명이란 그런 것이다. 무엇이든지 생각하는 데 방해가 되는 것은 끊어 버리는 것이다. 그리하여 너희들의 생각을 깊이 모아가는 것이다. 그런 노력이 없으면 너희들은 진리를 깨달을 수가 없는 것이다. 생각이란 것이 쉽게 모여지는 것이 아니다. 정신이 통일되려면 우선 안으로 밖으로 정신통일을 방해하는 모든 잡초를 뽑아 버려야 한다. 잡초도 뽑지 않고 농사를 짓는 것은 있을 수 없다는 것이다.

잡초의 종류에는 네 가지가 있다. 그것은 탐욕과 치정과 진에瞋恚와 거짓이다. 이것을 탐진치기貪瞋痴欺라고 하는데 그것이 악마들이다. 그러니까 악마를 제거하는 것, 이것이 계라는 것이다. 그것을 지켜야 한다.

탐욕이 가득해서 나를 만나겠다는 것은 말도 안 된다. 나는 탐욕하고는 아무 상관도 없는 사람이다. 치정이 가득한 채 나를 만나겠다는 것도 안 될 말이다. 나는 치정과는 아무 상관이 없다. 남을 미워하는 마음이 가득 찬 사람은 나와는 아무 상관이 없다. 남을 속일 생각을 하는 사람도 나와는 아무 상관이 없다. 남을 미워하고 남을 속이는 것은 악마의 짓이다. 악마하고 나는 아무 상관이 없다. 나를 사랑하려면 우선 악마와 인연을 끊어야 한다. 그것이 나를 사랑한다는 것이다.

나를 사랑한다는 것은 내 말을 사랑하는 것이다. 내 말을 사랑하는 사람이 내 마음을 사랑하는 사람이요, 내 정신을 사랑하는 사람이요, 내 일을 사랑하는 사람이요, 나 자체를 사랑하는 사람이다. 그 사람이 또 나의 아버지를 사랑하는 사람이다. 그러니까 너희들은 우선 악마와 인연을 끊어야 한다. 악마와 손을 잡고 나를 사랑한다는 것은 말도 안 된다.

내 평화를 너희에게 준다

나는 너희에게
평화를 주고 간다.
내 평화를
너희에게 주는 것이다.
내가 주는 평화는
세상이 주는
평화와는 다르다.
걱정하거나
두려워하지 말라.

   요한 14:25~31

평 화

예수의 인격과 정신으로
인류는 넉넉히 살 수 있다.

예수는 계명을 지키라고 강조하고 우선 계명을 지키는 것부터 해야 한다고 역설한다. 잡초를 뽑는 것부터 해야 한다. 그러고 나서 거름 주는 것, 그밖에 여러 가지를 해야 한다. 그것은 내가 간 다음에 나 대신 아버지가 보내 주시는 수호령, 즉 성령이 너희들에게 모든 것을 가르쳐 줄 것이다. 그리고 내가 너희들에게 말한 것을 다시 알도록 해주실 것이다.

그러므로 너희들은 아무 걱정도 할 필요가 없다. 내가 이제 평안을 너희들에게 선물로 주고 간다. 이것은 내가 주는 특별한 선물이다. 이 선물은 세상 사람들이 주는 선물과는 본질적으로 다르다.

이 세상 사람도 안녕 하고 인사를 하지만 이것은 인사치레의 안녕이 아니다. 이것은 진짜 안녕이다. 이것은 진짜 평안이다. 그러니까 너희들은 마음에 불안할 것이 없다. 마음에 낙심하면 안 된다. 내가 떠나지만 곧 온다는 말이 무슨 말인지 너희는 알 수 있을 것이다.

그리고 너희가 진짜 나를 사랑한다면 내가 아버지에게로 가는 것을 기뻐할 수 있을 것이다. 아버지 계신 데는 여기보다 얼마나 더 좋은지 모르기 때문이다. 가면 거기는 굉장할 것이다. 내가 미리 말해 두는 것은 큰일이 생긴 다음에 너희들이 그 뜻을 알게 하기 위해서다. 이제는 너희들과 말할 기회도 얼마 남지 않았다. 곧 세상의 지배자가 올 것이다.

물론 내가 안 잡힐 수도 있다. 그러나 내가 잡혀 죽는 것이 아버지의 뜻이기 때문에 잡혀 죽는 것뿐이다. 내가 죽어야 아버지의 계획이 달성되는 것이다. 모든 사람을 구원하기 위한 아버지의 계획이다. 나는 지금 어린 양처럼 잡혀 죽는 것이다. 옛날 애급에서 도망쳐 나올 때에 유태 사람을 살리기 위해서 어린 양들이 죽듯이 나도 유월절을 기념하는 축제 때에 인류를 살리기 위하여 하나의 어린 양이 되어 잡혀 죽는 것이다.

그것은 기구한 운명이다. 그러나 그것이 이스라엘 역사의 거듭남(중생重生)이다. 내가 죽어야 하나님의 영광이 드러나게 된다. 왜 그렇게 되는 것인지 지금은 너희들이 모를 것이다. 그러나 내가 죽은 후에는 그것이 자꾸 드러나게 될 것이다.

나의 죽음을 계기로 해서 새로운 교단이 생기고, 하나님을 사랑하는 사람이 많이 일어나게 될 것이다. 마치 하나님께 제사를 드릴 때 양을 잡아 제사를 지내는 것처럼 잡히는 양이 없으면 제사는 되지 않는 것이다. 어린 양을 잡아서 제사를 지내고는, 잡은 양을 모두 나누어 먹고 힘을 얻는 것이다. 그리고 모든 사람이 한 마음이 되어서 기뻐하는 것이다.

물론 나누어 먹는 것은 예수의 인격과 정신이다. 예수의 인격과 정신은 죽음에서 드러난다. 그래서 예수가 죽는 것이다. 예수의 죽음으로 제사는 끝난다. 예수의 인격과 정신으로 인류는 넉넉히 살 수 있기 때문이다. 예수 이후에는 제물이 되어 죽을 필요는 없다. 예수는 마지막 제물이다. 이제부터 육적 제사는 없어지는 것이다.

그리고 정신적인 제사만이 계속된다. 그것이 말씀이라는 것이다. 하나님께 목숨을 드리는 대신 말씀을 드린다. 이것이 영적 예배다. 말씀으로 힘을 얻고, 말씀으로 하나가 되는 것이다. 나는 이제 하나님의 말씀을 오게 하기 위하여 죽어가는 것이다. 내가 죽어야 나의 인격과 정신이 나타나고, 보혜사의 성령이 오시게 된다. 내가 죽어야 내 말이 진리임이 드러나게 된다. 내 말을 내가 증거하기 위하여 나는 죽는 것이다. 내가 너희를 보고 계명을 지키라고 하였지만 나도 하나님의 명령을 지키기 위해서 내 목숨을 바치는 것이다. 내가 지키지 않으면 진리는 악마의 손에 악용되고 만다. 진리를 죽음으로 지키는 사람이 있어야 진리가 사람들의 것이 될 것이다. 진리가 사람들의 것이 되어야 사람들이 살아나게 된다. 내가 죽는 것은, 진리를 지켜 사람들을 살리기 위한 것이다.

사람들을 사랑한다는 것은 진리를 사랑하는 것이다. 사람이, 사람이 되는 것은 진리를 깨달아야 되는 것이다. 사람을 사람 되게 하는 진리처럼 소중한 것은 없다. 진리가 없으면 사람은 사람이 되지 않기 때문이다. 그러니까 사람을 사랑하기 위해서는 진리를 사랑하면 된다. 진리를 사랑하는 것이 사람을 사랑하는 것이다. 진리를 사랑하는 것이 하나님을 사랑하는 것이요, 이웃을 사랑하는 것이다. 사람이 할 수 있는 것은 진리를 사랑하는 것뿐이다.

진리는 생명보다 더 크다. 그것은, 하나님은 나보다 더 크고, 인류는 나보다 더 크기 때문이다. 나라를 위해서 죽는 군인들처럼 진리의 나라를 위해서 나는 죽는다. 진리의 나라는 하나님의 나라이기 때문이다. 내가 죽으면 곧 진리의 나라가 시작될 것이다. 진리의 나라를 땅 위에 세우기 위하여 내가 죽는 것이다. 내가 죽지 않으면 진리의 나라는 서지 않는다. 진리를 위하여 죽지 않으면 진리의 나라가 설 수가 없다. 진리의 나라를 세우는 길은 진리를 위하여 생명을 버리는 일이다. 그것이 하나님을 사랑하고, 이웃을 사랑하는 것이다.

세상에 진리를 위하여 애쓰는 것처럼 중요한 것은 없다. 과학을 연구하고, 철학을 사색하고, 종교를 직관하고, 예술을 창작하는 것처럼 중요한 것은 없다. 진리 가운데서도 사람의 영을 정말 깨우쳐 주는 하나님의 말씀처럼 중요한 것은 없다. 하나님의 말씀은 가장 근원적인 인간 구원의 진리다. 이제 하나님의 계획이 진행되고 있다. 이 계획에 따라 내가 죽는 것이다. 악마들은 나를 죽일 것이다. 그러나 내 살을 먹고, 내 피를 마시고 사는 자는 하나님의 양들이다. 내 정신과 내 인격을 그들은 내 죽음을 보고 알게 될 것이다. 내가 그들을 얼마나 사랑했는지 그리고 그들의 친구가 누군지를 그들이 이제 알게 될 것이다. 그들은 내 살을 먹고, 내 피를 마시고 살아가게 될 것이다.

왜 정신과 인격은 죽음으로 보장이 되어야 하는지 그 이유는 아무도 모른다. 그러나 진실은 죽음에 의하여 증명되는 수밖에 길이 없다. 정신은 언제나 자기를 부정하는 경향이 있다. 누구든지 정신을 사랑하려면 자기 부모나 처자나 형제나 자매나 자기 자신까지 부인하지 않으면 나의 제자가 될 수가 없다.(눅 14:26)

자기제한, 자기부정이 없이는 정신이 자라지 않는다. 자기부정 가운데 최고의 부정은 죽음이다. 죽음을 통하지 않으면 정신은 해탈할 수 없다. 육체를 버리지 않으면 정신은 자유의 날개를 펼 수가 없다. 그래서 각각 자기의 육체를 청산하고 나를 따르라고 하는 것이다. 누구나 죽어서 나를 따라야 한다. 이것이 정신이 사는 비밀이다. 이 비밀 때문에 육체는 죽게 되는 것이다. 사람이 소나 돼지를 잡아먹다가 정신이 정말 자라면 자기 자신까지도 잡아 먹어야 한다. 예수는 죽음에 앞서 마지막 식사를 하면서 내 살은 먹을 것이요, 내 피는 마실 것이라고 했다. 자기의 죽음 없이는 정신의 해방은 있을 수 없다는 것이다.

자기 자신을 미워하고, 자기 육체를 미워하는 것이 정신이다. 마치 익은 곡식이 낫을 기다리듯 무르익은 정신은 죽음에 대한 공포가 없다. 도리어 감옥에서 해방되는 사람처럼 죽음을 기다리고 기뻐하는 사람도 있다. 이것이 정신의 모습이다. 정신은 육체를 벗고 계속 자라야 한다. 육체는 계란 껍질 같은 것이다.

이제 예수의 정신은 육체라는 껍질을 벗고 하늘 높이 나르고자 한다. 이것은 예수의 정신이 한없이 깨어나 마지막을 기다리는 병아리처럼 되었기 때문이다. 이제 어미닭이 껍질을 쪼아 깨뜨리려고 한다. 예수의 십자가는 하나님의 사랑이라고 보는 것이 예수의 태도다. 어미 닭이 예수의 육체인 껍데기를 십자가 위에서 쪼고 있는 것이다. 예수의 손발의 못은 하나님께서 쪼는 부리에 불과하다.

내가 이제 이 육체를 벗어나면 병아리처럼 마음대로 뛰어다니는 자유 존재가 된다. 나는 길을 나르는 존재요, 나는 진리의 곡식을 쪼는 생명이요, 나는 하나님의 생명을 따르는 길이다. 이제 나는 하나님 어미 닭과 같이 마음대로 날 수가 있다. 이것이 죽음이라는 것이다.

태초에 계란이 있었다. 계란이 어미닭과 같이 있었다. 계란이 곧 닭이다. 계란이 곧 닭이라는 말은 계란이 곧 깨어나 병아리가 되었다는 것이다. 예수는 병아리다. 병아리니까 길을 뛰고, 진리를 좇고, 생명을 난다. 예수에게는 진리의 눈이 있고, 길의 발이 있고, 생명의 날개가 있다. 예수에게는 진리의 자각이 있고, 길의 자유가 있고, 생명의 자신이 있다. 어떤 의미로 예수는 벌써 병아리라고 해도 좋다. 그런 의미에서 예수는 나요, 예수는 정신이요, 예수는 영이요, 예수는 그리스도다.

그러나 예수는 이제 완전한 그리스도가 되어 온 인류를 구원하기 위하여 마지막 남은 자기 자신을 청산하게 되는 것이다. 예수는 죽을 권리도 있고, 살 권리도 있다.

예수는 이제 하나님의 큰 뜻을 실현하기 위하여 이사야의 예언처럼 어린 양이 되어 자기 생명을 바치게 된다. 예수는 자기의 운명을 확실히 자각하고 있었다. 빌라도와 바리새인과 제사장에게 잡혀서 어린 양처럼 죽는 것이 자기의 운명이다. 자기의 운명을 아는 사람은 운명이 무섭지 않다. 비록 그것이 죽음

일지라도 아는 사람에게는 문제가 될 수가 없다. 안다는 것은 자기의 생명을 이길 만큼 큰 힘을 가지고 있는 것이다.

너희들도 너희의 운명을 무서워하면 안 된다. 그러기 위해서 너희들은 너희 운명을 알아야 한다. 하나님의 뜻과 계획을 알아야 한다. 역사의 앞날을 내다보아야 한다. 그것이 예수의 마지막 부탁이었다.

내 사랑 안에

나는 참 포도나무요,
나의 아버지는
농부이시다.

나는 포도나무요
너희는 가지다.
누구든지 나에게서 떠나지 않고
내가 그와 함께 있으면
그는 많은 열매를 맺는다.

너희는 언제나
내 사랑 안에
머물러 있어라.

내가 이 말을 한 것은
내 기쁨을 같이 나누어
너희 마음에 기쁨이
넘치게 하려는 것이다.

요한 15:1~11

포도나무

나와 예수님과 하나님이
힘을 합해야 진리를 깨달을 수 있다.

예수는 포도나무요, 하나님 아버지는 농부요, 제자들은 가지다. 가지의 책임은 아름다운 열매를 맺는 것이다. 만일 열매가 없으면 아버지께서 잘라 버린다. 그리고 많은 열매를 맺는 가지는 아버지께서 잘 손보아 주신다.

예수님이 포도나무라는 것은 선생이란 말이다. 우리들이 가지라는 것은 학생이란 말이다. 아버지가 농부라는 것은 하나님께서 교장이란 것이다. 학생은 공부를 잘 할 책임이 있다. 만일 학생이 낙제하면 교장은 제적을 시킨다. 그래서 하나님께서 가지를 찍어 버린다는 것이다. 만일 학생이 공부를 잘하면 장학금도 주고, 많은 상을 주어 영광을 받게 할 것이다. 그것이 아름답게 가꾸어지는 것이다.

　그런데 공부 잘하는 비결은 별 것이 아니다. 선생님 말을 잘 받아들이는 것이다. 그리고 깊이 생각하고, 잘 이해하는 것이다. 그래서 상을 타는 것이 아름답게 가꾸어지는 것이다. 그러기 위해서는 결석하면 안 된다. 정성껏 출석하여 언제나 선생님과 같이 있는 것이다. 마치 가지가 나무에 붙어 있는 것처럼 그렇게 출석을 잘하는 학생은 결국 많은 열매를 맺게 될 것이고, 많은 것을 알게 될 것이다. 나를 멀리하는 사람은 잘린 가지처럼 학문의 세계에서 버림받게 될 것이다. 그러면 잡초나 화목처럼 불에 던져지게 될 것이다.

　그러나 너희들이 나와 같이 있고, 내 말을 지키게 되면 무엇이든지 원해라. 내가 반드시 이루어 주리라. 너희들이 많은 열매를 맺어, 너희가 참 내 제자인 것을 보여준다면 나에게만 칭찬을 받는 것이 아니라 아버지께도 칭찬을 받게 되는 것이다.

　아버지가 나를 사랑한 것처럼 나도 너희들을 사랑했다. 너희들은 내 사랑 속에 머물러 있어라. 어떻게 하면 나의 사랑 속에 머물러 있을까. 그것은 내 계명을 지키는 것이다. 마치 내가 아버지의 명령을 지키는 것이나 마찬가지다.

　왜 내가 이런 말을 자꾸 하는가. 너희들의 기쁨을 완성시키려고 그러는 것이다. 그것은 내 기쁨이 너희 기쁨이 될 때, 너희 기쁨이 완성되는 것이다. 어떻게 나는 기쁨을 완성하게 되었는가. 아버지의 사랑에 머물러 있었기 때문이다. 아버지의 사랑에 머물러 있었다는 것은 언제나 아버지께 배웠다는 것이다. 이것은 바로 아버지의 말씀을 들었다는 것이다. 존재의 소리를 들었다는 것이다. 아버지의 말씀을 듣고 진리를 깨달았단 말이다.

아버지의 말씀은 진리이다. 사람은 진리를 깨닫기 전에는 참 기쁨은 없는 법이다. 진리를 깨닫기 전의 기쁨은 그것은 아무것도 아니다. 기쁘다고 해도 기쁜 것이 아니고, 웃는다고 해도 웃는 것도 아니다. 정말 기쁨은 진리를 깨닫는 데서 오는 기쁨이다. 하나님의 말씀을 들을 때 오는 기쁨이다.

진리를 깨닫는다는 것은 하나의 큰 사건이다. 인생에 있어서 진리를 깨닫는 사건 이상의 큰 사건은 없다. 진리를 깨달으면 인생의 절정에 도달할 것이다. 인생은 진리를 깨달을 때 일체의 고민은 없어지고 만다. 일체의 번뇌가 사라지고 만다. 일체의 욕심이 사라지고 만다. 일체의 죄악이 사라지고 만다. 일체의 죽음이 사라지고 만다. 일체의 병이 사라지고 만다. 일체의 싸움이 사라지고 만다. 진리를 깨달을 때 남는 것은 기쁨밖에 없다. 법열法悅밖에 없다. 그것이 기쁨을 완성하는 것이다.

그런데 죽음을 벗어나기가 그렇게 쉬운 것은 아니다. 병을 벗어나는 것이 그렇게 쉬운 것은 아니다. 걱정 근심을 벗어나는 것이 그렇게 쉬운 것은 아니다. 몸을 벗어나는 것이 그렇게 쉬운 것은 아니다. 마음을 벗어나는 것이 그렇게 쉬운 것은 아니다. 세상에 이렇게 힘든 일이 또 어디 있겠는가.

이 어려운 일을 달성하기 위해서는 여기에 세 가지 힘이 합쳐야 한다. 내 힘과 예수님의 힘과 하나님의 힘이다. 내 힘만으로는 도저히 안 된다. 예수님의 힘만으로도 도저히 안 된다. 하나님의 힘까지 합쳐야 한다. 진리를 깨닫는다는 것은 그렇게 힘이 드는 것이다. 나와 예수님과 하나님의 힘을 합치는 것, 이것이, 나는 포도나무요, 너희는 가지요, 아버지는 농부라는 것이다.

농부와 뿌리와 가지가 하나가 되어서 1년 동안 최선의 힘을 쓸 때에 비로소 아름다운 결실을 맺을 수 있듯이 나와 예수님과 하나님이 힘을 합해야 진리를 깨달을 수 있다. 이것이 나에게 머물러 있으라든가, 내 사랑에 머물러 있으라는 말이다.

그런데 내 사랑에 머물러 있다는 것이 무엇이냐. 10절에 보면 "내 계명을 지키라"는 것이다. 예수님께서 하나님의 명령을 지키는 것처럼 너희도 내 계명을 지키라는 것이다. 예수님의 계명이 무엇인가. 요한복음 15장 17절에 내가 이제 너희들에게 새로운 계명을 주리니 서로 사랑하라. 그러면 서로 사랑한다고 진리를 깨닫게 될까. 그것은 아닐 것 같다. 그러면 내 계명이 무엇일까. 서로 사랑하라는 것이 무엇일까. 어떻게 서로 사랑할 수 있을까. 마음이 통해야 서로 사랑할 수 있다.

어떻게 하여야 마음이 통하나. 진리를 깨달아야 마음이 통할 수 있다. 그러면 어떻게 진리를 깨닫나. 7절에 내 말씀에 머물러 있는 것이다. 진리를 깨닫는 방법은 다른 길은 없다. 예수님의 말씀을 이해하는 것이다. 예수님의 말씀을 이해하는 것이 예수를 이해하는 것이고, 예수를 이해하는 것이 진리를 깨닫는 것이다. 예수는 진리이기 때문이다. 그러면 어떻게 예수 말에 머물러 있을 것인가. 이 말의 뜻은 예수님의 말을 깊이 이해하라는 뜻이다.

왜 예수의 말을 깊이 이해해야 하나. 나의 인생문제의 답이 예수의 말씀 속에 있기 때문이다. 그럼 어떻게 하면 예수의 말씀을 깊이 이해할 수 있나. 내가 나의 문제가 무엇인지를 인식하는 것이다. 나에게 가장 필요한 것이 무엇인지를 깨닫는 것이다. 나에게 가장 필요한 것이 무엇일까. 그것이 진리다. 진리란 내 문제의 해답이다. 병난 사람에게 약 같은 것이 진리다. 목마른 사람에게 물 같은 것이 진리다. 진리의 탐구란 인생의 문제를 해결해 주는 답을 찾는 것이다.

인생에서 가장 큰 문제는 생로병사生老病死다. 생로병사를 없이 해주는 것이 진리다. 우리의 생로병사를 없이 해주는 것이 예수다. 그렇다면 우리도 생로병사를 의식해야 한다. 사는 것이 괴로워야 한다. 늙는 것이 괴로워야 한다. 앓는 것이 괴로워야 한다. 죽는 것이 괴로워야 한다. 이러한 괴로움을 느끼지 못하면 사람은 진리를 찾지 않는다. 진리를 찾기 위해서는 고민이 있어야 한다. 괴로움을 느껴야 한다. 그리고 괴로움에서 벗어나 겠다는 갈구가 있어야 한다. 이것을 문제의식이라고 한다. 이것을 죄의식이라고 한다. 이런 문제의식이 없으면 진리와 나는 아무 상관이 없다.

병에서 벗어나고 싶은 의욕이 없으면 의사도 필요 없고, 약도 필요 없다. 의사는 예수요, 약은 예수의 말씀이다. 의사와 약을 갈구하는 심정이 없으면 우리는 진리와 아무 상관이 없다. 어떻게 생로병사를 벗어날 수 있을까. 이것이 진리에 대한 갈구요, 그것이 예수에게 붙어 있는 것이요, 가지가 나무에 붙어 있는 것이다. 이런 기막힌 갈구가 없으면 그것은 가지가 나무에 붙어 있는 것이 아니다. 그것은 의사를 찾는 것이 아니다.

그런데 세상에 이런 죄의식, 문제의식을 가진 사람이 있을까. 조금만 아프면 진통제나 먹는 사람들이 대부분이 아닌가. 술 한 잔으로, 춤 한 번으로 때우려는 경박한 사람들이 얼마나 많은가. 차 한 잔으로, 친구와 이야기 한마디로 그때의 고통과 고독과 쓰라림을 피하려는 사람이 얼마나 많은가. 그런 가지는 하나님께서 다 잘라 불 속에 집어넣는다는, 저주받은 인간들이다.

예수에게 붙어 있다든가, 의사를 찾는다든가 하는 사람은 자기의 문제를 의식하는 사람이다. 내가 왜 이 꼴이 되었나. 내가 왜 이렇게 앓나. 내가 왜 이렇게 속나. 내가 왜 이렇게 고생하나, 하고 깊이 반성하고 뉘우치는 사람, 이런 사람이 하나님의 사람들이다. 자기의 잘못을 느끼는 사람, 자기의 잘못을 후회하는 사람, 이런 사람이 뿌리를 사랑하는 사람들이다. 이런 사람들은 반드시 길을 찾는다. 이런 사람들은 반드시 선생을 찾는다. 이런 사람들은 반드시 의사를 찾는다. 이런 사람들이 뿌리에 붙어 있는 줄기다. 의사는 진찰해 보고 반드시 약을 준다. 선생님은 반드시 말씀을 던져준다. 선생님은 반드시 인생의 지혜를 가르친다. 선생님은 반드시 인생의 원리를 암시한다. 이것이 약이요 말씀이라는 것이다.

그 약은 입에 쓸 수가 있다. 그 약은 먹을 수 없으리만큼 쓰다. 그러나 그 약을 먹어야 한다. 그 말씀은 지켜야 한다. 그 계명은 지켜야 한다. 그 말씀을 깊이 생각해야 한다. 약이 녹듯이 말씀이 풀리기까지 생각하고, 생각하고 또 생각해야 된다. 그것이 많은 열매를 맺는 것이다.

그러다가 어느 날 탁 깨닫는 때가 있다. 병이 탁 낫는 때가 있다. 그것이 진리를 깨닫는 것이다. 그것이 인생의 모든 문제를 해결한 것이다. 그것이 생로병사를 벗어난 것이다. 그때 솟구쳐 나오는 것이 기쁨이다. 끝없는 기쁨이 솟아오른다. 이 기쁨은 내 속에서 나오는 것이 아니다. 한없이 깊은 뿌리에서 나온다. 그것이 예수님께로부터 오는 기쁨이요, 하나님께서 오시는 기쁨이다. 이 기쁨을 가질 때 인간의 모든 기쁨은 완성되는 것이다. 이 기쁨을 가지는 것이 행복이다. 기독교의 행복이란 이런 기쁨을 가지는 것이다. 그것이 진리를 깨달은 것이다.

너희를 미워하거든

세상이
너희를 미워하거든
너희보다도
나를 먼저 미워했다는 것을
알아 두어라.

나를
미워하는 자는
나의 아버지까지도
미워한다.

그들은
까닭 없이
나를 미워하였다.

        요한 15:12~27

박 해

좋은 주인보다 더 고생해야
한다는 말을 깨닫고

예수는 "내가 너희를 사랑한 것처럼 너희도 서로 사랑하여라"고 말한다. 이것이 새 계명이다. 이것은 계명이 되어서 꼭 지켜야 하겠지만 계명이라기보다도 예수의 부탁이요, 지키지 않을 수 없는 필수조건이다.

어미닭이 없어지면 병아리끼리 서로 살을 맞대고 잘 수밖에 길이 없다. 그렇지 않으면 다 얼어 죽고 말 것이다. 어미닭이 병아리를 위해서 독수리와 싸우는 것처럼 이제부터는 너희들끼리 힘을 합하여 독수리와 싸우는 것이다. 내가 너희들을 위해서 목숨을 버리듯이 너희들도 서로를 위해서 목숨을 버리는 것이다. 그것이 사랑이요, 사는 길이다.

　사랑이란 별 것이 아니다. 너희들이 하나로 뭉치는 것이다. 너희들이 뭉치면 살고 흩어지면 죽는다. 마치 야생마의 무리처럼 그들이 뭉치면 감히 사자도 덤벼들지 못하지만 흩어지면 한 마리, 한 마리 다 먹혀 죽는다. 너희들이 살아남기 위해서는 뭉치는 길 밖에 없다.

　자, 내가 보기에는 너희들도 지금은 꽤 큰 야생마다. 지금까지는 내가 너희를 지켜주었지만 이제부터는 너희끼리 지키는 것이다. 너희가 서로 지킬 수만 있다면 너희는 이제 큰 닭이나 마찬가지다. 나는 이제부터 너희들을 병아리라 하지 않고 큰 닭이라고 할 것이다.

　나는 이제부터 너희들을 종이라고 하지 않고 친구라고 하겠다. 나는 이제부터 너희를 학생이라고 하지 않고 선생님이라고 하겠다. 너희들은 내 친구다. 너희가 내 말을 지켜 하나로 단결만 하면 너희들은 내 친구다. 이제부터 너희들은 내 대신 일을 해야 한다. 종에게는 주인이 아무 말도 안 한다. 그러나 친구에게는 무슨 말이든지 다 하는 법이다. 내가 지금까지 너희에게 내 비밀을 다 말하지 않았느냐. 너희들이 친구이기 때문이다. 나는 아버지의 계획까지도 너희들에게 다 말하였다. 이제부터는 너희들이 아버지의 계획을 실천해 주어야 한다. 그것을 위하여 내가 너희를 골랐다.

너희들이 자원한 것이 아니다. 내가 할 만한 사람을 뽑은 것이다. 너희들은 아버지의 뜻을 전할 수 있는 힘을 가지고 있다. 너희들이 나가서 열심히 일만 하면 너희들은 많은 열매를 거둘 수 있을 것이고, 또 너희들이 내 말을 하고 하나님께 부탁하면 하나님께서도 잘 도와주실 것이다. 그러니까 이제부터 열심히 일하는 것이다. 다만 조건이 하나 있다. 힘을 합쳐야 한다. 그것이 서로 사랑하라는 말이다. 힘을 합쳐야 한다는 것은 이 세상 사람들이 너희들을 죽이려고 하기 때문이다. 세상 사람들은 이리처럼 너희를 미워하는 것이다. 너희는 그들이 나를 얼마나 미워했는지 알고 있지 않느냐. 너희들이 세상에 속했다면 그들이 너희를 미워할 이치가 없다.

너희들은 이미 세상에 속한 것이 아니다. 내가 너희들을 세상에서 꺼내 놨단 말이다. 그래서 그들은 너희들을 미워하게 되었다. 종이 주인보다 더 호사할 수는 없지 않느냐. 너희들도 내가 고생한 것처럼 고생하게 될 것이다. 그것은 그들의 박해 때문이다. 그들이 나를 그렇게 박해하였으니 너희들도 그들의 박해를 받게 될 것이다. 그들은 나를 몰라서 박해하는 것이다. 내가 하나님의 아들인지 모르고 박해하는 것이다. 그들은 하나님을 몰라서 그렇다. 그런데 그들이 하나님을 모르는 것은 내 책임이 아니고 그들의 책임이다. 아버지가 어떤 분인 것을 내가 가르쳐 주었다.

아버지는 사랑이다. 그런데 그들은 하나님을 믿는다면서 왜 그렇게 나를 미워하는 것일까. 사랑이신 하나님을 믿는다면서 왜 남을 미워하는 것일까. 그들은 하나님을 믿는 것이 아니다. 그들은 악마를 믿는 것이다. 왜냐하면 악마가 남을 미워하기 때문이다. 그들은 하나님을 모른다고 할 수가 없다. 내가 하나님이 사랑이라고 수백 번 가르쳐 주었기 때문이다. 그들이 앞으로 하나님이 사랑인 줄 몰랐다고 한다면 그것은 말도 안 된다. 그들이 사람을 미워하는 책임을 하나님이 사랑인지 몰라서 그랬다고 한다면 말이 안 된다.

하나님을 믿는다고 하는 것은 하나님처럼 되는 것이다. 하나님이 사랑이니 사람도 사랑이 되는 것이다. 신앙이라고 하는 것은 성숙한 인간이 되는 것이다. 성숙한 인간이란 어린 아이들을 사랑할 수 있는 사람이요, 남을 사랑할 수 있는 사람이다.

그러니까 그들이 나를 미워하는 것은 유치한 탓이다. 어리석은 탓이다. 얼이 썩은 탓이다. 정신이 나가서 그러는 것이다. 나를 미워하는 사람은 하나님도 미워하는 사람이다.

하나님은 사랑이다. 나도 사랑이다. 하나님도 성숙한 인격이고, 나도 성숙한 인격이다. 내가 하나님의 인격을 보여주기 위해서 얼마나 많은 일을 하였는가. 내가 앞으로 십자가를 지는 것도 나의 성숙함을 보여주기 위해서다. 내가 많은 기적을 행함도 하나님의 사랑을 보여주기 위해서다. 그들은 내가 하는 기적을 보았다. 옛날 광야에서 이스라엘 민족을 구원하기 위해서 베푼 이상의 기적을 베푼 것이다. 나는 그들에게 떡까지 만들어 먹였다. 떡을 먹고도 하나님의 사랑을 모른다면 그것은 말도 안 된다. 기적을 행하는 것은 내가 하는 것이 아니다. 하나님이 하시는 것이다. 하나님의 기적을 보고도 하나님의 사랑을 모른다면 그것은 말도 안 된다.

그러니까 나를 미워하는 사람들은 아버지를 미워하는 사람들이다. 내가 하나님의 사랑을 나타내는 기적을 유태 사람들에게 보여 주지 않았다면 그들이 하나님을 안 믿는다고 해도 양해해 줄 수 있다. 그러나 보고 안 믿는 것은 그들의 책임이다. 그들이 예수를 미워하는 것은 전적으로 그들의 책임이다. 마치 옛날 모세가 이스라엘 사람들을 애급에서 끌고 나올 때 수많은 기적을 보여 줌으로써 하나님께서 그들을 얼마나 사랑하고 있는가를 알려 주었다. 홍해를 갈라 육지처럼 건너게 하고, 바위에서 샘물을 솟게 하고, 메추리와 만나를 눈 내리듯 내리게 하여 그들을 먹여 살렸다. 그래도 그들은 모세를 안 믿었다. 그래서 그들은 뱀한테 물려 죽고, 나중에는 그들의 자손들 이외에는 가나안에 들어가지 못하였다. 성경에 "그들은 까닭 없이 나를 미워하였다"고 적혀 있다. '까닭 없이'라는 말은 너무도 상식 이하라는 것이다. 하나님의 기적을 보고도 안 믿는다는 것은 너무도 상식 밖이다.

그런데 그것이 현실이다. 세상에는 부모의 사랑을 한없이 받고도, 부모가 자기를 사랑하는 수많은 표적을 보고도, 계속해서 부모에게 불효하는 자식들이 얼마든지 있다. 밥 먹이고, 학교에 보내주고, 옷 사주고, 집 사주고 해도 계속 부모에게 불만인 자식들이 얼마든지 있다. 그런 자식들은 정말 짐승만도 못하다. 유태 사람들이 그런 종류의 사람들이다.

옛날이나 지금이나 다름이 없다. 그들은 까닭 없이 나를 미워한다는 예언이 성취되고 있는 것이다. 불효자식들은 까닭 없이 부모를 미워한다. 까닭 없이, 이유 없이, 생각 없이 부모를 미워하는 것이다. 그들에게는 생각이 모자란다. 반성할 줄을 모른다. 그들은 먹는 것밖에 모른다. 먹을 것이 부족하면 꿀꿀대는 돼지와 같다.

인간의 본질은 생각하는 것인데 그들은 생각할 줄을 모른다. 그들에게는 까닭이 없다. 짐승에게는 까닭이 없다. 반성이 없다. 개만도 못한 사람에게는 까닭이 없다. 있다면 욕심과 감각이 있을 뿐이다. 이런 족속들은 멸망할 족속들이다. 유태 사람들은 그런 족속들이다. 아무리 사랑을 받아도 모른다. 아무리 사랑해도 주인을 모르는 고양이처럼 유태 사람들은 하나님도 모르고 예수도 모른다. 그러니 예수의 제자들을 또 미워할 수밖에 길이 없을 것이다.

소크라테스가 아테네 사람들에게 나는 죽음의 길을, 너희는 삶의 길을, 그러나 어느 것이 더 행복한 길인지는 역사가 증명해 줄 것이라고 했듯이, 예수도 지금 내가 죽고 그들이 살지만 내가 죽은 후에 하나님께서 보내는 진리의 영이 올 때, 그때에는 그들이 내가 옳은 길을 가고 있다는 것을 알게 될 것이다.

유태 사람도 진리의 영을 받으면 정신을 차릴 때가 있을 것이다. 아무리 불효자식이라도 철이 들면 부모님의 은혜를 생각하는 때가 있을 것이다. 철이 없어서, 생각이 모자라서 그들은 까닭 없이 나를 미워하고 나를 죽인다.

그러나 그들에게도 진리의 영이 오면 철이 들 때도 있을 것이다. 그들에게도 추운 겨울이 와서 그들도 고생을 해보면 이제 후회할 때도 있을 것이다. 그리고 진리의 영이 오면 나를 더 확실히 드러내 줄 것이다.

너희들은 처음부터 나와 같이 있었으니 너희들은 나의 증인이다. 장차 그들이 나를 문제 삼지 않을 수가 없을 것이다. 그들이 나를 찾는 때도 있을 것이다. 그들이 나를 존경하는 때도 있을 것이다. 그들이 나를 알고 싶어 할 때도 있을 것이다. 그 때에는 너희들이 가르쳐 주는 것이다. 너희들이 증인이다. 너희들만큼 나를 아는 사람이 어디 있느냐.

너희들은 그들과는 다르다. 너희들은 생각할 줄 아는 사람들이다. 너희들은 눈이 뜬 사람들이다. 더 깊이 생각하고, 더 눈을 떠야 한다. 그리고 나를 더 확실히 알 수 있어야 한다. 내가 하나님의 아들이라는 것을 너희는 확실히 알고, 좋은 주인보다 더 고생해야 한다는 말을 깨닫고, 저들이 너희를 미워하고 핍박을 해도 너희들은 참고 견디어야 한다. 내 고생보다 너희는 고생을 더 할 수도 있을 것이다. 너희들은 내 종이니 그것이 당연하다. 고생을 각오해라.

제9장 하나님의 뜻

죄와 정의와 심판

사실은
내가 떠나가는 것이
너희에게는 더 유익하다.

내가 가면 그분을 보내겠다.
그분이 오시면
죄와 정의와 심판에 관한
세상의 그릇된 생각을 꾸짖어
바로 잡아 주실 것이다.

나를 믿지 않은 것이
죄다.

아버지께로 가는 것이
정의다.

세상의 권력자가
심판을 받았다.

          요한 16:1~15

뜻

죽어도 하나님의 뜻을 이루고
살아도 하나님의 뜻을 이루고

    예수는 자기가 죽은 후에 유태 사람들이 제자들을 가만 둘 것 같지 않았다. 나를 미워하던 놈들이 너희들까지도 미워할 것은 당연하다. 반드시 너희들을 예배당에서 내어쫓고, 그들의 사회에서 내어쫓을 것이다. 어쩌면 너희들을 죽일지도 모른다. 그들은 너희들이 신을 모독했다고 죽일 것이다. 내가 신을 모독했다고 죽이는 것이나 마찬가지다.

    그들은 하나님을 우상화하고 있다. 그들은 우상을 섬기듯이 하나님을 섬기고 있다. 그들은 성전에 제물을 바치면 그것으로 하나님을 섬기는 것이라고 생각한다. 교회에 나가서 돈만 내면 그것으로 하나님을 섬긴다고 생각한다. 그러나 나의 생각은 그것이 아니다. 나는 하나님의 뜻을 이루는 것이 하나님을 섬기는 것이라고 생각한다.

가난한 사람들에게 살 길을 가르쳐 주고, 무식한 사람들에게 글을 가르쳐 주고, 억눌린 사람들을 끌어올려 주고, 무엇에 매여 있는 자들을 해방시켜 주는 것, 이것이 하나님의 뜻을 실현하는 것이요, 하나님을 사랑하는 것이요, 하나님을 섬기는 것이라고 생각한다. 그들과 나 사이에는 하나님을 믿는다는 개념이 전혀 다르다.

그들은 부모님의 마음을 모르는 것이다. 부모를 섬긴다고 하는 것이 무엇이냐. 부모님에게 먹을 것을 사 드리는 것이 부모를 섬기는 것이 아니다. 부모님의 말씀대로 공부하는 것이 부모를 섬기는 것이다. 부모는 공부하는 아들을 좋아하지 공부도 안하고 가끔 과자나 사오는 것을 좋아하지 않는다. 부모의 마음을 알아주는 자식이 자식이지, 부모의 마음을 몰라 주는 자식은 자식이 아니다.

옛날 카인이 아벨을 죽인 것처럼 지금 유태 사람들은 나를 죽이려고 한다. 카인은 아버지의 마음을 몰랐고, 아벨은 아버지의 마음을 알았다. 카인과 아벨의 관계는 언제나 계속되는 역사적 모형이다. 언제나 놀부는 흥부를 미워한다. 언제나 악은 선을 미워한다. 그들은 자기들이 혼자라는 것이다. 양을 잡아 제사를 드리고 먹고 마시고, 이것이 그들의 종교다.

그들은 가난한 사람들에 대한 동정심이 없다. 그들에게는 가엾은 사람들에 대한 동정심이 없다. 그들은 착취와 갈취를 일삼고, 그 가운데 일부를 하나님께 바치면 된다고 생각한다. 마치 불효자식들이 허랑방탕하다가 자기들의 먹던 부스러기를 부모에게 갖다 주는 것을 효라고 생각하는 것이나 마찬가지다.

세상의 자식들은 언제나 하늘의 아들들을 미워하기 마련이다. 부모들이 진짜 효자를 사랑하는 것을 그냥 놔둘 수가 없는 것이다. 옛날 야곱이 요셉을 사랑한다고 형들이 애굽에 팔아먹은 것이나 마찬가지다. 요셉은 그렇다고 부모를 원망하거나 형제를 원망하지 않았다. 결국 애굽에 가서라도 성공해서 오히려 부모를 살리고, 형제를 살리는 길밖에 없었다. 그것이 선이요, 그것이 요셉의 마음이요, 그것이 예수의 마음이다. 그것이 효다. 예수는 유태 사람들을 미워하지 않았다. 흥부는 놀부를 미워하지 않았다. 끝끝내 그들을 도와주려고 한다. 도와주려고 하면 그들은 더욱 싫어한다. 그것이 질투라는 것이다. 도움을 받는 것보다는 동생을 없애 버리려고 한다. 이것이 형의 질투요, 이 세상의 악의 역사다.

선과 악은 계속 싸워간다. 결국 악은 선을 죽이고 만다. 그러나 선은 죽지 않는다. 선이 다시 살아서 악을 구원해주는 것이 선의 역사다. 이것이 선의 운명이다. 어쩔 수 없는 선의 운명을 아벨처럼, 요셉처럼 지금 예수는 걸어가고 있는 것이다. 예수의 마음속은, 선은 절대 죽지 않는다는 것을 믿고 있는 것이다. 선은 언제나 하나님과 같이 있기 때문이다. 이제 선은 죽기는 죽지만, 악에 맞아 죽기는 죽지만, 선은 죽는 것이 아니라 하나님께 가는 것이다.

　선은 불멸이라는 신앙을 제자들은 이해하지 못하고 있다. 내가 죽는 것이 아니라 아버지께로 간다는 말을 그들은 이해하지 못하고 있다. 내 몸은 죽는다. 그러나 내 마음은 죽지 않는다. 마음은 죽는 법이 없다. 내 마음은 아버지와 같이 있다.

　그러나 제자들은 예수의 몸이 죽는다는 것을 생각하면 슬퍼서 견딜 수가 없었다. 그러나 예수는 또 하나의 믿음을 가지고 있었다. 내가 가면 하나님께서 너희들을 그대로 놓아두지 않는다는 것이다. 파라클리트(Paraclete), 위안자慰安者, 변호자辯護者, 보호자保護者, 수호자守護者, 쉽게 말해서 진리의 성령을 보내 주신다는 것이다. 그것은 예수가 언제나 성령의 도움을 받아 왔기 때문이다. 예수가 세례 요한에게 세례를 받고 나왔을 때 하늘이 열리고 비둘기 같은 성령이 그 위에 임하였다. 예수에게는 성령이 언제나 같이 하였다. 예수는 성령을 통해서 자기가 하나님의 아들임을 알 수 있었고, 예수는 성령을 통해 하나님의 사랑을 알 수 있었다.

　내가 하나님께 가면 하나님께서 내게 주셨던 성령을 너희들에게도 주실 것이다. 그러면 너희도 한없이 담대해질 것이다. 예수의 예수됨은 성령의 은총 때문이다. 이제 너희들도 나 같이 될 수 있다. 그것은 내가 가면 너희들에게 성령이 임하기 때문이다.

내가 가고 성령이 온다면 그것은 너희들에게 말할 수 없는 이익이다. 내가 아무리 너희를 보살펴 준다고 해도 성령처럼 보살펴 줄 수는 없다. 마치 세상을 떠나는 어머니가 아들에게 아름다운 여성을 아내로 맞게 해주는 것과 같다. 어머니가 안 가면 아내를 보내 줄 수가 없다. 하나님께 내가 가야 성령을 너희에게 보내 주실 것이다.

예수는 가서 정말 성령을 보내 주었다. 그것이 오순절의 성령 강림이다. 그 후 몇 천 년 성령은 계속 강림하신다. 우리에게 한없는 성령을 부어 주신다.

성령은 언제나 우리와 같이 계신다. 성령이 예수가 그리스도임을 우리에게 알려 주신다. 성령이 오면 우리들에게 가르쳐 주는 것이 있다. 죄와 의와 벌에 대하여 가르쳐 주실 것이다. 그리하여 그들은 이 세상 사람들의 생각을 바꾸어 놓아 줄 것이다. 그들이 정말 잘못한 것을 알게 해줄 것이다. 죄란 사람들이 나를 믿지 않았다는 것이다. 해가 떴는데도 해가 뜨지 않았다고 하는 것이 죄요 잘못이다. 의라는 것은 내가 아버지께 가서 다시는 세상에 오지 않는 것이 의라는 것이다. 그것은 아버지가 나를 용납했기 때문이다. 아버지 집에 있게 되는 것이 내가 옳았다는 증거요, 잘했다는 증거다.

잘못은 예수를 안 믿었다는 세상 사람들의 잘못이요, 잘한 것은 예수가 하늘나라에 들어간 것이다. 잘한 것은 하늘나라에 간 것이고, 못한 것은 하늘나라에 못 가게 하는 것이다. 벌이라는 것은 세상 사람들이 나를 죽인 것으로, 내가 벌 받는 것이 아니라 그들이 벌 받는 것이다. 나의 자손들은 자꾸 흥할 것이고, 그들의 자손들은 자꾸 망할 것이다. 선은 죽어도 살고, 악은 살아도 죽는다. 이것이 선악의 역사다.

예수는 오늘도 그리스도가 되고, 그들은 오늘도 계속 싸우고 있다. 너희들에게 할 말이 태산 같지만 지금은 말 안한다. 너희들은 내 말을 알아들을 힘이 없기 때문이다. 너희들은 전체적으로 생각할 힘이 없다. 너희들은 원리적으로 생각할 힘이 없다. 그리고 감정과 지엽말단에 얽매인다. 그러나 진리의 영이 오면 너희들도 성숙하여 어른이 되고, 전체적인, 원리적인 사고 思考를 할 수 있게 될 것이다. 원리적인 사고란 하나님의 입장에서 생각하는 것이다. 영원한 입장에서 생각하는 것이다. 내가 말하는 것은 다 아버지께서 들은 것을 말하는 것이다. 영원한 입장에서 말하는 것이다. 영원한 입장에 서면 장차 올 일도 알 수 있게 되는 것이다. 나는 꼭 영광을 받게 될 것이다. 선은 이기고야 만다.

진리의 영이 오면 일체를 너희들에게 가르쳐 준다. 그리고 나를 더욱 빛내 줄 것이다. 그의 생각도 내 생각이나 다름이 없다. 그는 결국 내 대신 내가 할 일을 하는 것뿐이다. 아버지의 생각은 내 생각이요, 내 생각은 또 진리의 영의 생각이다. 아버지도 진리요, 나도 진리요, 성령도 진리다. 아버지 속이나, 내 속이나, 성령의 속이나 마찬가지다. 성령의 가르침은 모두 내 속에서 꺼내 쓰는 것이다. 나의 가르침은 모두 하나님 속에서 꺼내 쓰는 것이다. 다 한 속이다. 일체는 하나다. 둘이 있는 것 같아도 둘은 없는 것이다. 둘로 보이는 것은 꿈일 뿐이다. 전체적으로 보면 다 하나다. 팥이 풀어져도 가마 속에 있다.

일체가 아버지의 손에 있다. 우주를 창조하고 섭리하는 것은 아버지뿐이다. 아버지의 섭리를 어길 자가 어디 있으랴. 일체는 섭리 속에 있다. 아무리 내가 하늘 높이 날아도 하늘을 넘을 수는 없다. 내가 지금 죽는 것이 하나님의 뜻에 어긋나는 것 같지만 영원한 입장에서 보면 하나님의 크신 섭리를 이루어가고 있는 것이다. 일체가 예언의 성취다. 내가 죽는 것은 하나님의 장엄하신 계획을 이루기 위해서 죽는 것뿐이다. 내가 죽어도 하나님의 뜻이 이루어지면 그것으로 족하다. 결국 두고 보면 알 것이다. 이제 진리의 성령이 와서 다 말해 줄 테니 너희들은 슬퍼하지 마라. 감정을 초월해서 원리를 가지고 사는 것이다. 크게 보고 사는 것이다.

하나님의 선을 믿는 것이다. 하나님을 믿고 사는 것이다. 죽어도 하나님의 뜻을 이루고, 살아도 하나님의 뜻을 이루고 사는 것이다. 하나님의 뜻을 이해하는 것, 그것이 가장 중요하다.

그 때문에 세상에 왔다

너희는 세상에서
고난을 당하겠지만
용기를 내어라.
내가 세상을 이겼다.

내가 이 사람들 안에 있고
아버지께서 내 안에 계신 것은
이 사람들을 완전히
하나가 되게 하려는 것이다.

나는 오직 진리를
증언하려고 났으며,
그 때문에 세상에 왔다.
진리 편에 선 사람은
내 말을 귀담아 듣는다.

진리란 무엇인가.

        요한 16:16~19:16

빌라도

내 나라는
이 세상이 아니다.

    예수는, 조금 있으면 너희는 나를 볼 수 없을 것이다, 그러나 조금 있으면 나를 볼 수 있을 것이다, 라고 말한다. 이제 얼마 있으면 예수가 십자가에 죽으니 볼 수 없을 것이고, 또 사흘 후에 부활하여 살아나면 볼 수 있을 것이다. 그것도 사실이지만 조금 있으면 너희들의 마음이 막혀서 볼 수 없지만 한동안 있다가 너희들의 마음이 열리면 다시 보게 될 것이다, 라고 생각할 수도 있다.
    예수는, 내가 죽는다고 너희들은 한없이 비통해 하지만 이 세상은 기뻐할 것이다, 라고 말한다. 예수를 잡아 죽이면 저희들의 세상이 다 된 줄로 생각하겠지만 그러나 걱정할 것이 없다. 이 세상은 그들의 세상이 되는 것이 아니라 우리들의 세상이 된다. 이제 선이 이기는 역사가 나타난다. 지금 너희들은 슬퍼하지만 곧 기뻐하게 될 것이다. 마치 산모가 어린 애를 낳는 것이나 같다. 애 낳기 전에는 걱정이 태산 같지만 애를 낳으면 산고産苦 같은 것은 깡그리 잊고 만다.

　이제 새 시대가 온다. 나는 새 시대의 주인공이다. 새 시대가 오면 너희들의 기쁨을 빼앗을 자가 없을 것이다. 그때에는 나에게 물을 필요가 없다. 그때가 되면 무엇이든지 하나님께 구하기만 하면 다 이루어 주실 것이다. 너희들의 기쁨을 온전케 해주기 위해서다. 너희들이 그때에는 아버지에게 직접 구하고, 아버지께서 직접 주실 것이다.

　너희들이 나를 사랑하고 내가 하나님께로부터 온 것을 알았기 때문에 하나님께서도 너희들을 사랑하고, 너희들의 소원을 직접 들어 주실 것이다. 지금 내가 하는 말은 수수께끼처럼 잘 알아듣지 못하지만 그때가 되면 다 알게 될 것이다.

　하여튼 내가 하고 싶은 말은 이것이다. 인생이란 하나님께로부터 와서 하나님께로 가는 것이다. 하나님이 우리의 뿌리인 것을 너희에게 말하고 싶은 것이다. 그러려면 너희들의 영이 깨어야 한다.

　그런데 제자들은 자기들의 영이 깬 것처럼 착각을 하였다.

"우리들은 선생님이 하는 말을 다 이해할 수 있습니다. 선생님의 말이 수수께끼 같지 않습니다. 선생님도 우리가 다 이해하는 것을 알 수 있겠지요? 당신은 하늘에서 왔기 때문에 사람의 마음을 꿰뚫어 보는 힘이 있지 않습니까?"

그때 예수는 말했다. "너희들이 내 말을 안다고 하지만 모르고 있다. 지금 안다고 하다가도 좀 있으면 모른다고 도망칠 놈들이다. 너희들은 다 집으로 돌아가고 나 혼자 남게 될 것이다. 그러나 나는 혼자가 아니다. 나는 언제나 아버지가 나와 같이 있어 주신다. 너희들은 내 걱정은 할 것이 없다. 너희들은 너희 걱정만 하면 된다. 너희들은 나에게 꼭 붙어 있어라. 너희들의 마음에 평안을 얻기 위해서다. 이 세상에서 너희들이 고생을 많이 할 것이다. 그러나 걱정하지 마라. 내가 세상을 이겼기 때문이다."

예수는 세상을 이긴 사람이었다. 세상을 이겼다는 것은 자기를 이겼다는 말이다. 자기를 이긴 자는 세상을 이긴 것이다. 예수는 어떻게 자기를 이겼는가? 믿음으로 이긴 것이다. 믿음이란 무엇인가? 예수는 육을 떠나서 영으로 살고 있는 것이다. 마치 애벌레가 변하여 나비가 되듯이 예수는 지금 나비로 살고 있는 것이다.

애벌레에 대한 애착은 없다. 예수는 죽음에 대한 공포가 없다. 예수는 세상에 대한 공포가 없다. 예수는 벌써 죽음을 벗어나고, 세상을 벗어나고 있기 때문이다. 예수는 벌써 세상을 초월해 있다. 그것이 세상을 이긴 것이다.

예수는 그 후 긴 기도를 올렸다. 그것이 17장이다. "아버지, 때가 왔습니다. 내가 당신의 영광을 드러내기 위해서 십자가를 지고 죽을 수 있는 힘을 나에게 주십시오. 내가 죽는 것을 보고 나의 제자들도 진리를 위하여 죽을 수 있게 하여 주십시오."

"영원한 생명이란 하나님 아버지와 예수 그리스도를 아는 것입니다. 하나님을 알고 예수를 알 때에 사람은 자기를 알게 되고, 자기도 영원한 생명임을 알게 됩니다. 나는 내가 영원한 생명임을 세상 사람들에게 보여줌으로써 내 책임을 완수하고 그것이 당신에게 영광을 돌리는 일이라고 생각합니다. 이제 내가 아버지께로 가면 우주 창조 이전에 내가 가지고 있었던 그 영광을 다시 가질 수 있도록 해 주십시오."

"나는 내 제자들에게 당신이 누구신지를 알려 주었습니다. 그들은 당신의 가르침을 지키게 되었습니다. 그들은 내 가르침이 당신으로부터 직접 받은 것을 알고 있습니다. 그리고 나도 당신으로부터 온 것을 알고 있습니다. 나는 이 사람들을 위해서 당신께 간구할 것이 세 가지 있습니다. 첫째는 그들을 아버지께서 맡아 달라는 것입니다. 그것은, 내 것은 모두 당신 것이기 때문입니다. 둘째는 그들을 보호해 달라는 것입니다. 내가 당신의 보호를 받고 언제나 기뻐한 것처럼 그들도 기쁨으로 살기 위해서입니다. 셋째로 그들에게 힘을 주십시오. 그들이 그들의 책임을 다하기 위해서입니다. 이제 그들은 세상 사람들이 아닙니다. 그들을 진리로 먹여 주십시오. 당신의 말씀은 진리입니다. 그들이 진리를 먹고 힘을 쓰게 해 주십시오."

그리고 예수는 제자들뿐 아니라 그밖에 모든 그의 후손들을 위해서도 기도를 드렸다. "제자들의 말을 듣고 믿는, 장차 올, 새로운 인류들을 위해서 기도합니다. 그들이 하나님과 나와 하나가 되게 해 주십시오. 그러면 그들은 세상을 이길 수 있습니다. 당신이 나를 사랑하듯이 그들을 사랑해 주십시오. 그리고 그들에게도 내가 있는 곳에 올 수 있도록 해 주십시오. 그리하여 그들도 한없는 영광을 받도록 해주십시오. 그것은 그들도 하나님을 믿고, 하나님의 사랑을 받고, 하나님의 일을 했기 때문입니다. 아버지와 나와 그들은 당신 사랑 속에서 하나입니다. 이 하나는 아무도 깨뜨릴 수가 없을 것입니다." 이렇게 기도를 끝내고 예수는 제자들과 같이 기드온 골짜기를 지나 겟세마네 동산으로 갔다.

예수가 제자들과 가끔 간 곳이었다. 가롯 유다도 이곳을 잘 알고 있었다. 가롯 유다는 군인들과 제사장들과 바리새 사람들과 최고의회의 관리들을 데리고 등불과 횃불을 들고 무기를 가지고 그리로 갔다. 이것이 18장이다. 예수는 그들이 올 것을 알고 있었다. 예수는 뛰어나가 "누구를 찾느냐. 나사렛 예수가 나다." 그들은 깜짝 놀라 넘어졌다. 예수는 다시 "누구를 찾느냐. 나사렛 예수가 나라고 하지 않느냐. 빨리 나를 잡아가라. 다만 여기 있는 이들에게 손을 대면 안 된다." 그것은 당신께서 주신 자들은 한 사람도 다치게 하지 않았다는 예언의 말을 성취시키기 위해서다. 그때 베드로가 칼을 들어 마르코스라는 하인의 귀를 잘랐다. 예수가 고함을 질렀다. "칼을 거두어라. 잡혀가는 것이 아버지의 뜻이다."

그들은 예수를 잡아가지고 대제사장 가야바의 장인인 안나스에게로 끌고 갔다. 제자 가운데 안나스를 아는 사람이 베드로와 같이 안나스의 집으로 들어갔다. 그때 그 집 하녀가 베드로에게 "너는 예수의 제자가 아니냐?" 하고 물었다. 베드로는 "나는 아니다." 베드로는 그 집 일꾼들과 같이 불을 쬐고 있었다.

제사장 안나스는 예수에게 네 교리가 무엇인가고 물었다. 예수는 온 세상 사람들이 내 말을 다 알고 있으니 그들에게 물어보라고 하였다. 그때 안나스의 부하들이 무슨 말대답이냐 하며 예수를 때렸다. 예수는 내 말이 무엇이 틀렸다고 나를 치느냐고 대들었다. 안나스는 예수를 결박한 채 대제사장 가야바에게 보냈다.

시몬 베드로도 쫓아갔다. 그때 사람들이 저 놈도 예수의 제자다, 라고 소리 질렀다. 베드로는 거듭 부인하였다. 나는 예수의 제자가 아니다. 그때 닭이 울었다. 날이 밝자 가야바는 예수를 로마 총독 빌라도에게 보냈다. 빌라도는 무슨 죄인이냐고 물었다. 그들은 우물쭈물하였다. 빌라도는 신통한 죄목도 없다면 너희 법으로 처리하도록 하라고 하였다.

그때 유태인들이 말했다. "우리에게는 사람을 죽일 권한이 없지 않습니까?" 빌라도는 예수에게 물었다. "네가 유태인의 왕인가?" "누가 그러더냐?" "대제사장이 그렇다고 나에게 보낸 것이다." 그때 예수는 "내 나라는 이 세상이 아니다"라고 대답한다. 빌라도가 "왕은 왕이냐?"고 물었다. 예수는 "그것은 네 마음대로 생각해도 좋다. 나는 진리를 증명하기 위해서 세상에 온 것이다. 누구나 진리를 사랑하는 사람은 내 말을 들을 것이다." 빌라도는 진리가 무엇이냐고 예수에게 물었다. 예수는 대답이 없었다.

빌라도는 유태 사람들에게 나아가 "이 사람에게는 아무 죄가 없다. 유월절에 한 사람을 특사하는 관례가 있으니 이 사람을 놓아주는 것이 어떻겠느냐?" 사람들은 소리를 질렀다. "특사라면 바라바를 놓아 주시오." 바라바는 강도였다.

19장에 보면 빌라도는 예수를 놓아 주고 싶었다. 그는 유태 사람들을 납득시키기 위해서 예수를 곤장으로 치게 했다. 머리에는 가시 면류관을 씌우고 자줏빛 옷을 입히고 "유태인 왕 만세"라고 조롱하면서 예수를 쳤다. 빌라도는 예수를 끌고 유태 사람에게 나가 "이 사람에게는 아무 죄가 없다. 자, 이 사람을 보라." 그때 대제사장이 빌라도를 보고 십자가에 못 박아 죽여 달라고 소리를 질렀다. 빌라도는 "내가 보기에는 아무 죄도 없으니 너희들이 데려가서 십자가에 매달아 죽여라." 유태인들은 말하기를 "우리 법에 의하면 이놈은 사형입니다. 자기를 하나님의 아들이라고 말하기 때문입니다."

그러나 빌라도는 예수를 놓아주고 싶었다. 그때 유태 사람들이 "이 사람을 놓아주면 당신은 로마 황제에 대한 반역이다. 누구나 왕이라면 황제의 적이다. 왕은 황제밖에 없다"라고 소리쳤다. 빌라도는 반역이란 말에 겁이 나서 십자가에 달아 죽이라고 그들에게 내어주었다.

다 이루었다

그들은 예수를
십자가에 못박았다.

어머니,
이 사람이
어머니의 아들입니다.

이 분이
네 어머니이시다.

목마르다.
이제
다 이루었다.

나는
내 아버지이며,
너희의 아버지,
곧 내 하나님이며,
너희의 하나님이신 분께
올라간다.

성령을 받아라.

내 양들을
잘 돌보아라.

       요한 19:17~21:25

십자가

너희들은 사람의 죄를
용서해 주어라.

예수는 십자가를 메고 해골언덕으로 끌려갔다. 거기서 두 죄수와 같이 십자가에 달렸다. 십자가에는 나사렛 예수 유태인의 왕이라는 죄명이 붙었다. 유태말과 희랍말과 라틴말로 써 붙였다. 결국 빌라도는 예수가 왕이라는 것을 전 세계에 알려준 셈이다. 대제사장이 자칭 유태인의 왕이라고 두 자를 더 적어 넣어달라고 항의를 하였다. 빌라도는 왕이면 왕이지 자칭이 무엇이냐면서 거절하고 말았다.

병정들은 예수의 옷을 벗겨서 나누어 가졌다. 각박한 세상이다. 십자가 옆에는 예수의 어머니와 이모와 막달라 마리아와 사랑하는 제자가 지켜보고 있었다. 예수는 마리아에게 사랑하는 제자를 소개했다. "당신의 아들입니다." 또 그 제자에게 마리아를 부탁했다.

예수는 갈증이 심해서 견딜 수가 없었다. "물" 하고 소리치자 군인들은 쉰 포도주를 솜에 찍어서 예수의 입술에 대주었다. 예수는 목을 축인 후 "이제는 끝이다" 하고 머리를 떨구었다.

유태 사람들은 다음 날이 안식일이므로 안식일에 죄수를 십자가에 달아두는 것을 기분 나쁘게 생각하여 안식일이 되기 전에 죽여 달라고 부탁했다. 군인들이 강도들의 다리를 꺾어 죽이고 예수를 죽이고자 왔으나 이미 죽어 있었다. 한 병정이 창으로 옆구리를 찔렀다. 피와 물이 흘러나왔다.

그때 예수의 숨은 제자인 아리마다 출신의 요셉이라는 사람이 빌라도에게 예수의 시체를 부탁했다. 의회의 의원이었던 니고데모가 이에 합세하여 예수의 시체를 인계받아 향수를 뿌리고 세마포 수의를 입혔다. 그리고 십자가 근방의 새로운 묘지를 발견하고 안식일이 되기 전에 장례를 치렀다. 그날이 금요일이다.

20장, 안식일인 토요일이 지나 일요일 아침에 막달라 마리아가 예수의 무덤에 찾아갔다. 그런데 무덤 뚜껑이 열려 있었다. 그는 곧 베드로와 예수의 사랑하는 제자에게 알렸다. 예수의 시체가 없어졌다. 제자들이 달려가고 예수의 무덤을 살펴보

앉다. 무덤에는 예수를 싸맸던 세마포만 흩어져 있었다. 그들은 말없이 집으로 돌아왔다.

 마리아 혼자만 무덤 밖에서 울고 있었다. 두 사람이 간 후에 마리아는 다시 무덤을 들여다 보았다. 흰 옷을 입은 천사가 나타나서 마리아에게 말하였다. "왜 우느냐?" 마리아는 "누군가가 주님의 시체를 훔쳐갔습니다" 하고 대답했다. 그때 뒤에서 "여인이여, 누구를 찾느냐?" 하고 묻는 소리가 들렸다. 그녀는 그를 동산지기라고 생각하여 시체가 어디에 있는지 아시면 저에게 돌려달라고 하였다. 그때 "마리아야" 하고 또다시 불렀다. 마리아가 돌아서는 순간 "선생님" 하고 달려들었다. 예수는 말했다. "나에게 손을 대지 마라. 아직 아버지께 올라가지 않았으니, 가서 형제들에게 말하라. 내가 이제 곧 아버지께 올라간다." 마리아는 달려가서 예수를 보았다고 제자들에게 보고했다.

 그날 밤 제자들은 유태인의 습격을 당할까봐 굳게 문을 잠그고 있었다. 그날 밤 예수께서 제자들에게 나타나서 "안녕" 하고 그들에게 말하였다. "나는 이제 너희들을 세상에 보낸다. 성령을 받아라. 너희들은 사람의 죄를 용서해 주어라."

 도마는 그때 그 자리에 없었다. 돌아온 도마에게 제자들이 그 이야기를 들려주었다. 그는 손으로 예수님의 못 자국을 만져보기 전에는 절대 믿을 수 없다고 말했다. 8일 후에 예수는 또다시 나타났다. 도마에게 "내 못 자국을 만져 보아라. 불신을 버리고 신자가 되어라." 도마는 "나의 주님, 나의 하나님" 하고 소리를 질렀다. 예수는 "나를 보고야 믿느냐? 보지 않고 믿게 되어야 한다."

그밖에도 많은 징조를 예수는 제자들에게 보여주었다. 그런데 그 가운데서 약간만 여기에 적은 것은, 예수는 그리스도요, 하나님의 아들이라는 것을 보여주기 위하여 적은 것이다. 그리고 내 말을 믿고, 너희들도 예수의 이름을 통하여 영원한 생명을 얻게 하기 위해서다, 라고 요한은 말한다.

21장. 그 후 예수는 데베리야 호숫가에서 또다시 제자들에게 나타났다. 그때 제자들은 배를 타고 고기를 잡고 있었다. 예수는 바닷가에 서서 많이 잡았느냐고 물어보았다. "안 잡힙니다" 하고 제자들이 대답했다. "배 오른쪽에 그물을 던져라." 그물이 찢어지게 고기가 많이 잡혔다. 그때에 예수의 사랑하는 제자가 그 소리의 주인공이 예수임을 발견했다. "주님이다!" 베드로가 물에 뛰어들었다. 육지에다 불을 피우고, 고기를 굽고, 빵을 뜯어 제자들에게 주었다.

식사가 끝나고 예수는 베드로에게 말했다. "너는 지금도 나를 사랑하느냐?" "네, 사랑하고 있습니다." "그러면 내 양을 돌보아라." 예수는 세 번이나 베드로에게 당부하였다. 예수는 베드로에게 "너도 말년에는 사람들에게 끌려가 죽임을 당하게 될 것이다." 베드로는 예수의 사랑하는 제자의 운명을 물었다. 예수는 거기 대해서는 대답하지 않고 "너는 이번에는 단단히 정신을 차려야 한다" 하고 말했다.

에필로그

 이 글을 쓴 것은 예수의 사랑하는 제자다. 사랑하는 제자를 보통 요한이라고 한다. 그래서 '요한복음'이라고 한다. "예수가 한 일은 태산 같아서 그것을 다 적으려면 이 세상도 모자랄 것이다" 하고 요한은 붓을 놓는다. 이 세계뿐만 아니라 온 우주가 모두 진리의 구현 아닌 것이 없다. 일체가 예수의 기록이다. 예수의 기록이란 영원한 생명의 기록이다.

 우주가 보여주는 것이 무엇이냐. 영원한 생명이 나타나는 것을 보여주고 있는 것이다. 모든 물질에서 생명이 나오고, 모든 생명에서 정신이 나오고 있다. 마치 애벌레에서 고치가 나오고, 고치에서 나비가 나오듯이 이 우주는 물질로 시작해서 생명을 거쳐 정신으로 변해가는 과정이다. 그것을 가장 잘 보여주는 이가 사람이요, 사람 가운데서 가장 확실히 보여준 이가 예수다. 예수는 몸으로 와서 마음으로 살다가 얼이 되었다.

기독교는 십자가와 부활과 성육신이라는 변증법적 발전을 적은 것이다. 그것은 우리 모두가 인생의 3단계를 걷게 하기 위해서다. 인생은 누구나 애벌레 같은 '미적 실존'을 걷지 않을 수가 없다. 그러나 나이 30에 철이 들면 누구나 '윤리적 실존'인 고치가 안 될 수 없다. 그러나 할 일이 끝나면 또다시 고치는 변하여서 나비가 된다. 이것이 '종교적 실존'이다.

예수는 우리에게 나비의 영광을 보여주신 분이다. 예수는 목수로서 30세를 살았다. 아름다운 집을 짓느라고 30년을 보낸 것이다. 그것이 예수의 애벌레 시절이었다. 그러나 세례 요한을 만나 나무에 기어오르는 애벌레처럼 인생의 꼭대기에 기어오른다. 그리하여 인생의 의미를 찾게 되는 것이다. 인생의 의미가 무엇인가. 이것이 윤리적 실존이다. 그는 고치가 되어 40일 금식하고 악마와 싸우면서 사람다운 사람이 된다. 40일간 악마와 싸워 이기고 그는 나비가 되어 갈릴리 호숫가에서, 타볼 산상에서, 헬몬 산상에서, 예루살렘 성전에서 인간들에게 나비의 단계가 있는 것을 보여준다. 이것이 인생이다.

그리고 예수는 마지막으로 십자가까지의 애벌레의 생활과 부활까지의 고치의 생활과 부활 이후의 나비의 생활이라는 영원한 생명을 몸소 보여준다.

동양 사람은 사람과 땅과 하늘을 천지인天地人 삼재三才라고 한다. 사람은 애벌레요, 땅은 고치요, 하늘은 나비라는 것이다. 이러한 변증법적인 인생의 3단계는 공자에서도 이루어진다. 30에 '입立'이 애벌레요, 40의 '불혹不惑'이 고치요, 50 이후가 나비다. 이것은 석가에서도 이루어진다. 출가까지가 애벌레요, 6년 고행이 고치요, 45년 설법이 나비다. 그것은 소크라테스에서도 이루어진다. 모든 성인들이 우리에게 보여주는 것은 인생의 3단계다.

인생은 배우고 일하는 것으로 끝나지 않는다. 자기를 보여주는 제3단계가 중요하다. 천명을 자각하고, 하나님의 말씀을 듣고, 자신을 가지고 자유롭게 가르칠 수 있는 자유를 가지는 것이다.

인생은 죽음으로 끝나지 않는다. 아무리 인생을 3단계로 나누어도 인생 전체가 하나의 애벌레다. 인생은 죽은 후에 깊은 고치의 세계를 가지지 않을 수 없다. 그리고 또다시 나비가 되어 우리가 생각할 수 없는 큰일을 하는 것이 영원한 생명이다. 이러한 모든 일을 우리에게 가르쳐 주신 이가 성령이다. 우리는 성령을 통해서 내가 죽으면 무엇이 될 것인지 알 수가 있다. 이 성령은 그리스도의 영이다. 그리스도의 영이 아니면 진리의 영이 아니다.

요한복음이 우리에게 가르쳐 주는 것은 진리의 영이다. 진리의 영이 우리와 함께 하시는 것을 우리에게 알려 주는 것이다. 진리의 영이 영원한 생명이다. 진리의 영은 진리를 사랑하는 모든 사람에게 힘을 주신다. 태초부터 계신 이가 진리의 영이다.

태초에 말씀이 있었다. 말씀이 하나님과 같이 있었다. 말씀이 곧 하나님이다. 태초에 진리의 영이 있었다. 진리의 영이 하나님과 같이 있었다. 진리의 영이 하나님이다. 진리의 영은 또다시 우리와 함께 계신다. 그리하여 진리의 영은 우리에게 그리스도를 알려 주고 하나님이 사랑인 것을 알려 준다. 우리가 그리스도를 사랑하는 것은 진리의 성령 때문이다. 진리의 성령을 통해서 하나님과 예수 그리스도와 내가 하나임을 알게 된다. 그리하여 하나님과 예수 그리스도와 내가 영원한 생명인 것을 알게 된다. 진리의 영이 영원한 생명이기 때문이다.

    요한복음이 말하는 것은 그것뿐이다. 요한이 말하는 것이 아니다. 진리의 영이 말하고 있는 것이다.

신의 아들 예수 · 사람의 아들 그리스도
김흥호 사상 전집 · 예수 평전

지은이 | 김흥호
발행인 | 최정식
기획 편집 | 임우식 · 이경희

1판 1쇄 발행 | 2010년 7월 5일
1판 2쇄 발행 | 2010년 8월 10일

발행처 | 사색 출판사
주소 | 서울 중앙우체국 사서함 206호
전화 | 070-8265-9873   팩스 02-6442-9873
홈페이지 | www.hyunjae.org
이메일 | hyunjae2008@hotmail.com
인쇄 | (주)약업신문

Copyright ⓒ김흥호 2010, *Printed in Korea*
ISBN 978-89-93994-08-7   04080

*이 책은 〈김흥호 사상 전집〉 제7번째로 출판되었습니다.
*저자와의 협의에 따라 인지는 생략합니다.
*잘못된 책은 바꿔드립니다.
*이 도서의 국립중앙도서관 출판시도서목록(CIP)은 e-CIP 홈페이지